Revisiting the Gray Area
Narration and Memories
in the History of Communication Studies

未名社科·新闻与传播研究丛书

北京市社会科学理论著作出版基金资助

重访灰色地带

传播研究史的书写与记忆

刘海龙 著

北京大学出版社
PEKING UNIVERSITY PRESS

图书在版编目(CIP)数据

重访灰色地带：传播研究史的书写与记忆/刘海龙著.—北京：北京大学出版社,2015.7
(未名社科·新闻与传播研究丛书)
ISBN 978-7-301-25901-6

Ⅰ.①重… Ⅱ.①刘… Ⅲ.①传播学—历史—研究 Ⅳ.①G206-09

中国版本图书馆 CIP 数据核字(2015)第 110627 号

书　　　名	重访灰色地带：传播研究史的书写与记忆 CHONGFANG HUISE DIDAI: CHUANBO YANJIUSHI DE SHUXIE YU JIYI
著作责任者	刘海龙　著
责 任 编 辑	周丽锦
标 准 书 号	ISBN 978-7-301-25901-6
出 版 发 行	北京大学出版社
地　　　址	北京市海淀区成府路 205 号　100871
网　　　址	http://www.pup.cn
新 浪 微 博	@北京大学出版社　@未名社科-北大图书
微信公众号	北京大学出版社　北大出版社社科图书
电 子 邮 箱	编辑部 ss@pup.cn　总编室 zpup@pup.cn
电　　　话	邮购部 010-62752015　发行部 010-62750672 编辑部 010-62765016
印 刷 者	北京虎彩文化传播有限公司
经 销 者	新华书店
	965 毫米×1300 毫米　16 开本　13.25 印张　200 千字 2015 年 7 月第 1 版　2025 年 1 月第 12 次印刷
定　　　价	32.00 元

未经许可，不得以任何方式复制或抄袭本书之部分或全部内容。
版权所有，侵权必究
举报电话：010-62752024　电子邮箱：fd@pup.cn
图书如有印装质量问题，请与出版部联系，电话：010-62756370

目录

导言 解放灰色地带:对传播思想史叙事的反思 /1

从传播理论到传播思想史 /1

两种传播思想史 /3

传播学术史的意义 /6

传播学术史的叙事结构 /7

灰色地带的生命力 /10

连续与断裂的辩证法 /13

本书的结构及章节 /16

第一章 拉斯维尔:被误读的传播学"奠基人" /20

缺乏传承的"卡里斯玛" /21

《社会传播》的5W /23

拉斯维尔模式≠拉斯维尔的传播观念 /25

注意结构研究与驻防国家 /28

从宣传研究到世界注意结构调查 /31

第二章 超越有限效果理论:哥伦比亚学派及其批评者 /35

在天使与妖魔之间的哥伦比亚学派 /35

为什么哥伦比亚学派会成为众矢之的? /36

哥伦比亚学派＝有限效果? /41

为什么哥伦比亚学派会被贴上"有限效果论"的标签? /45

抽象的经验主义还是方法的多样主义? /47

管理学派的是与非 /51

丰富多彩的灰色地带 /54

第三章　帕克与传播研究的芝加哥学派神话 /56
　　传播研究史的话语争夺 /56
　　为什么是帕克？/60
　　连续中的断裂 /63
　　从进化论到效果研究 /65
　　断裂中的连续 /69
　　传播研究与知识社会学 /71

第四章　宣传的理由：被忽略的伯内斯及《宣传》/74
　　传播思想史的学术偏见 /74
　　创造有利于"宣传"的环境 /76
　　多元主义与社会秩序 /78
　　从公众被诅咒到双向互惠 /81
　　宣传的"科学性" /82

第五章　中国传播研究的史前史 /85
　　"传播"还是"交通"？/85
　　社会学传统的传播研究 /89
　　中国社会学者对传播问题的探索 /93
　　新闻学传统的传播研究 /96
　　断裂中的连续 /97
　　重构记忆 /101

第六章　孙本文与20世纪初的中国传播研究 /106
　　为什么是传播研究？/107
　　为什么是孙本文？/109
　　公众意见：从社会态度到社会控制 /114
　　社会学与中国早期传播研究 /117

第七章　"传播学"引进中的"失踪者"：传播批判学派
　　　　与中国早期的传播学观念 /119
　　施拉姆访华：中国传播学兴起的助燃剂 /120
　　批判理论引介的"失踪" /123
　　对抗策略："发育不良"的实证研究 /127

模仿策略:传播学是新闻学的最新阶段? /130
"不成熟"的社会语境还是"两难"的社会语境? /135

第八章 从"文化工业"到"文化产业":从关键词的变迁看中国媒介文化研究 /140
概念的源点:"文化工业"与法兰克福学派 /144
"文化工业"概念在中国的发展概况 /147
"文化工业"概念的引入 /150
错位的批判与通过符号资本展开的争夺 /153
从"文化工业"到"文化产业" /156
重新定义"文化产业" /160

第九章 寻找听众:中国传播研究中的创造性互动 /164
新闻学者:传播研究在中国的第一批听众 /165
理想的听众和实际的听众 /168
以经济建设为中心:传播研究在经济领域的新听众 /170
听众还是委托人 /173
学术独立与多元的听众 /175

第十章 从受众研究看"传播学本土化"话语 /178
从应然到实然:两种"传播学本土化" /178
中体西用:三种受众研究 /180
暧昧的"传播学本土化"话语 /184

第十一章 传播研究本土化的两个维度 /187
本土化焦虑的产生 /187
本土化问题的提出方式 /189
充满争议的本土化标准 /192
本土化话语背后的张力 /196
多元竞合的本土化 /202

后记 /205

导言　解放灰色地带:对传播思想史叙事的反思

从传播理论到传播思想史

　　传播理论教材中在传播研究历史部分基本是千篇一律:19世纪末社会科学出现,19世纪20世纪之交美国社会的状况,第一次世界大战中的宣传战、魔弹论,第二次世界大战中诞生传播研究,拉扎斯菲尔德、卡茨等人提出两级传播与意见领袖,并进而由克拉帕提出有限效果论,否定了魔弹论,60年代末以议程设置为代表的宏观效果理论兴起……

　　但是,这条看似连续的线索有太多缺失的链条。这是一个缺乏意义解释的"编年史",仿佛一切事件都是理所当然地处在属于自己的位置,但是它们为何这样分布,却少有人追究。这种不求甚解、似是而非的状况从课堂延续到了研究中。对西方传播研究史和研究逻辑的误读导致了大量"双重去历史化"的学术废品。[①] 这类研究由于不清楚西方理论的来龙去脉,错误理解了其解释效力,将其普遍化;同时又无视中国现实,削足适履,将中国经验塞入水土不服的西方概念与理论之中,制造出一具又一具"弗兰肯斯坦"的怪物。

---

① 许纪霖、罗岗:《启蒙的自我瓦解:1990年代以来中国思想文化界重大论争研究》,长春:吉林出版集团有限责任公司2007年版,第333页。

公平地说，自1978年传播学①作为学科被正式引进中国后，"系统了解"一直是中国学者的主要研究课题，成果不可谓不多。可在如何了解方面，却一直不得其法。直到最近，才渐窥堂奥。这一探索过程大致经历了三个阶段：把传播理论作为科学的客观式解读、把传播理论作为西学子系统的系统式解读、把传播研究作为社会实践的知识社会学解读。

第一个阶段大致从20世纪70年代末起至90年代中期，继承了五四以来的"唯科学主义"精神②，把传播研究当作客观的科学发现，以仰视立场，亦步亦趋地理解。刚经历十年政治动乱的新闻学界试图摆脱"左"的束缚，去政治化的愿意强烈，导致更像"科学"的量化研究成果被重视。与此同时，这种不加批判的科学图式将传播理论视为放之四海皆准的普遍规律，学习者忽视理论产生的语境，将其结论直接应用于中国现实，出现了用"中国经验"去验证"西方理论"的后殖民式的研究。

第二个阶段从20世纪90年代中期到21世纪头十年，是伴随着学术交流的深入和对西方人文社会科学的进一步理解而逐渐出现的。研究者意识到学术语境的重要性，了解到作为十字路口的传播研究有大量资料来自其他历史更悠久的学术传统，于是开始将传播研究放到整个西学的理论谱系中，探索其来龙去脉以及和不同学科的隐形勾连。但是研究者的基本立场仍然是以西方为中心，系统理解只是为了使第一阶段的学习更加全面与深化，批判性仍然有所欠缺。

近年来关于西方传播理论的研究进入第三个阶段，除了学术语境外，社会语境更受到瞩目。研究者不再把西方传播研究看成中立、客观的学术活动，而是将其视为受到意识形态影响的社会实践。如果说在前两个阶段，西方的传播理论被看作有待学习的客观知识的话，在这一阶段，它们则被客体化为知识社会学的研究素材或知识考古的史料。知识的神圣面纱被掀去，被置于权力的透镜下仔细剖析。以胡翼

---

① 作为研究问题的传播研究早在20世纪初就已进入中国，但是由于我们固守施拉姆的传播学定义，竟长期忽略了上述历史。详见本书第五章。
② 〔美〕郭颖颐：《中国现代思想中的唯科学主义》，雷颐译，南京：江苏人民出版社1989年版。

青的研究为例,如果说《再度发言:论社会学芝加哥学派传播思想》是第二阶段的典型之作的话,那么《传播学科的奠定》则已经具备了第三阶段的特征:通过观察学科体制化的过程,对传播学经验学派的知识最终建立霸权的过程做了精彩的阐述。①

知识社会学曾经一度和传播研究走得非常近,后由于主流传播研究走向实证主义和琐碎的经验研究,二者分道扬镳,但在今天它们又在传播研究的学术反思和学术自觉中重新走到一起。一旦把知识本身作为问题,传播研究便可将自身的发展过程也置于传播研究的考察对象之列。像传播理论从西方到中国的旅行可以被视为跨文化传播和创新扩散的典型个案,西方传播理论在中国经历的解读可被视为受众与文本间的协商过程,传播学在中国学术体制中的正当化也可被放在传播者与学术受众的关系的视角下加以解读,甚至还可以用政治经济和文化霸权的角度来解释西方理论在中国的被收编与驯化。② 如此一来,传播理论的批判光芒照向自身,中西传播研究本身也可以作为传播研究反思与批判的对象。这便从被动地接受西方传播理论,进入到了自觉的传播思想史的研究领域。

两种传播思想史

思想史(intellectual history)是对人类观念的历史研究。宽泛地看,它可以被视为观念史(history of ideas)的同义词。它们关注的都是人类思想的演变发展历程。而且观念史与思想史这两个概念在开始出现时,都指哲学史和科学史这类关于正式知识(formal knowledge)的研究,准确地说是学术思想史。20 世纪后半叶受年鉴史学派、新文化史等史学思潮的影响,它们开始与文化史研究走得更近,不仅关注传统观念史的研究对象,还关注日常生活和非正式知识的历史。渐渐地,学术思想史向着文化史思想泛化,研究对象在学术观念史的基础

---

① 胡翼青:《再度发言:论社会学芝加哥学派传播思想》,北京:中国大百科全书出版社 2007 年版;胡翼青:《传播学科的奠定:1922—1949》,北京:中国大百科全书出版社 2012 年版。

② 分别见本书第九章、第十章、第八章。

上大为扩展。但从历史沿革上看,思想史是由观念史逐渐扩展而形成的。① 除此之外,与思想史接近的还有一个更细分化的领域——概念史(history of concepts)。该领域起源于德国的《历史中的基本概念》,它受语言学影响较大,试图在共时的和历时的两个维度上理解某一概念的演化过程。② 观念与概念略有不同。按照诺夫乔伊的说法,前者是构成思想的最小的基本单元,他称之为单元—观念(unit-ideas),它是基本的、持续不变的、反复出现的思想元素。③ 而概念则是一种语言学单位。一个语词概念可能是多个单位—观念的混合物,一个观念也可能被表达为多种不同的概念。此外,概念要比观念更直观和具象。观念可能是模糊的,潜藏于话语之后,而概念则是明确在场的标签和表达的工具。

具体到正在形成中的传播思想史研究,可以将其分成狭义和广义两类。前者是传播学术史,主要关注传播研究和传播学科发展史中的观念、概念、命题、理论及学说的演变过程,同时兼及持有这些思想的个人或群体(如学术派别)。除了罗杰斯的《传播学史》④外,詹姆斯·凯里对传播思想史也有过一系列精彩的专论⑤。他的学生切特罗姆的《传播媒介与美国人的思想》⑥、贝尔曼的《芝加哥学派社会思想中的传播观念》⑦、卡蒂尔的《威尔伯·施拉姆与美国传播理论起源的观念史》⑧对美国传播观念的起源有过专题研究。彼得斯的《交流的无

---

① Donald R. Kelley, "Intellectual History: From Ideas to Meanings," in Nancy Partner and Sarah Foot, eds., *The Sage Handbook of Historical Theory*, London: Sage, 2013, pp. 81—92.
② 〔英〕伊安·汉普歇尔-蒙克:《比较视野中的概念史》,周保巍译,上海:华东师范大学出版社2010年版。
③ 〔美〕诺夫乔伊:《存在巨链:对一个观念的历史的研究》,张传有、高秉江译,南昌:江西教育出版社2002年版,第1页。
④ 〔美〕E. M. 罗杰斯:《传播学史——一种传记式的方法》,殷晓蓉译,上海:上海译文出版社2005年版。
⑤ Eve Stryker Munson and Catherine A. Warren, *James Carey: A Critical Reader*, Minneapolis: University of Minnesota Press, 1997.
⑥ 〔美〕丹尼尔·杰·切特罗姆:《传播媒介与美国人的思想——从莫尔斯到麦克卢汉》,曹静生、黄艾禾译,北京:中国广播电视出版社1991年版。
⑦ Sheldon Larry Belman, "The Idea of Communication in the Social Thought of the Chicago School," Unpublished Dissertation, University of Illinois at Urbana-Champaign, 1975.
⑧ Jacqueline Marie Cartier, "Wilbur Schramm and the Beginnings of American Communication Theory: A History of Ideas," Unpublished Dissertation, The Univeristy of Iowa, 1988.

奈》对"传播"这一观念在西方思想界的变迁做了精彩的梳理。①丹·席勒的《传播理论史:回到劳动》②、汉诺·哈特的《传播学批判研究:美国的传播、历史和理论》③和文集《媒体与传播研究史:竞争的记忆》④则是更有批判性的学术思想史研究。近些年来,中国本土的传播思想史研究的成果也不少,主要集中在学术思想史领域,黄旦、陈卫星、吴飞、胡翼青、孙藜等皆在该领域有出色成果。

广义的传播思想史不仅关注学术思想,还关注一般传播观念的起源、传播、接受及其影响,尤其是日常生活中传播观念的历史。像舒德森的《发掘新闻:美国报业的社会史》一书讨论了新闻观念的变迁及新闻客观性观念的产生⑤,近年来黄旦教授的一系列研究也在关注中国近代以来媒介对中国人的表达、思维方式及知识结构的影响⑥,拙作《宣传:观念、话语及其正当化》则描述了中西方宣传观念的产生及演变,重点研究了宣传将自身正当化的过程⑦。如果我们接受柯林武德关于"一切历史都是思想史"⑧的说法,那么新闻史和传播史归根到底都应该关注作为行动者的新闻及传播工作者的观念与思想,而不是仅仅描述他们的行为或者作为行为结果的媒介产品。目前这一类研究在国内还刚刚起步,未来应该有更大的拓展空间。

---

① 〔美〕约翰·彼得斯:《交流的无奈:传播思想史》,何道宽译,北京:华夏出版社2003年版。
② 〔美〕丹·席勒:《传播理论史:回归劳动》,冯建三、罗世宏译,北京:北京大学出版社2012年版。
③ 〔美〕汉诺·哈特:《传播学批判研究:美国的传播、历史和理论》,何道宽译,北京:北京大学出版社2009年版。
④ David W. Park and Jefferson Pooley, eds., *The History of Media and Communication Research: Contested Memories*, New York: Peter Lang, 2008.
⑤ 〔美〕迈克尔·舒德森:《发掘新闻——美国报业的社会史》,陈昌凤、常江译,北京:北京大学出版社2009年版。
⑥ 黄旦:《耳目喉舌:旧知识与新交往——基于戊戌变法前后报刊的考察》,《学术月刊》2012年第11期。
⑦ 刘海龙:《宣传:观念、话语及其正当化》,北京:中国大百科全书出版社2013年版。
⑧ 〔英〕柯林武德:《历史的观念》,何兆武、张文杰译,北京:商务印书馆1997年版。

传播学术史的意义

由于传播文化思想史涉及的问题比较复杂，受篇幅所限，此处主要讨论传播学术史。传播研究本身是一个实践性和应用性极强的领域，权力和实用理性深深地渗透在传播研究之中，学科的自治性低。本研究力图在一个更广阔的背景下，反映20世纪以来中西方传播研究的内在逻辑。

传播学术史的研究还有另外一层重要意义。由于传播学科的特殊性，知识与权力、知识与实践的联系在此表现得尤为突出，可为知识社会学研究提供典型个案，其价值超越了传播学术史研究本身。从起源上看，传播学的研究目的、对象与意识形态关系密切。最近的研究发现，美国传播学之所以能够在短期内脱颖而出，蓬勃发展，不单纯是学术逻辑自然发展的结果，更是战争宣传、冷战及社会控制的需要。[1]与其他学科相比，它更容易受到权力的干预。

传播研究之所以能够迅速成长为学科，很大程度上是因为它能回应实践的需求，具体来说就是以效果研究的名义，协助各种权力机制完成社会控制，比如民意测验、选举调查、受众调查、广告调查等。传播研究从一开始就不是在象牙塔里完成的工作，它往往接受来自政府、军方和企业的资助与订单。它要密切关注传播实践，考虑研究成果的现实转化。实用的功利逻辑渗透到了学术逻辑之中，不仅影响到研究问题的设置，甚至影响到了对数据的解释。最著名的例子莫过于吉特林曾指责《人际影响》在研究结论中有意忽略某方面的证据，以迎合赞助商的需求。[2] 在传播学在中国的扩散及其后续研究中，功利逻辑的影响更是无处不在。究其根源，不能不归因于学术管理者对"理论联系实际"的庸俗理解和整个社会盛行的工具理性之风。例如，在传播研究诸领域中，唯

---

[1] Jefferson Pooley, "The New History of Mass Communication Research," in David W. Park and Jefferson Pooley, eds., *The History of Media and Communication Research: Contested Memories*, New York: Peter Lang, 2008.

[2] Todd Gitlin, "Media Sociology: The Dominant Paradigm," *Theory and Society*, 6(2), 1978, pp. 205—253.

有受众研究最为繁荣,但是在理论建构方面却乏善可陈。① 反思这类现象,不仅对于传播研究有帮助,对于整个学术界可能也有启发。

由于传播研究缺乏自治并导致学理匮乏,自20世纪40年代诞生起,传播学便一直处于"正当性赤字"之中。为了填平这一亏缺,大量学术史话语被生产出来。尤其是经验学派为了肯定既有学术体制与研究范式的正当性,在学术史的书写中渗入该学派的意识形态,这些话语层层堆积,构成了主流叙事的神话,其中有代表性的便是施拉姆建构的"四大奠基人"神话和以此为基础的罗杰斯的《传播学史》。中国学界曾经不加分辨地把它们当成客观事实加以接受。不仅如此,对学术史叙事缺乏自觉的中国传播学界自己也生产了大量未经反思的学术史叙事。通行教材中为了论证当下合理性,对进步充满乐观的"辉格党式"的历史叙事随处可见。

传播学术史的叙事结构

有鉴于此,书写传播学术思想史,当务之急是解构这些被神话包裹的主流宏大叙事。这些神话包括两个层次,一是叙事的素材,包括概念、理论、人物、学派等,二是叙事结构。关于前者,本书正文将深入做一些个案研究,这里主要讨论之前未曾涉及的第二个问题。

关于历史文本的叙事结构问题,最著名的研究莫过于海登·怀特的《元史学》。受20世纪中期流行的结构主义和语言学、叙事学的影响,怀特认为历史叙事和文学叙事具有相同的特征,都是语言创作。这些修辞的结构并非历史事件固有,而是历史学家在叙述时加入的主观元素。怀特将历史中的叙事结构总结为情节化模式、论证模式和意识形态蕴涵模式三个维度。② 怀特所讨论的历史叙事偏重历史事件,

---

① 见本书第十章。
② 〔美〕海登·怀特:《元史学:十九世纪欧洲的历史想象》,陈新译,南京:译林出版社2004年版。怀特的理论也受到一些学者批判,后者认为叙事并不是在历史编撰过程中形成,而是在历史事件被记录时就存在的共识元素,是运用"存在于未来的回溯点来反顾现在",因此叙事与真相存在相同形态。相关讨论见〔英〕迈克尔·斯坦福:《历史研究导论》,刘世安译,北京:世界图书出版公司2012年版,第84—88页。

学术史的叙事未必可简单挪用。然而仿效怀特的做法,我们也可以在现有的传播学术史叙事中发现类似的固定结构。总结起来,在现有传播学术思想史的编撰上存在如下五种主要结构①:

1. 编年式结构。严格来说这类叙事还算不上有意义的故事,它只是按时间顺序罗列重大事件,并不诠释其意义,似乎事件本身便会诉说一切。在这种叙事结构中,传播学术的发展由一系列碎片事件简单缀连而成,这里面既看不到具体的人的行动,对于由事件构成的网络关系也缺乏描述。比较典型的是大部分传播学教材中对中外传播学发展历史的叙述。但是即使是这种看似客观的事件排列,通常也不是完全随机的和无意义的,它隐含着进化论和目的论的意识形态。所有被选中的事件,均与今天的现状存在着某种直接或间接的因果关系。

2. 里程碑演进式结构。这种结构与编年式结构很接近,不同的是编年式结构对事件的罗列更加全面,不仅有研究成果还有重大事件,而且叙述得比较简略。而里程碑式的结构以一定标准遴选符合某种范式的重要研究成果加以详细叙述。其代表性作品为洛厄里和德弗勒的《大众传播效果研究的里程碑》,选取了十四个具有较大影响的经验性的效果研究来展现传播学经验学派的发展历史。这种结构中的进化论意识形态比编年式结构表现得更加突出,而且有意无意地强化了经验研究的正当性。例如书中在比较经验研究与"文化批判"时指出:"选择文化批判观点的研究者所取得的成绩还远远谈不上明晰。然而,要文化批判学者们以本书这种叙述方式来总结其观点或许还为时尚早。"②

3. 大师主导式结构。这类叙事比较突出研究者个人在学术发展中的作用,认为传播学术的发展由少数学术大师推动。他们个人的故事就构成了传播学术发展的脉络。比较典型的是施拉姆创造的"传播学四大奠基人"的叙事,其将传播学的产生归结为拉斯维尔、拉扎斯菲

---

① 以上分类中的一些名称受到林丽云教授的启发(见林丽云:《台湾传播研究史:学院内的传播学知识生产》,台北:巨流图书公司2004年版),但研究的问题略有不同。林丽云针对的是传播学史的研究进路,本书讨论的是传播研究史的叙事。

② [美]希伦·A. 洛厄里、梅尔文·L. 德弗勒:《大众传播效果研究的里程碑》,刘海龙等译,北京:中国人民大学出版社2004年版,第366页。

尔德、勒温和霍夫兰四人的贡献。① 施拉姆的弟子罗杰斯虽然并不完全认可"四大奠基人"的说法,但仍然继承了施拉姆的叙事结构,将传播学术发展化约为研究者个体的行为,忽略了社会结构和学术场域的作用。②

4. 学派冲突式结构。传播研究内部分成不同的学术传统,它们在不少地方存在分歧,经常处于竞争与冲突状态。比如阿多诺在哥伦比亚大学应用社会研究局时与拉扎斯菲尔德的冲突便是传播学史上经常被津津乐道的批判学派与经验学派之间矛盾公开化的轶事。此外,美国学者詹姆士·凯里还建构了李普曼与杜威的争论、芝加哥学派被哥伦比亚学派取代的叙事。③

5. 观念统领式结构。这种学术史以一个观念为中心,考察其在传播研究中的表现与演化过程。典型的是约翰·彼得斯的《交流的无奈》、丹·席勒的《传播理论史:回归劳动》和汉诺·哈特的《传播学批判研究:美国的传播、历史和理论》三个研究,分别围绕着传播、劳动和批判研究三个观念重建了传播研究的历程。④

以上叙事结构偏重素材的排列方式,胡翼青在《传播学科的奠定》的导言里还谈到了目前传播学史中的另一种意识形态的元叙事,即辉格史观。这种叙事的特征是将当下作为历史发展的必然结果,以一种进步发展的眼光来看待学术变迁,其结果则是沾沾自喜,肯定了现状的合理性。⑤ 在上述前五类元叙事中,也多少渗透着这种意识

---

① Wilbur Schramm, Steven H. Chaffee, Everett M. Rogers, eds., *The Beginnings of Communication Study in America: A Personal Memoir*, Thousand Oaks: Sage Publications, 1997.
② 〔美〕E. M. 罗杰斯:《传播学史——一种传记式的方法》,殷晓蓉译,上海:上海译文出版社2005年版。
③ 〔美〕詹姆斯·凯瑞:《作为文化的传播:"媒介与社会"论文集》,丁未译,北京:华夏出版社2005年版; James W. Carey, "The Chicago School and the History of Mass Communication Research," in Everette Dennis and Ellen Wartella, eds., *American Communication Research: The Remembered History*, Mahwah: Lawrence Erlbaum, 1996, pp.21—38。
④ 〔美〕约翰·彼得斯:《交流的无奈:传播思想史》,何道宽译,北京:华夏出版社2003年版;〔美〕丹·席勒:《传播理论史:回归劳动》,冯建三、罗世宏译,北京:北京大学出版社2012年版;〔美〕汉诺·哈特:《传播学批判研究:美国的传播、历史和理论》,何道宽译,北京:北京大学出版社2009年版。
⑤ 胡翼青:《传播学科的奠定:1922—1949》,北京:中国大百科全书出版社2012年版;〔英〕赫伯特·巴特菲尔德:《历史的辉格解释》,张岳明、刘北成译,北京:商务印书馆2012年版。

形态。

总的来看,这些叙事方式的主流是维护现有学术体制的合理性,强化经验效果研究与管理研究(administrative research)的主导地位。有个别突出冲突的叙事力图挑战现状,但也因为采取了一种与主流叙事类似的二元对立的结构,在反对主流叙事内容的同时,又将要否定的对象置于中心地位,从而实质上肯定了主流叙事的正当性,并未真正打破主流叙事的霸权地位。

灰色地带的生命力

要真正挑战传播学术史主流叙事的统治,除了将它从前门赶出去外,还要防止它从后门偷偷溜回来。不仅要对其内容进行直接批判,更关键的是从根本上颠覆其叙事结构。传统主流叙事的一大特征是追求宏大叙事,以一个维度或主题统摄传播学术史的整个过程。这种历史主义的叙事把学术发展的复杂逻辑简单化为一个平面,并为其发展预设了目标。简单地说,就是所有学术研究都在朝向一个方向进步,其结果就是证明当下的或作者心目中的某个理念的正当性。除了以施拉姆为中心的经验研究的传统如此叙事,批判学派无意中也肯定了这一策略。例如丹·席勒的《传播理论史:回归劳动》虽然提醒读者注意过去被忽略的传播研究中的劳动维度,但是却意欲以"劳动"取代之前居于统治地位的"效果",以同样的逻辑排除了其他维度。汉诺·哈特的《传播学批判研究:美国的传播、历史和理论》则片面地理解了哲学中的"批判"概念,将其庸俗化为思维的"批判性",对传播学术史做了单维度解释。

这种把历史变成哲学或社会科学注脚的做法,最终受损的是历史的丰富性和人文关怀。对于学术史来说,回到历史,重建学术演化过程的复杂性,其目的不仅仅是了解我们走过的道路,更重要的是寻找历史中蕴含的其他可能性,为今天的研究带来新的思路。与此同时,将学术史放在思想史下研究,在我们的头脑中复活过去学人面临的问题、困境与思考的脉络,同情地理解、把握学术发展的内在逻辑,这既是一种必要的学术训练,也丰富了当代人的学术体验。

当然,回避体系化的叙事未见得就能摆脱宏大叙事,除此之外还需要借助新的叙事策略帮助我们抵抗主流叙事的霸权。为此,我更愿意尝试反讽的叙事来达到上述目标。反讽的叙事最突出的特征是放弃了以简化的方式对学术史打包概括的野心,转向寻找既有的主流叙事中蕴含的矛盾与缝隙,发现被意识形态掩盖或歪曲的问题,并以此为线索,展现整个话语系统的固有缺陷。在之前的系列研究中,逐渐形成了一个传播学术史的"灰色地带"的概念。

所谓"灰色地带",并不是日常语言所说的"是"与"非"之间的模糊地带,它只是一种中立的描述,并不带价值褒贬。它是相对于之前学术史叙事中所呈现的秩序感而言的。上述秩序感的获得常常建立在武断的分类体系和线性的过程描述之上,最终产品是黑白分明、壁垒森严的僵化概念体系和似是而非的因果关系。所以这里的"灰",指的是在宏大叙事中无法被归入非"黑"即"白"的分类体系之中的那些模糊的、暧昧的对象,是宏大叙事中被有意省略或遮蔽的个人与事件,即那些令人尴尬、无法被嵌入到某个连续事件流的"个案"和"特例"。因此对灰色地带的重新发现,不是对传统叙事内容的直接否定,因为如上所论,那种方式使得被否定对象仍然居于叙事的中心,仍然强化了其地位,甚至肯定了其叙事方式。相反,这种取向是通过迂回的方式,把注意力转向被忽视或收编的"异类",通过它们的发言,打破传统叙事方式的霸权,找到新的话语表达方式,从而更彻底地否定单维度的主流叙事。

"灰色地带"不是"陌生地带"。它不是新近才被发现的(尽管它并不排除新证据),而是我们熟视无睹、被主流话语收编的那些部分。所以解放灰色地带的方法,并不是像罗杰斯在《传播学史》里所做的那样,将传播学的边界向外无限扩张,发掘那些过去不属于传播研究的人或事件(在某些时候这种做法也是必要的),而是回到我们熟悉的区域,向内审视传统宏大叙事中被忽略的断裂之处。正如诺夫乔伊所言,每个人或群体那里都有一些大众共享的思想默契,因为太过理所当然,它们甚至不会出现在文本之中。这些思潮在资质普通的学者身上体现得更明显,而那些卓越者却往往特立独行,敢于打破这些共识,在他们身上这些特征反而比较少。但是在传统观念史研究中,常常忽略前者,反而偏离了观念史研究的真正中心问题。① "灰色地带"的意义在于提醒研究者不要只关注那些新奇的个案,而是要反思常识,从习以为常中发现真正的问题。

宏大叙事之所以强大,就在于能在将这些不符合主流叙事模式的特例边缘化的同时,又以含糊其词的方式,将其重新包装并收编,形成让人难以察觉的连续叙事。和边缘化比起来,收编更难被觉察。因为这些特例并没有被排斥在叙述之外,而是被嵌入既有的话语结构,并被有选择地加以重新诠释,回避与该话语结构的冲突,被贴上黑白分明的标签,让曾经存在的不协调与冲突烟消云散,世界呈现出整齐的秩序感。

因此,要挑战宏大叙事的霸权,首先必须打破现有的界线分明的分类体系,采取"陌生化"的策略,悬置成见,将这些"特例"从"共识"和"传统智慧"中解放出来,恢复它们被武断地归类前所具有的那种模糊的、充满歧义的、令人难以抉择的状态。这样,那些黑白分明的界线之间的灰色部分才能重新发言,打破既有秩序,暴露矛盾与冲突,让我们反思原有叙事的武断性与局限性,看到一种完全不同的可能性。

举例来说,传播学教科书中一般都会提到魔弹论或皮下注射理论,似乎它是传播学发展的必然阶段。但是究竟谁是魔弹论的主要支持者,主要观点是什么,论据是什么……这些问题大多数人都没有深究过。有学者发现,传统传播学效果叙事中的魔弹论其实是20世纪40年代哥伦比亚学派的经验研究者为了强调自己的发现而制造的稻草人。哥伦比亚学派为了突出自己所发现的"大众媒介效果有限"这一结论的"创新性"与"科学性",将之前欧洲的研究一律斥为盲目地肯定大众媒介的强大影响,从而建构了传播效果研究由魔弹论进步到有限效果论的神话。②

本书关于拉斯维尔、伯内斯、帕克等"熟悉的陌生人"的研究也采

---

① [美]诺夫乔伊:《存在巨链:对一个观念的历史的研究》,张传有、高秉江译,南昌:江西教育出版社2002年版,第19—20页。

② Deborah Lubken, "Remembering the Straw Man: The Travels and Adventures of Hypodermic," in David W. Park and Jefferson Pooley, eds., *The History of Media and Communication Research: Contested Memories*, New York: Peter Lang, 2008.

取了类似方法。① 这些在学术史上看似地位显赫、不可缺席的学者,却因为不符合传播学史的主流叙事,被标签化后便置之不论。然而一旦排除刻板印象,进入他们的思想,之前那些似是而非的论断便会顷刻崩溃,并对既有的学科叙事构成挑战。除了灰色的人物外,还存在灰色的时代。比如20世纪上半叶中国社会科学界的传播研究曾经一度欣欣向荣,但是因为无法嵌入1978年之后新闻学者所建构的"传播学是新闻学发展的新阶段"的叙事,不符合施拉姆给中国学者圈定的传播学范畴,在主流传播研究史里,这些民国时期的社会学者和心理学者的传播研究几乎无人提及。②

连续与断裂的辩证法

在探索传播学术思想的"灰色地带"的过程中,自然会引出另一个重要的主题:传播学术思想史中的连续与断裂问题。这里所说的连续,指的是学术思想的传承、观念的扩散,表现为学术传统、学派的家族相似。它强调绝对性,认为内部的差异可以忽略,同一性是绝对的。我们可以在历史中找到熟悉的当下。传统的传播学术思想史研究侧重连续性,通常是以今天为起点,沿着发展谱系向上回溯源头。而断裂则认为学术思想的发展不是累积性的,而是表现为一次又一次的范式革命和转型。每一次变化都是对传统的全面否定和根本性变革,连续只是变革中的小插曲。它更强调相对性,认为研究应该更关注差异而非同一,古与今的异远远大于同。这一主题由于库恩、福柯等人的提倡,亦成为与连续性并立的主题。③

然而学术思想的发展并非线性的连续或断裂,其复杂性与丰富性远超过简单的连续与断裂。二者常常缠绕在一起,呈现辩证的关系,表现为连续中的断裂、断裂中的连续。将连续或断裂绝对化,则破坏

---

① 见本书第一、三、四章。
② 见本书第五章。
③ 〔美〕托马斯·库恩:《科学革命的结构》,金吾伦、胡新和译,北京:北京大学出版社2003年版;〔美〕米歇尔·福柯:《词与物:人文科学考古学》,莫伟民译,上海:上海三联书店2001年版。

了思想史发展的内在逻辑。对于连续中的断裂与断裂中的连续的研究,突出的就是思想史发展的特殊性。如舒德森对于美国新闻史的考察发现,尽管存在连续的新闻工作传统,但是在19世纪与20世纪之交,新闻观念和格式悄然发生了一场由讲故事到提供信息的革命,在这一转变过程中,新闻的客观性与专业主义逐渐兴起。① 这是连续性之中存在断裂的典型案例。

而著名历史学家贝克在研究启蒙时期的思想时发现,18世纪的哲学家们表面上否定中世纪宗教,但实际上他们建构起来的不过是"天国之城"的俗世版本,其论证方式与他们所反对的中世纪宗教存在相似的非理性的独断特征。② 这便是在思想断裂之处发现连续性的例子。

从某种意义上说,本书所说的"灰色地带"就是连续之中的断裂之处与断裂之处的连续之处。对于它的研究同样会增加我们对于传播学术思想发展的复杂性的认识。例如大部分传播学史都会强调经验学派与批判学派之间的对立与冲突,但是对游走于两者之间的那些"灰色人物"却缺乏重视。拉扎斯菲尔德的亲密合作伙伴默顿是当时美国马克思主义理论的权威。③ 拉扎斯菲尔德的学生及第二任妻子赫佐格在研究日间广播剧的女性听众时抨击商业广播对女性的控制与利用,其激烈程度丝毫不亚于法兰克福学派对于文化工业的批判。④ 甚至拉扎斯菲尔德本人也曾经是社会民主党的成员,在与默顿合作的论文中,也接受了默顿对于美国媒体商业体制的批判。⑤ 而阿多诺虽

---

① 〔美〕迈克尔·舒德森:《发掘新闻——美国报业的社会史》,陈昌凤、常江译,北京:北京大学出版社2009年版。
② 〔美〕卡尔·贝克尔:《18世纪哲学家的天城》,何兆武译,北京:生活·读书·新知三联书店2001年版。
③ 〔美〕伊莱休·卡茨等编:《媒介研究经典文本解读》,常江译,北京:北京大学出版社2011年版,第22—23页。
④ Herta Herzog, "On Borrowed Experience," *Studies in Philosophy and Social Science*, 11 (1), 1941, pp.65—95.
⑤ 〔美〕大卫·E.莫里森:《寻找方法:焦点小组和大众传播研究的发展》,柯惠新、王宁译,北京:新华出版社2004年版;Paul F. Lazarsfeld, Robert K. Merton, "Mass Communication, Popular Taste and Organized Social Action," in Lyman Bryson, ed., *The Communication of Ideas*, New York: The Institute for Religious and Social Studies, 1948.

然反感哥伦比亚应用社会研究局故作神秘的量化效果研究方法,但是他到了美国西海岸之后,却和那里的心理学家合作,开展威权人格的量化研究,取得了不俗的成果。① 这些事实说明批判学派与经验学派之间的边界并非像后来者所想象的那样壁垒分明,只要悬置判断,进入这些灰色地带,便会让人意识到现实的复杂性,吸引我们一探究竟。

另一个典型案例是美国传播研究中的"芝加哥学派",这里面既存在连续中的断裂,也存在断裂中的连续。首先,所谓的传播学芝加哥学派本身就抹杀了成员之间的差异。在核心成员杜威、米德、库利和帕克②中,前三者比较接近,都是通过思辨的方式强调传播行为在自我与社会形成中的重要作用。但是,帕克与他们的相似性远小于差异性。他有十一年的新闻工作经历,偏向于经验性的研究,在强调传播的社会整合作用的同时,在关于移民报刊的研究中还关注了传播的社会分裂作用。帕克在移民报刊的研究中,将报纸看成同化欧洲移民的工具,这与杜威等人主张的传播在建设民主社群中的论坛功能背道而驰。在后来者建构的传播学芝加哥学派之中,由于帕克的存在而产生了断裂。其次,以詹姆斯·凯里为首的学者为了批判以管理研究和效果研究为特征的哥伦比亚学派,援引芝加哥学派作为武器。因此从一开始,芝加哥学派便被塑造成一个被主流研究排斥和遗忘的断裂。然而凯里忽略了帕克的研究同样具备不少和哥伦比亚学派的研究相似的特征,如对策式研究、功能主义、强调媒体的效果与控制等。③ 因此当把帕克看作一个过渡性人物时,就会发现这两个学派并不存在截然对立与断裂,它们之间具有相当的连续性。

---

① 〔德〕阿多诺:《权力主义人格》,李维译,杭州:浙江教育出版社2002年版。
② 这四人是切特罗姆、罗杰斯、凯里和胡翼青四位研究者在传播学芝加哥学派的研究中共同提及的人物。见〔美〕丹尼尔·杰·切特罗姆:《传播媒介与美国人的思想——从莫尔斯到麦克卢汉》,曹静生、黄艾禾译,北京:中国广播电视出版社1991年版;〔美〕E. M. 罗杰斯:《传播学史——一种传记式的方法》,殷晓蓉译,上海:上海译文出版社2005年版;James W. Carey, "The Chicago School and the History of Mass Communication Research," in Everette Dennis and Ellen Wartella, eds., *American Communication Research: The Remembered History*, Mahwah: Lawrence Erlbaum, 1996, pp. 21—38;胡翼青:《再度发言:论社会学芝加哥学派传播思想》,北京:中国大百科全书出版社2007年版。
③ 〔美〕罗伯特·帕克:《移民报刊及其控制》,陈静静、展江译,北京:中国人民大学出版社2011年版;同时见本书第三章。

对传播学术思想中灰色地带的发现与解放,有助于打破以今日为标准理解历史的那种辉格解释,恢复传播思想史的复杂性与偶然性。它还可以给当代学者提供新的想象空间,思考另外一种可能的发展路线。当我们了解到20世纪前半期社会学对于传播现象的研究及特定问题时,对于过去关于中国传播学发展史的许多常识就会产生怀疑,并对产生过萌芽但却未充分发展的部分提出新问题。传播思想史最终会照亮未来的传播研究。

本书的结构及章节

如导言开头所说,这本书缘起于传播理论课堂的困惑,它是对教学中所产生的种种疑问的回答。因此从2006年开始,我便开始发表相关文章。因为纯粹是个人的兴趣,也没有任何压力或结题的催促,随想随写,随写随发,中间还参加了社科院新闻传播研究所姜飞研究员主持的一个中国传播研究的口述史项目,参与了新闻传播思想史研究会的筹建工作,业余爱好在近年来有变成主业的趋势。近十年下来,积累了些论文,趁着成书之际重新修订,补上几篇没机会成文的篇目,便是现在呈现在读者面前的这本小书。

尽管在开始研究时并没有一个明确的规划,但回过头来看,这些文章还是有一条线索贯穿其中的,那就是悬置已有定论,与主流叙事保持一定距离,从考察传播研究史中被忽略的"灰色地带"入手,发现主流叙事的内在矛盾,解构传播研究史中的宏大叙事。当然,这个解构的过程并不是为了破坏而破坏,其背后的动机常常来自中国传播研究当下的困境。回到历史不是寻找现成的答案,而是为了寻找更恰当的提问方式和观察现实的角度。所以读者可以很明显地看到,本书中每段历史叙事并不纯粹就事论事,而是往往自不量力,有些方法和问题的诉求。不过,有一利必有一弊,期待能引起更多的思考与批评。

本书以中西为线,自然分成两个部分。但是这种划分无意将中西方做简单二元划分,本书所探讨的并不是自我存在的美国传播研究,①而是中国传播研究者眼中的美国传播研究。我尤其关注的是中国传播史书写中被当作学科正当性基石的那些美国传播研究经典作品与人物,如以拉斯维尔为代表的传播学四大奠基人(第一章)、哥伦比亚学派(第二章)、芝加哥学派(第三章)、公共关系的起源(第四章)等。我的目的是指出这些我们不假思索地使用的学派与理论中那些被我们忽略了的、与主流叙事相矛盾之处。比如,拉斯维尔传播思想中超越5W理论和传播功能论的丰富内容、哥伦比亚学派与批判学派的相似之处、芝加哥学派内部的差异以及与哥伦比亚学派之间的连续性、公共关系正当性论证中的问题等。由于历史叙事间接限制了我们当下的思考方式和话语结构,对传统成见的反思便为丰富今天研究的想象力提供了另一种可能。

在中国的传播研究史讨论中,上述思路体现得更加明显。这部分重点探讨了三个主题。第一是中国传播研究的起源问题。目前的主流叙事认为中国的传播研究始于1978年,这个看法混淆了"传播研究"概念与以施拉姆为首的美国学者所倡导的"传播学"概念。如果我们承认传播研究的社会学、心理学、新闻学传统的话,那么在20世纪初,通过芝加哥学派等社会科学传统,传播研究便已经以"交通"研究的概念进入中国。为什么主流叙事会忽视上述显而易见的事实?为什么传播学界的集体记忆出现缺失?第五章给出了一个初步的回答。在中国传播研究起源问题上,让传统叙事最为尴尬的是孙本文在1925年所完成的博士论文《美国媒体上的中国:美国媒体对华公众意见的基础及趋势研究》,这表明中国学者早在施拉姆提出"传播学"以前(甚至早于拉斯维尔的《世界大战中的宣传技巧》)便已经开始从事现代的传播研究,把晚了半个多世纪的1978年作为起点便显得有些缺乏自信。第六章围绕着这篇论文的来龙去脉,探讨了早期传播研究出现的原因以及孙本文退出传播研究之谜。当然,探讨传播学的起源不是一个吉尼斯世界纪录式的游戏,说到底,它反映了在传播与其他社会实

---

① 由于出版时间的关系,本书暂时没有探讨欧洲的传播研究,但这并不意味着它们不重要,而是因为相比之下,美国的传播研究对中国的影响更大。

践相融合的今天,我们关于"传播学"的概念依然狭隘和保守。

第二个主题是1978年传播学进入中国后中国学者对西方理论的跨文化解读、想象与改造。第七章缘于这样一个有趣的现象:在20世纪七八十年代传播学引进初期,以中国人民大学的《国际新闻界》为代表的新闻学界引介了大量批判学派的学说,但是在后来的集体记忆中,这些努力被遗忘,仿佛批判学派从未引起过中国学者的关注。本章结合当时的社会语境与学术场域行动者的策略选择,探讨了这一偶然现象背后的必然性因素。第八章以 culture industry 一词的翻译从"文化工业"到"文化产业"的变迁,描述了传播研究与中国现实之间如何发生错位:为什么在中国还未有真正的文化工业时中国的学者会大肆批判中国的文化工业,待到中国的文化工业真正做大做强时,学者们反而熙熙攘攘地为文化产业出谋划策?这一章借助布尔迪厄的场域理论,分析了学术场域的行动者对于西方理论的工具性使用如何导致了这一荒谬的结果。第九章回顾了传播研究在登陆中国后,辗转寻求听众的过程。最初新闻研究者想通过它争取学术独立和改造宣传方式,但在将它推销给政府时,反而遭遇无端批判,无奈只得转向经济领域;随着社会环境的变化,社会管理者终于接纳了传播学,但其主体性却在被收编中不断丧失。这三章的研究指向一个共同的结论:中国的传播研究者在引进西方理论的过程中绝对不是对西方理论进行简单的移植,而是灵活地对其加以改造以适应国情。然而这种过于迎合现实的改造对于学术研究来说究竟是福是祸,值得进一步探讨。

第三个主题是中国传播研究的本土化问题。自从20世纪70年代末重新引进传播学以来,这始终是中国传播学者的心头之痛。第十章以中国的受众研究为例,转换视角,从考察主观的规划型本土化转而研究现实中客观形成的自然型本土化,提出中国的传播研究不是本土化不足,而是本土化过度,以至于重视工具理性实践的本土特征成为唯一的选择。第十一章在此基础上,辨析了关于中国本土化的各种话语,提出中国传播研究的本土化不应是单数,而是复数。在起步阶段,既要打破以简单应用为唯一取向的路径,但又不宜简单否定现阶段应用的合理性。因此,可以采取多种本土化路径之间竞争与合作的方式,稳步推进中国的传播研究本土化。

如果说关于美国的传播学术思想史研究探讨的是我们"如何看",那么关于中国的部分探讨的则是我们"如何做"的问题。思与行并无截然分别,它们都是每个有反思精神的研究者在研究时必须面对的问题。需要申明的是,这些反思的目的绝不是苛求前人,而是面对目前的困惑的一种自我救赎。愚者千虑,必有一得,期待这些作为个人兴趣的思考能够引起更多传播研习者的关注与批评。

第一章　拉斯维尔:被误读的
　　　　　传播学"奠基人"

美国政治学家哈罗德·拉斯维尔(Harold D. Lasswell)被传播学科的真正奠基人威尔伯·施拉姆封为传播学的"四大奠基人"之一。① 1982年施拉姆访问中国时,在中国人民大学所做的演讲就是《美国"大众传播学"的四个奠基人》。② 对于1978年后学习传播学的中国新闻学者来说,"拉斯维尔"和"传播学"是紧密联系在一起的概念。

在传播研究引进中国的过程中,拉斯维尔的《社会传播的结构与功能》(以下简称《社会传播》)素来被中国传播界认为是他最重要的一篇文本,曾经扮演着启蒙的角色。③ 1982年出版的第一本传播学普及读物《传播学(简介)》中,这篇译文就被列入其中。在2003年出版的《20世纪传播学经典文本》中,该文再次被收入。中国出版的传播学教科书不但重点介绍这篇文章中提到的传播的5W和大众传播的社会功能,甚至大部分教材的框架也以"传者—媒介—内容—受众—效果"这五个部分为结构。但是另一方面,对拉斯维尔传播观念的深入研究

---

① Wilbur Schramm, Steven H. Chaffee, Everett M. Rogers, eds., *The Beginnings of Communication Study in America: A Personal Memoir*, Thousand Oaks: Sage Publications, 1997.
② 〔美〕威尔伯·施拉姆:《美国"大众传播学"的四个奠基人》,王泰玄记录,《国际新闻界》1982年第2期。
③ Harold D. Lasswell, "The Structure and Function of Communication in Society," in Lyman Bryson, ed., *The Communication of Ideas*, New York: The Institute for Religious and Social Studies, 1948.

却很难见到。国内能够见到的拉斯维尔的中译著作只有《政治学》《世界大战中的宣传技巧》和《权力与社会：一项政治研究的框架》三本，此外在罗杰斯的《传播学史》中有一段对于拉斯维尔生平及传播研究的简单介绍。这一待遇与拉斯维尔学术生涯中的巨大的发表量（325篇文章与章节，52本著作）和生前的学术地位极不相称。

有趣的是，这一现象并不仅限于中国，即使在美国的传播研究中拉斯维尔也受到"冷遇"。最近美国一些学者出版的关于美国传播研究的早期历史回顾中，不论是赞赏还是批判，以拉扎斯菲尔德为首的哥伦比亚学派更受重视，而拉斯维尔则只是被一带而过甚至忽略。[1]

拉斯维尔曾被施拉姆奉为传播研究的四大奠基人之首。为什么近半个世纪过去后，拉斯维尔所开创的学术传统被传播研究的"无形学院"逐渐抛弃？或者说，拉斯维尔究竟是否给我们留下了可用的学术资源？如果有，是什么？如果没有，为什么？

缺乏传承的"卡里斯玛"

杰弗里·C.亚历山大（Jeffery C. Alexander）在提到社会科学研究的学派传承与竞争时提出，一个学派或学术传统的建立要具备两个条件。首先，要有一个"卡里斯玛"式的开创者（如马克思、韦伯、弗洛伊德等）。[2] 拉斯维尔恰好具备这一特征。在后学的回忆文章中，拉斯维尔一直以反主流政治学的边缘人形象出现。[3] 因为他将弗洛伊德理论引入政治研究，遭到主流政治研究学者的敌视，以至于在1937年至1950年间，他没有在政治学杂志上发表过任何文章。但是富有传奇色彩的是，这些离经叛道的理论最终征服了青年研究者，拉斯维尔竟于

---

[1] Elihu Katz, et al., eds., *Canonic Texts in Media Research: Are There Any? Should There Be? How About These?* Cambridge, UK: Polity, 2003; David W. Park and Jefferson Pooley, eds., *The History of Media and Communication Research: Contested Memories*, New York: Peter Lang, 2008; Paddy Scannel, *Media and Communication*, London: Sage, 2007.

[2] 〔美〕杰弗里·亚历山大：《新功能主义及其后》，彭牧等译，南京：译林出版社2003年版，第40页。

[3] Dwaine Marvick, "The Work of Harold D. Lasswell: His Approach, Concerns, and Influence," *Political Behavior*, 2(3), 1980, pp. 219—229.

1955年当选为美国政治学学会的会长。① 此外,拉斯维尔还曾在二战期间(1940—1945)担任美国国会图书馆的战时传播研究实验部主任。更令人意外的是,1938年他在政治学研究的事业高峰期突然离开研究重镇芝加哥大学,并于1946年进入耶鲁法学院。尽管有许多其他外在的原因可供人们猜测(比如学术政治),他自己的解释是从教育入手改造法律精英的工作会比学术研究对社会的影响更大。② 他所提出的政治学的定义(谁,得到了什么,何时和如何得到)以及对传播的定义(谁,通过什么渠道,对谁,说了什么,取得了什么效果)都成为这两个学科中人们耳熟能详的经典定义。以上迹象(signs)都在暗示,拉斯维尔具备了成为"卡里斯玛"式学者的条件。

亚历山大认为,除了神启式的开创者外,一个学术传统一般还要经历阐发(elaboration)、衍化(proliferation)、修正(revision)、重新建构、创造传统、解构传统等一系列变化,回应来自内部和外部的竞争与挑战,才能延续下去。③ 显然,拉斯维尔传统的中断是因为在第二个环节上出现了问题。

一个解释是拉斯维尔到了耶鲁法学院后,无法招收政治学的博士生。④ 尽管按照布尔迪厄的学术场域理论⑤,这是一个不能忽视的因素,但这只是原因之一,要说明其学术研究为什么失去了吸引力,我们必须回到文本与语境之中寻找答案。拉斯维尔是个高产的研究者,据统计,从1923年起至1978年,他一共发表了325篇文章与章节,52本著作,共达400多万字。要在一篇文章中全面地对其做出评论可能过于唐突。不妨借鉴卡茨等人倡导的传播研究经典文本(主要是论文)

---

① Heinz Eulau, "The Maddening Methods of Harold D. Lasswell: Some Philosophical Underpinnings," *The Journal of Politics*, 30(1), 1968, pp.3—24.
② 〔美〕E.M.罗杰斯:《传播学史——一种传记式的方法》,殷晓蓉译,上海:上海译文出版社2001年版,第225—227页。
③ 〔美〕杰弗里·亚历山大:《新功能主义及其后》,彭牧等译,南京:译林出版社2003年版,第41页。
④ 〔美〕E.M.罗杰斯:《传播学史——一种传记式的方法》,殷晓蓉译,上海:上海译文出版社2001年版,第229页。
⑤ 〔法〕皮埃尔·布尔迪厄:《科学之科学与反观性》,陈圣生等译,桂林:广西师范大学出版社2006年版。

细读的思路①,从拉斯维尔最重要的一篇传播学论文《社会传播》入手,初步探索这个问题的答案。

《社会传播》的 5W

如果仿照拉斯维尔习惯的提问方式,应该首先关注的是《社会传播》这篇论文的 5 个 W:谁、通过什么渠道、对谁、说了什么、取得了什么效果。该文最早刊登于 1948 年出版的《观念的传播》(The Communication of Ideas)一书。这本常常被忽视的文集在传播研究史上占有重要地位,其中两篇文章的引用率最高,已经成为传播研究的经典文本。一篇是拉斯维尔的《社会传播》,一篇是拉扎斯菲尔德和默顿的《大众传播、流行品味和有组织的社会行动》("Mass Communication, Popular Taste and Organized Social Action")。

《观念的传播》一书的编者为莱曼·布赖森(Lyman Bryson, 1888—1959),他曾是拉斯维尔在美国国会图书馆组织的洛克菲勒传播研讨班(1939 年 9 月至 1940 年 6 月)的成员之一,后来还编辑了研讨班的活动记录著作。拉斯维尔在这个研讨班中表现突出,正是在这里,他第一次提出了传播的 5W 理论(在《观念的传播》的 14 位作者中,有 4 人来自这个研讨班)。1946 年 11 月到 1947 年 2 月,纽约的美国犹太神学院的宗教与社会研究所(the Institute for Religious and Social Studies at the Jewish Theological Seminary of America)开设了一门名为"观念传播的问题"(The Problems of the Communication of Ideas)的课程,邀请了不同领域的学者前来讲授。这些演讲内容在经修改后被编辑成书,就成了这本《观念的传播》。该书代表着传播领域尚未被体制化之前,早期社会科学研究者和人文学科研究者对传播问题的模糊的想象。布赖森并不追求一个统一的理论框架。他在前言中写道:"(本书)目录显示,不同演讲者对该(传播)问题的解决方式大相径庭,它同时还

---

① Elihu Katz, et al. , eds. , *Canonic Texts in Media Research: Are There Any? Should There Be? How About These?* Cambridge, UK: Polity, 2003.

重访灰色地带：传播研究史的书写与记忆

说明并不存在一个成系统的传播理论大纲。"① 我们在目录中除了能看到后来被奉为传播研究奠基人的拉斯维尔、拉扎斯菲尔德等人外，人类学家玛格丽特·米德也贡献了两篇文章，她谈论的是从文化和跨文化的角度研究传播现象。其他的话题涉及古希腊经典中的传播理论、心理学与传播、艺术、写作、言论自由、社会政策、流行文化等。《观念的传播》这本书是一个值得深入讨论的话题，但是因为篇幅的原因，这里不再展开。简而言之，我们可以看到，在《社会传播》发表之时，传播研究还是一个人文学科和刚刚兴起的社会科学和谐共处的开放论坛。

《社会传播》发表时，无论是拉斯维尔还是传播研究都正在进入一个新时期。1938年拉斯维尔离开芝加哥大学，经历了事业上的"中年危机"。战争时期与洛克菲勒基金会合作进行了战时宣传研究后，他自己的传播观念发展成熟，从宣传研究中提出了一些普遍性结论。1946年，拉斯维尔进入耶鲁法学院。在此前后，他关注的问题有了明显变化。宣传、世界革命、传播问题逐渐淡出他的视野，社会科学研究方法、政治精英和世界秩序、个人权利与伦理、法学教育等成为新的兴趣点。所以，《社会传播》也可被看作是他对之前的宣传与传播研究的总结，集中了他对这两个问题的主要见解。

在这篇文章发表之时，传播研究也进入了新时期。在施拉姆的推动之下，传播学科正从处于学术研究边缘地带的赠地学院（"land-grant" university）悄然兴起。这些面向社会、强调应用、刚升级为大学的学术教育机构不承受太多传统压力，很快就接受了这个新兴学科。为了追求学科合法性，现有的学术话语必须加以改造，于是理论框架和学术畛域逐渐形成。与此同时，以拉扎斯菲尔德为首的哥伦比亚学派围绕个人决策这一主题，将小群体研究和量化研究整合进传播研究之中。来自欧洲人文传统的阿多诺（曾参与广播研究项目）和来自芝加哥学派社会学传统的米尔斯（曾担任研究人际影响的迪凯特研究的实地调查指导员）与拉扎斯菲尔德的冲突暗示着一个挑战学术传统的新研究范式已经出现。新兴的传播研究很快被吸引进这一被米尔斯

---

① Lyman Bryson, ed., *The Communication of Ideas*, New York: The Institute for Religious and Social Studies, 1948, p. 1.

讽刺为"抽象的经验主义"的研究范式之中。

在学术问题与学术研究范式竞争的背景下看《社会传播》这篇文章和拉斯维尔的传播观念，就会发现，该文中与新兴的传播理论框架和实证研究相一致的话题被今天的主流传播研究史保留下来，而拉斯维尔看重的其他议题则因与主导的范式不符而被歪曲或遗忘。接下来，我们将考察拉斯维尔文章中具有丰富内涵的传播观念被模式化、语录化的断裂过程。

拉斯维尔模式≠拉斯维尔的传播观念

拉斯维尔的《社会传播》之所以至今还被提起，很重要的一个原因是他开篇就令人猝不及防地提出了一个传播定义："传播就是谁通过什么渠道，对谁说了什么，取得了什么效果。"这个定义被后人发展为5W模式，并被用图像加以描述。① 图像模型的优点是简洁直观，但是在这个抽象过程中，拉斯维尔的传播观也被变成了一种刻板印象，以致不少评论者错把经其他人诠释的"拉斯维尔模式"当成了拉斯维尔的传播观念。

对5W模式的批评主要有以下几个：(1) 这个模式是政治传播的宣传模式，含有传者中心论的控制观念；(2) 这个模式是单向的，缺乏反馈；(3) 这个模式是线性的，缺乏对传播环境的注意；(4) 这个模式主张传播魔弹论，没有关注对传播意义的编码与解码过程。

然而细读拉斯维尔的这篇文章会发现，以上几条指控除了第一条外，都曲解了拉斯维尔的本意。拉斯维尔的传播观念与被简单化的"拉斯维尔模式"之间存在着巨大的鸿沟。比如就第二个问题，在《社会传播》中拉斯维尔明确提出：

> 还有一个重要的类比是关于传播的线路问题，即单向或双向传播。单还是双，取决于传者和受众的交互程度。换句话说，当两人或多人参与的传送与接收频率相等时，便形成双向传播。通

---

① 〔英〕丹尼斯·麦奎尔、〔瑞典〕斯文·温德尔:《大众传播模式论》(第2版)，祝建华译，上海：上海译文出版社2008年版，第13页。

常认为谈话是双向传播(虽然我们也注意到存在独白现象)。现代的大众传播工具,使印刷厂、广播设备和其他形式的固定资产与专门资产的控制者享有巨大的优势。但也应该注意到,受众稍迟些也会"回应"。许多大众传媒的控制者采用抽样调查的科学方法,加速完成整个传播回路。

在这里,拉斯维尔不仅明确指出了传播的反馈问题,并且专门谈及大众传播中的反馈。因此说拉斯维尔没有看到反馈与双向交流问题,是错误地将"拉斯维尔模式"等同于拉斯维尔的传播观念。关于第三个指责,拉斯维尔在"有效传播"一节谈到了传播效果面对的阻碍因素,其中之一就是传播者缺乏对环境的认识,他将其称为"无知"。"此外,无知意味着在传播过程的某个环节,缺乏来自社会其他部分的知识。如果没有经过适当训练,搜集或散播消息的人会不断地曲解和忽视事实……"拉斯维尔不仅没有忽视传播环境,他的问题或许反而在于过分强调了传播环境对传播效果的影响。下面将提到的"世界注意力调查"项目,目的就是研究大众传媒造成的信息环境对于各国政治决策的影响。

拉斯维尔早年曾投入大量精力进行宣传研究,他在那时就对传播环境与宣传效果之间的关系有过专门论述。他不但不主张传播万能论,相反,他认为传播只有适应受众心理和文化,才能取得较理想的效果,这一主张与有限效果理论中提出的传播的主要效果是强化而不是改变的看法是一致的。

人们谈起宣传时,似乎经常认为它是一种不受时间、空间和人所限制的神奇的力量。《(世界大战中的)宣传技巧》特地摒弃了这个观点,这一摒弃具有充分理由。我们知道,宣传家存在于社会性的政治体之中,该政治体的特殊环境限制了感知、想象和行为。受众的社会化受到环境影响,也限制了宣传家对受众的影响。宣传家至多只能有选择地进行宣传。他要发现潜在的不满或希望,并想办法使这种不满得到发泄,利用这种希望达到政治目标。[1]

---

[1] Harold D. Lasswell, *Propaganda Technique in World War I*, Cambridge, Mass.: M.I.T. Press, 1971, p. xv.

换句话说,拉斯维尔认为宣传家只能顺势利用受众已经接受的语言和观念,将特定的象征符号与人们所憎恨的和偏爱的观念联系在一起,才可能取得宣传的成功。因此,对拉斯维尔模式的第四个批评也不能成立。拉斯维尔把影响宣传效果的环境条件总结为价值结构、神话、技术和文化材料四种,并且认为经历了第一次世界大战的密集宣传后,受众会逐渐适应这种大众说服,最终导致宣传效果大打折扣。拉斯维尔是美国较早接触马克思主义的政治学者(他在做博士论文之前即游历欧洲,在那里接触到了马克思主义理论),他认为当时马克思主义宣传的成功之处即在于此——开放性的或模糊的未来使它能满足所有人的想象。①

在《社会传播》中的"需要和价值"一节中,拉斯维尔认为传播不是简单的信号传递,人与动物的不同之处是对价值的追求。在他的整个政治学理论体系中,"价值"是一个核心概念。他认为人类不仅具有共同的价值观,而且我们可以使用这些价值来解释社会行为。他早年曾将这些关键价值总结为"收入、尊严和安全",后来又将它们扩展为八个(权力、财富、文明、幸福、尊重、技术、感情和正直)。他还进一步使用价值来对民主和专制做出界定。他认为,民主是这样一个社会系统,在其中每个人接受的特定价值也能被系统中所有行动者共享;相反,专制则是不平等的价值分配和接受系统。② 在晚年,他把大量精力投入到民权与价值研究之中。由此可见,拉斯维尔不是一个仅仅把社会当作客观事实进行研究的学者,他并没有排除文化对传播的影响。

从以上分析可以看出,拉斯维尔的传播观念要比标签化的"拉斯维尔模式"或图像化的"5W模式"丰富得多。但是,清晰完整的概念并不是一个学术传统被学术共同体接受的唯一条件,托马斯·库恩认为,关键在于是否能够让学术共同体相信,有一个肯定存在答案的"谜

---

① Harold D. Lasswell, "The Strategy of Revolutionary and War Propaganda," in Quincy Wright, ed., *Public Opinion and World Politics*, Chicago: University of Chicago Press, 1933, pp. 187—221.

② Bruce Lannes Smith, "The Mystifying Intellectual History of Harold D. Lasswell," in Arnold A. Rogow, ed., *Politics, Personality, and Social Science in the Twentieth Century, Essays in Honor of Harold D. Lasswell*, Chicago: University of Chicago Press, 1969, pp. 70—80.

题"(puzzle)正在等着他们解答。① 拉斯维尔的问题恐怕就在于,他没有成功地为传播研究设置一个吸引研究者持续参与的"谜题"。

注意结构研究与驻防国家

在《社会传播》一文中,"人类社会的注意结构"一节最容易被传播研究者忽视,而这一部分恰好是拉斯维尔传播观念的核心。拉斯维尔认为,我们可以从一个人的所读、所见和所听了解一个人的生活。同样,如果我们知道了个人、群体或国家关注的信息,我们就可以估计其观念,甚至推断其行为。他认为,传统的政治学(政治传播)研究要么过于注重个人的观念,轻视物质环境的影响,要么过于强调经济决定一切,忽视意识形态的影响,对信息环境的科学研究,正好可以充当唯物与唯心两极之间的桥梁。

深受李普曼影响的拉斯维尔把受众的注意(认知)作为传播效果的主要表现,这与后来议程设置、培养分析等理论的前提假设不谋而合。但是拉斯维尔并不关注微观的信息环境,而是强调信息系统的整体影响。他认为国家制造的信息环境具有垄断性,所以大众媒体的信息具有不可抗拒的影响力,这也就是他以内容分析代替效果研究,并被认为是魔弹论(认为大众传播的影响不可抗拒)的主要支持者的主要原因。

表面上看,这种看法与民主社会所提倡的表达自由的观念以及现实不太一致,忽略了多元化社会中各种意见的交锋与协商。然而拉斯维尔并没有忽略自己理论中这么明显的"漏洞",他的理由是社会结构演变会导致社会信息环境被中央政府所统一控制,单一的信息环境终将导致强大的效果。实际上这种强调制度及整体信息结构具有决定性影响的思路并不是少数学者的看法,传播的批判学者们也多持此立场。比如法兰克福学派、传播政治经济学派及早期的文化研究,甚至经验学派中乔治·格布纳的培养理论也认为受众的选择性在强大的

---

① 〔美〕托马斯·库恩:《科学革命的结构》,金吾伦、胡新和译,北京:北京大学出版社2003年版,第32—39页。

传播体制面前不起作用。

1937年,中国抗日战争全面爆发。这场战争使拉斯维尔领悟到,社会结构变化的新趋势将是驻防国家(Garrison State)的扩散。① 其后的第二次世界大战,使拉斯维尔相信,随着空军力量的发展,尤其是核武器的出现将导致在未来全球冲突日益加剧的情况下,平民的安全越来越无法得到保证,对安全的渴望将导致社会权力由商人转向军人,走向驻防国家。

拉斯维尔的这种社会结构转换理由来自于他对古典社会学理论的研究。法国社会学家孔德曾根据当时的现实提出,人类社会的发展经历了军事社会到封建社会,再到工业社会的历程。社会学家斯宾塞也将社会划分成军事社会和工业社会两种。拉斯维尔认为,辩证的历史的发展可能会导致社会权力重新回到暴力专家的手中。在他眼中,当时的日本、苏联已经初步具备了驻防国家的特征,暴力专家不但掌握了军事大权,而且垄断了政治、经济和文化。与孔德所说的原始的军事国家不同,驻防国家的暴力专家也吸收了现代文明社会的管理方式,通过技术操作、行政组织、人事管理、公共关系等非暴力方式来管理国家。宣传是主要控制方法,在集中的象征符号操纵之下,国家公民的行为完全一致,即使有暴力强制,也主要是作为"行为宣传"起到象征符号的作用。社会权力的集中也允许暴力专家们使用经济(如商品配给)、政治(如清除反对党和取消民主议事)手段来对社会进行统一管理。②

拉斯维尔预测的驻防国家建立在两个条件之上:一是技术的进步,二是外部威胁的加剧。他所说的技术不仅指科学技术,而且指社会科学所提供的管理技术,这一看法触及了现代性的重要维度——科学的统治。和韦伯提出的静态的"理想型"不同,拉斯维尔提出的驻防国家是一个"发展性概念"(development construct)。"发展性概念"是拉斯维尔提出的一个新的理论建构方式,它是建立在对过去与现在的

---

① Harold D. Lasswell, "Sino-Japanese Crisis: The Garrison State versus the Civilian State," *The China Quarterly*, 11, 1937, pp.643—649.

② Harold D. Lasswell, "The Garrison State," *The American Journal of Sociology*, 46(4), 1941, pp.455—468.

数据的分析之上的预测，只是众多可能性之一，并非不可避免。它在发展过程中甚至会经历新的演变，导致完全不同的结果。他举例说，在从市民国家(civilian state)向驻防国家转变的过程中，可能会出现一些过渡类型，比如说政党宣传国家(party propaganda state)等。

关于拉斯维尔提出的驻防国家的概念的意义，学界存在不同看法。尽管从世界局势发展来看，他的判断过于悲观，但是对市民—军事两种权力关系的讨论，成为现代政治学中的一个重要主题。然而如果由此就认为拉斯维尔主张或支持冷战，便是天大的误会。① 首先，拉斯维尔的这个分析中没有任何政策暗示。从他的理论出发点可以看出，他是想效法孔德，建构一个一般性的社会权力结构变迁的宏大叙事，他关注的是国家内部市民权力与军事权力的消长，国际意识形态对抗并不是他的主题。其次，他并不认同驻防国家，而且试图阻止其出现。② 最后，拉斯维尔既没有把传播研究看成一门学科，也没有把这门学科视为冷战工具的意图。就在发表《社会传播》的同年，拉斯维尔在《芝加哥大学法律评论》杂志上发表了一篇题为《两极世界合作的希望》③的文章，可见他虽然看到了冷战不可避免，却并非一味强调敌对。评价一个人的观念要在具体的语境中进行，要与当时的其他学者横向比较。拉斯维尔虽然没有对社会主义国家表示同情和支持，但他主要还是一个学者，说不上有突出的冷战倾向。

尽管拉斯维尔对未来的估计和同年出版的《1984》很相似，但是他并未放弃对民主的信心。在《社会传播》的最后部分，拉斯维尔提出的解决方案是提高公民素质，使他们与精英具有"同等程度的教养"(Equivalent Enlightenment)。拉斯维尔受李普曼影响很大，他也相信理性的舆论的基础是开化的(enlightened)公众，但是他并不赞成李普曼的消极态度，杜威等进步主义者对他的影响更大(他上过杜威的课并与之有过很多接触)——要促进民主必须提高公民素养。拉斯维尔的导

---

① 高海波：《美国传播学的"冷战宣言"》，《国际新闻界》2009 年第 2 期。
② Jay Stanley and David R. Segal, "Landmarks in Defense Literature," *Defense Analysis*, 5(1), 1989, pp. 83—86.
③ Harold D. Lasswell, "The Prospects of Cooperation in a Bipolar World," *The University of Chicago Law Review*, 15(4), 1948, pp. 877—901.

师,芝加哥大学著名政治学家梅里亚姆(Charles Edward Merriam, 1874—1953)不仅对他的博士论文《世界大战中的宣传技巧》产生了重要影响,而且把这个研究作为其后进行的"创造公民的研究"(Studies in the Making of Citizens)的基础。① 从20世纪初到二战前,提高公民素质、反对宣传控制已经成为自由知识分子改造社会的一股潮流,呼应着19世纪末到20世纪30年代美国的社会进步运动。除了梅里亚姆的研究外,美国的宣传分析学会(the Institute for Propaganda Analysis)和后来发展为"批判思维"研究的"思维科学"研究都是这个时期比较著名的学术活动。② 尽管有人将这些知识分子称为"紧张的自由主义者"(nervous liberals)③,但如果把这些促进民主的努力看成是灌输资本主义意识形态,虽然不失批判性,但未免显得过于简单。

从宣传研究到世界注意结构调查

《观念的传播》一书还收录了拉斯维尔的另一篇很少被提及的文章——《注意结构和社会结构》("Attention Structure and Social Structure")。这篇文章的标题正道出了二战时期他的传播研究的核心课题。

拉斯维尔以宣传研究成名,在《世界大战中的宣传技巧》中,他运用米德提出的象征符号概念,分析了不同国家如何利用象征符号的"暗示"(suggestion),将宣传者的意图与受传者的既有倾向联系在一起。此研究的别出心裁之处在于发掘出了非符号活动(战争与和平)中符号所起的重要作用,并将传播这一主题引入正在形成的政治科学之中。拉斯维尔自己介绍,当初从事的这个研究其实是另一个更大的"国际态度研究"(study of international attitudes)的一个子项目,可见对

---

① Bruce Lannes Smith, "The Mystifying Intellectual History of Harold D. Lasswell," in Arnold A. Rogow, ed., *Politics, Personality, and Social Science in the Twentieth Century, Essays in Honor of Harold D. Lasswell*, Chicago: University of Chicago Press, 1969, p.57.

② Michael Sproule, *Propaganda and Democracy*, New York: Cambridge University Press, 2005, p.98, pp.132—133.

③ 这个说法最早由Archibald MacLeish于1930年提出,后来被Brett Gary作为书名。见Brett Gary, *The Nervous Liberals*, New York: Columbia University Press, 1999, p.7.

全球传播系统的研究从早年开始就是他的研究的一条暗线。

在30年代,拉斯维尔把注意力放到了日常生活中的宣传研究上,他与其他合作者一道完成了《世界革命宣传:芝加哥研究》(1939)一书。他在该书一开头就提出"这是一个宣传的时代",他的研究目标是为宣传导致的非理性寻找治疗方案。① 1947年,拉斯维尔还以顾问的身份,参加了一个名为"我们时代的世界革命"(或叫"革命和国际关系的发展",RADIR)的大型研究项目。

但是随着世界局势的发展,拉斯维尔认为革命发生的可能性已经减少了,驻防国家将取代革命成为新的发展趋势。正在这个时候(1940—1943),洛克菲勒基金会提供了一笔资金,资助战争宣传研究,拉斯维尔终于可以将他一直设想的"世界注意结构调查"付诸实施。在他的组织下,研究人员对战时世界主要报纸进行了复杂的内容分析。同时他也对早年宣传研究的框架进行了修改。首先,他用"注意"取代了《世界大战中的宣传技巧》中的"暗示"(suggestion)。他认为"暗示"过于主观且比较模糊,他倾向于用"注意可能性"或"注意导向"(availability for attention or orientation of attention)代替前者。② 其次,他认为早年的宣传符号研究没有将"价值"概念引入。这些反思都分散在《社会传播》的"人类社会的注意结构""更具体的类似现象"和"需要和价值"等小节之中。

从《社会传播》一文可以看出,直到1948年,拉斯维尔仍然对"世界注意结构调查"充满信心,但是学界多数人认为,这个计划除了为其后的世界政治指标研究提供了一些参考外,并没有取得预想的成果。究其原因,在于这个计划想当然地把驻防国家作为前提,认为国家的信息由中央权力控制。当传播科技不断发展,信息环境变得不像他预想的那样简单时,对世界注意结构的统计就变得既不可操作,也失去了预测能力。

更重要的是,世界注意结构研究缺乏理论框架和"谜题",接近纯

---

① Harold D. Lasswell, Dorothy Blumenstock, *World Revolutionary Propaganda*: *A Chicago Study*, Chicago: Knopf, 1939.

② Harold D. Lasswell, *Propaganda Technique in World War I*, Cambridge, Mass.: M.I.T. Press, 1971, p. xii.

粹的描述性政策研究。因此,这就和拉斯维尔之前从事的宣传研究和革命研究一样,当局势发生变化,研究的吸引力立即大打折扣。我们可以对比在范式竞争中取得(暂时)成功的哥伦比亚学派,其灵魂人物拉扎斯菲尔德一直以来对人的决策过程感兴趣。他信奉"消费者选择买哪个品牌的肥皂和选民选择哪个总统候选人背后的心理机制完全相同"①,并把它发展成为传播效果研究的传统。卡茨在分析迪凯特研究的数据时,又将小群体作为一个重要因素加入到对决策过程的研究。② 在这个"谜题"的吸引下,哥伦比亚学派从对人际影响的研究,扩展到对创新在社会网络中的发展的研究,再到关注受众如何使用与理解大众传播的信息,全面地探索了整个决策过程。与此同时,相关的社会心理学、市场营销、政治宣传的决策等研究不断涌现,延续至今。

哥伦比亚学派提出了"人如何决策"的谜题,相比之下,拉斯维尔却一直没有为传播研究提出一个具有足够吸引力的谜题。《社会传播》提出的宏观传播功能勉强算是一个谜题,但是经过查尔斯·赖特的综合,被进一步阐释的可能性已经基本耗尽。③ 更重要的是,拉斯维尔和赖特的功能研究只关注了传播的显功能,忽视了其潜功能。

显功能(行动者的动机所指出的后果)和潜功能(行动者意图之外的客观后果)是社会理论大师罗伯特·默顿提出的一对概念,他认为对于社会学研究来说,后者的价值更大。它能"澄清对似乎不合理的社会模式所做的分析",并且"体现着社会学知识的重要增长"④。具体来说,关注潜功能将突破表面的因果关系,从社会普遍联系与依赖的角度出发,找出潜在的联系。这就使得功能主义的解释具有了独特的魅力,常常突破常识,发现社会中某些让人意外的联系,或者摆脱肤

---

① 据拉扎斯菲尔德回忆,最早他是从一位美国推销员那里听到这个观点。当时他还在奥地利从事研究工作。参见 Paul Lazarsfeld, "An Episode in the History of Social Research: A Memoir," in Donald Fleming & Bernard Bailyn, eds., *The Intellectual Migration: Europe and America, 1930—1960*, Cambridge, Mass.: Belknap Press of Harvard University Press, 1969.

② Elihu Katz and Paul F. Lazarsfeld, *Personal Influence: The Part Played by People in the Flow of Mass Communication*, Glencoe: Free Press, 1955.

③ Charles R. Wright, *Mass Communication: A Sociological Perspective*, New York: Random House, 1986.

④ 〔美〕罗伯特·K. 默顿:《显功能与潜功能》,〔美〕罗伯特·K. 默顿:《社会理论和社会结构》,唐少杰等译,南京:译林出版社2006年版,第171—177页。

浅的价值判断，对某种表面不合理的社会现象的功能重新加以解释。直到当代，吉登斯仍然赞赏默顿对于行为的意外后果的关注，认为这是社会学事业的基础。① 拉扎斯菲尔德和默顿后来进行的功能研究也由拉斯维尔所说的显功能转向潜功能，提出了大众传播的地位赋予功能、社会规范强制功能和麻醉的负功能，同时开启了更精细的效果研究的传统。②

《社会传播》中提出了注意结构的概念，这本是从认知角度思考大众传播影响的精彩思想，但是因为过于功利，理论建构不够精细，导致其说服力不够，逐渐失去了吸引力。相比较而言，议程设置、培养分析、沉默的螺旋等理论则从个人认知这一微观角度入手，开创出一片新的天地。

在传播研究的历史上，拉斯维尔是一个典型的"灰色"人物。他总是被提及得多，阅读得少。看上去他似乎声名赫赫，但除了一些被误解的口号式的概念片段被保留下来外，其学术传统对今天的影响微乎其微。据说施拉姆当初在选择传播学的"奠基人"时，更看重他们当时的影响力，以提升传播学科的正当性。施拉姆按照自己对于学科的规划，为这四个奠基人分别贴上标签，形成了所谓传播学"四大奠基人"的神话。

当神话逐渐变成教科书上的常识，拉斯维尔的鲜活思想便成为干巴巴的教条。他的思想被曲解，成为任人攻击的稻草人，另一方面我们则失去了真正的反思社会科学研究的可持续发展问题的机会。思维与语境的错位，使得不该被批判的5W模式成为后人关注的中心，拉斯维尔思想中丰富的内容和具体语境反而被忽视。相反，拉斯维尔在处理学术与实践问题上的失误则逃过了真正的严肃讨论。重读拉斯维尔，为我们反思传播研究的起源神话，提供了一个绝佳的入口。

---

① 〔英〕安东尼·吉登斯：《社会的构成》，李康等译，北京：生活·读书·新知三联书店1998年版，第73页。

② Paul F. Lazarsfeld and Robert K. Merton, "Mass Communication, Popular Taste and Organized Social Action," in Lyman Bryson, ed., *The Communication of Ideas*, New York: The Institute for Religious and Social Studies, 1948.

第二章 超越有限效果理论:哥伦比亚学派及其批评者

在天使与妖魔之间的哥伦比亚学派

近年来传播研究领域出现了一个重写学科历史的潮流,有研究者将这些研究称为传播研究的新历史。[①] 所谓"新",是指打破了由施拉姆提出的、被传播理论教材确认的传播研究"四大奠基人"的神话。对这个神话的质疑由来已久,比如批评它强调美国传统忽略欧洲传统、扬实证传统抑批判传统等,然而传播研究的"新历史"强调的乃是被四大奠基人叙事所掩盖的社会语境与意识形态,比如以洛克菲勒基金会为代表的大资本对学术研究方向的支配[②]、美国军方和情报部门以研究为名实施的"心理战"计划[③],以及学术界和产业界交织构成的环境对学科体制化的左右等[④]。这些揭秘式的研究固然说明了"传播科学"进步叙事虚伪的一面,却并未对传播研究的学术逻辑做出深刻的反

[①] Jefferson Pooley, "The New History of Mass Communication Research," in David W. Park, Jefferson Pooley, eds., *The History of Media and Communication Research: Contested Memories*, New York: Peter Lang, 2008.

[②] Brett Gary, *The Nervous Liberals: Propaganda Anxieties: From World War I to the Cold War*, New York: Columbia University Press, 1999.

[③] Christopher Simpson, *Science of Coercion: Communication Research and Psychological Warfare, 1945—1960*, New York: Oxford University Press, 1994.

[④] David Morisson, "Opportunity Structure and the Creation of Knowledge: Paul Lazarsfeld and the Political Research," in David W. Park, Jefferson Pooley, eds., *The History of Media and Communication Research: Contested Memories*, New York: Peter Lang, 2008.

思。此类知识社会学研究是站在传播研究之外观察传播研究,而对于传播研究者而言,更需要一种从传播学内部反思传播研究的视角。

中国的传播研究从引进之初便在"科学"的名义下,未加批判地接受了许多理所当然的知识。其中最突出的,莫过于对经验学派的评价。在传播学引进之初,因为追求科学主义和去政治化,经验学派以及与之相关的理论成为当时中国研究者关注的焦点。尽管也介绍了不少欧洲的、北美的批判理论,但占主导地位的学科史叙事还是经验学派的发展。[①] 近年来的对外交流和译介又让我们接触到相反的一套批判理论的叙事,在求新求异的同时无形之中又人云亦云地接受了批判学者的立场,简单地将经验学派看作传播研究陷入困境(如果有的话)的罪魁祸首。这导致我们对于经验学派的认识在天使化或妖魔化的两级之间摇摆,却忽略了对经验学派本身进行自内而外的反思。本章希望通过解剖有关哥伦比亚学派的两种冲突的话语,清点哥伦比亚学派的学术遗产,同时也以此为例,反思学科叙事中的意识形态。具体来说,本章希望将有关哥伦比亚学派的两种相反的看法并置,使两种话语内部的矛盾性自我呈现出来。同时,从那些有悖于哥伦比亚学派刻板印象的人物或理论入手,通过考察思想史的灰色地带,展现学术发展逻辑中充满偶然性和复杂性的维度。本章试图回答以下三个问题:(1) 在传播思想史上,有关传播研究的哥伦比亚学派的矛盾形象是如何形成的?(2) 是否存在不能简单归入上述两极分化的形象的哥伦比亚学派的成员或成果?(3) 如果有,我们应该如何认识处于"灰色地带"的哥伦比亚学派?

为什么哥伦比亚学派会成为众矢之的?

严格地说,"传播研究的哥伦比亚学派"(以下简称"哥伦比亚学派")并不是一个准确的概念,或许称之为拉扎斯菲尔德及其同事更加贴切。在拉扎斯菲尔德到来之前,传播研究并不是哥伦比亚社会学系的特长,随着1939年拉扎斯菲尔德的到来和广播研究所[Radio Re-

---

① 参见本书第七章。

search Office,1944年改名为"应用社会研究局(所)",Bureau of Applied Social Research,BASR,以下简称"研究局"]的建立,哥伦比亚大学成为这个新兴研究领域的重镇。相对独立于哥伦比亚大学的应用社会研究局,不仅聚集了众多对传播研究感兴趣的研究生[如卡茨(Elihu Katz)、布劳(Peter Blau)、科尔曼(James Coleman)、利普塞特(Seymour Martin Lipset)],而且吸引了默顿(Robert K. Merton)、米尔斯(Wright Mills)、贝雷尔森(Bernard Berelson)、勒纳(Daniel Lerner)、赫佐格(Herta Herzog)等青年学者的参与。在研究局的鼎盛时期,参与科研的有12—20名兼职教师和100多名由社会学系博士组成的工作人员。据统计,1937—1960年,该研究机构(包括其前身普林斯顿广播研究所和哥伦比亚广播研究所)共出版52部著作,350多篇文章、书摘和其他出版物。美国社会学学会到1992年为止的20位会长中有7位在哥大获博士学位,其中大部分都曾在研究局工作过。[1] 在这里工作过的人员并不都从事与传播相关的研究,从事传播研究的核心人员有拉扎斯菲尔德、默顿、贝雷尔森、卡茨、赫佐格等人,其他人员虽然参与传播研究,但属于外围成员。

从1937年拉扎斯菲尔德负责普林斯顿的广播研究所开始至20世纪50年代淡出传播研究领域,他及研究所同事的研究成果主要有调查广播剧为何会导致社会恐慌的《火星人入侵》[2],探讨选民投票决策的《人民的选择》[3],研究人际影响和大众传播效果关系的《人际影响》[4],参与斯托弗负责的美国陆军研究中的研究设计,默顿等人研究广播宣

---

[1] Everett M. Rogers, *A History of Communication Study*: *A Biographical Approach*, New York: The Free Press, 1994, pp.292—293.

[2] Hadley Cantril, *The Invasion from Mars*: *a Study in the Psychology of Panic*, Princeton: Princeton University Press, 1940. 严格来说,坎特里尔并不属于应用社会研究局的成员。事实上,他是最初洛克菲勒基金会普林斯顿广播研究项目的倡导者和负责人,他推荐拉扎斯菲尔德负责此项目,并在此期间与哥迪特、赫佐格完成了关于火星人入侵的广播剧的研究。但后来因为与拉扎斯菲尔德的矛盾,他退出了该项目,广播研究所也随拉扎斯菲尔德迁至哥伦比亚大学。从研究方法和理念来看,坎特里尔与后来的应用社会研究局基本一致,所以只能勉强算作哥伦比亚学派的外围成员之一——尽管他并不是该校和该局的成员。

[3] Paul F. Lazarsfeld, Bernard Berelson and Hazel Gaudet, *The People's Choice*: *How the Voter Makes Up His Mind in a Presidential Election*, New York: Columbia University Press, 1948.

[4] Elihu Katz and Paul F. Lazarsfeld, *Personal Influence*: *The Part Played by People in the Flow of Mass Communication*, Glencoe, IL: Free Press. 1955.

传效果的《大众说服》①，赫佐格通过深度访谈研究日间广播剧听众使用与满足的《借来的经验》②，科尔曼、卡茨和门泽尔进行的药品扩散中的社会网络研究③，勒纳等人研究中东社会观念转型的《传统社会的消逝》④，克拉帕总结性地提出"有限效果理论"的《大众传播的效果》⑤等。

除了成果斐然之外，哥伦比亚学派还确立了一个全新的传播研究范式，即以功能主义作为理论指导、以行为主义和实证主义作为方法基础、以管理研究作为运营方式的新的研究体制。⑥ 这一范式的影响甚至超出了传播研究，渗透到整个社会科学领域。其影响力之大，导致赖特·米尔斯在《社会学的想象力》中将其和帕森斯的结构—功能主义作为两个反面典型大加讨伐。⑦

具体来说，这种研究范式认为社会与自然界一样，受到客观规律的支配。所谓"社会事实"⑧表面上似乎依赖于不同个体的主观行动，但却独立于个体的意志而存在，并且能够通过经验的方式被验证和解释。社会结构限制，甚至决定了个人的感知与决策。通过解释社会外在条件与个人行动之间的客观联系，便可以预测个人以及群体的行为。当这种对于经验和实证的信仰发展到经验主义和更严格的实证主义的时候，对严谨的逻辑论证形式的追求便超越了待研究的问题本身。这样一种研究更注重"建设性"，即通过发现规律，为现实立法，给社会管理阶层提供操作性建议和措施。

---

① Robert Merton, Marjorie Fiske and Alberta Curtis, *Mass Persuasion: The Social Psychology of a War Bond Drive*, New York: Harper & Brothers Publishers, 1946.

② Herta Herzog, "On Borrowed Experience," *Studies in Philosophy and Social Science*, 11 (1), 1941, pp. 65—95.

③ James Coleman, Elihu Katz and Herbert Menzel, *Medical Innovation: A Diffusion Study*, Indianapolis: The Bobbs-Merril Company, 1966.

④ Daniel Lerner, *The Passing of Traditional Society: Modernizing the Middle East*, Glencoe, IL: Free Press. 1958.

⑤ Joseph T. Clapper, *The Effects of Mass Communication*, New York: Free Press, 1967.

⑥ Todd Gitlin, "Media Sociology: The Dominant Paradigm," *Theory and Society*, 6, 1978.

⑦ 〔美〕C. 赖特·米尔斯：《社会学的想象力》，陈强、张永强译，北京：生活·读书·新知三联书店 2001 年版。

⑧ 〔法〕迪尔凯姆：《社会学方法的准则》，狄玉明译，北京：商务印书馆 2004 年版，第 54—82 页。

经过哥伦比亚学派的努力,这种传播研究的范式显示出明显的优越性。首先,它制造了不少操作程序简明、易于上手、评价标准明确的研究工具。其次,经过对研究规范的强调,研究成果摆脱了早期数据的堆砌,通过文献综述和寻找对数据进行解释的理论框架,逐渐在形式上避免了研究的"抽象性",具有了可累积的潜力,获得了学术界的认可。最后,它确立了一种可以批量高效地进行学术生产的模式,满足了高速成长的传媒产业的需求。或者更准确地说,通过研究局的知识生产,它成功地改变了广播业对学术研究的无动于衷(协调业界与学界的关系、帮助业界发展正是洛克菲勒基金资助广播研究的原因之一①),成功地创造了业界对于"实在的"数据的新型需求。这种研究范式在业界和学术界都得到认可,逐渐成为美国传播研究的主导范式,直到今天,仍然占有统治地位。

批判学派对于哥伦比亚学派的批评在客观上也提升了其地位。同时期几乎每位从事批判或文化研究的主要学者都曾把哥伦比亚学派作为靶子阐明自己对传播研究现状的不满。阿多诺和拉扎斯菲尔德的冲突,以及阿多诺对追求抽象数字和科学的管理研究的批评,已经成为传播研究史上的著名公案。曾经负责《人际影响》研究中田野数据搜集和分析工作的赖特·米尔斯后来与拉扎斯菲尔德交恶,他在其名著《社会学的想象力》中把拉扎斯菲尔德倡导的研究斥为"抽象经验主义"。② 今天社会学界已经不大有机会谈到拉扎斯菲尔德,反倒是米尔斯让每个社会学的初学者第一次听说了拉扎斯菲尔德和他的研究范式。美国社会学左派领袖吉特林雄辩的长文《媒介社会学》判定哥伦比亚学派确立的经验范式具有管理视角、市场导向和社会民主主义意识形态三大罪状,而且他把卡茨和拉扎斯菲尔德在《人际影响》中提出的两级传播作为该范式"最重要的一个理论",客观上使这本书的学术影响力得到了极大提升。③ 凯里虽然没有指名道姓地指责哥伦比

---

① 〔美〕大卫·E.莫里森:《寻找方法:焦点小组和大众传播研究的发展》,柯惠新、王宁译,北京:新华出版社2004年版,第126页。
② 〔美〕C.赖特·米尔斯:《社会学的想象力》,陈强、张永强译,北京:生活·读书·新知三联书店2001年版。
③ Todd Gitlin, "Media Sociology: The Dominant Paradigm," *Theory and Society*, 6, 1978.

亚学派,但是他对传播的"传递观"的批评和"仪式观"的推崇,皮里阳秋地抑哥伦比亚学派扬芝加哥学派①;他反对施拉姆建构的四大奠基人神话,将传播研究追根溯源到芝加哥学派,对哥伦比亚学派作为传播研究源头的正当性提出质疑。② 英国的文化研究不仅认为哥伦比亚学派的效果研究问错了问题,而且划清了自己的受众研究与哥伦比亚学派的受众研究的界线。③ ……从某种意义上也可以说,正是这些反对者不约而同地把批评指向拉扎斯菲尔德和哥伦比亚学派,才显示出了后两者的重要性。

然而,这些哥伦比亚学派的反对者们都或多或少地将问题简单化了。他们为了树立对立面,选择性地挑选证据,忽略了该学派的某些重要探索和贡献。他们与哥伦比亚学派的支持者一起共同制造了一个名为哥伦比亚学派的稻草人。于是不论是施拉姆开创的主流传播学话语,还是批判学派坚持的另类传播学话语,都不约而同地把哥伦比亚学派的中心定义为量化效果研究与有限效果论,但是却忽略了他们所谓的"边缘地带"所蕴含的复杂性与矛盾性。这里无意为哥伦比亚学派辩护,因为它确实存在严重的问题,值得我们反思。本章想通过剖析对哥伦比亚学派的批评,悬置传播研究史上"派系之争"导致的偏见,把婴儿和洗澡水分开,通过寻找被批评所遗忘的个体与文本,理性地评价哥伦比亚学派的得与失。只有这样,我们才能在陈陈相因的学术神话之外,从新的角度重新思考哥伦比亚学派,以健康、积极的心态讨论中国的传播研究。

---

① James W. Carey, "A Cultural Approach to Communication," *Communication as Culture*, New York: Routledge, 1989, pp. 11—28.

② James W. Carey, "The Chicago School and the History of Mass Communication Research," in Eve Stryker Munson and Catherine A. Warren, eds., *James Carey: A Critical Reader*, Minneapolis: University of Minnesota Press, 1997, pp. 14—33; Jefferson Pooley, "Daniel Czitrom, James W. Carey, and the Chicago School," *Critical Studies in Media Communication*, 24(5), 2007, pp. 469—472.

③ Stuart Hall, "The Rediscovery of 'Ideology': Return of the Repressed in Media Studies," in Michael Gurevitch, et al., eds., *Culture, Society and the Media*, London: Methuen & Co. Ltd., 1982;〔英〕David Morley:《电视、观众与文化研究》,冯建三译,台北:远流出版公司 1995 年版,第85—90页。

哥伦比亚学派 = 有限效果?

在人们的印象里,哥伦比亚学派对于传播学最大的贡献——对批评者来说,也是最大的问题——在于提出了大众传播的有限效果理论。它既证明了宣传效果有限,同时坚定了人们对于民主制度的信心,保护了在战争中受到威胁的言论自由的底线。但是在批评者看来,它也转移了对大众媒体经营者的指责,维护了既有体制。在多数传播理论教材中,都采用了魔弹论——有限效果理论——新强效果理论的三部曲结构来叙述传播研究史。哥伦比亚学派在这一否定之否定"辩证"过程中处于承前启后的关键位置。

但是这一历史叙事始终有些暧昧。有限效果理论究竟是否被新强效果理论的"范式革命"彻底替代了?① 如果是,我们今天为什么仍把有限效果理论作为"理论"传授给初学者?还是这么做只是出于一种对历史的爱好?如果不是,又如何协调这两种效果理论之间的矛盾?

美国左派社会学家吉特林以《人际影响》为例,认为该理论源自严格的行为主义假设,只关注大众传播的短期的、外在的"效果",即可测量的态度或行为的转变。这一批评反而成为调和这两种效果观的"官方"意见,即哥伦比亚学派的有限效果理论及其论证过程并没有错,关键是他们问错了问题。他们不应该把大众传播的效果定义为外在的、短期的态度和行为转变,而应该同时寻找潜在的、中长期的、认知上的转变或者不变(更为激进的批判学者甚至认为效果研究本身就存在疑问,追求自然科学式的规律带有强烈的管理色彩,这个问题留待下一节进一步讨论)。②

但是我们首先应该问的是:哥伦比亚学派是否能与有限效果理论

---

① 近年来,随着媒体技术的发展,信息渠道增多,受众进一步碎片化、选择性增强、极化现象严重,大众媒体的效果重新变得极其有限。见 Lance W. Bennett & Shanto Iyengar, "A New Era of Minimal Effects? The Changing Foundations of Political Communication," *Journal of Communication*, 58, 2008, pp.707—731.

② Todd Gitlin, "Media Sociology: The Dominant Paradigm," *Theory and Society*, 6, 1978.

画上等号？听上去这个问题违背"常识",但是在哥伦比亚学派的许多重要文本中经常能看到与这一被普遍接受的"常识"相左的观点。拉扎斯菲尔德和默顿合著的《大众传播、流行品味和有组织的社会行动》一文是公认的传播研究领域的经典文献,不仅当时就被施拉姆收入《大众传播》(1960),今天仍然被作为传播研究经典文献收入卡茨等人所编的《传媒研究经典文献》(2006)和彼德斯等人编的《大众传播研究和美国社会思想:关键文本 1919—1968》(2004)。这篇论文提出了著名的大众传播的三个功能:地位赋予、社会规范强制功能和麻醉负功能。这三个概念都强调了大众传播的强大效果。该文前半部分还在显著位置提出了另一个颇具批判色彩的论断:大众传播具有保守性,它的主要功能是维护社会既有现状,忽略了许多其他的可能的选择。①

仔细阅读这篇论文可以发现,其前后两部分存在明显矛盾。前半部分,即大众传播的功能部分批判大众媒体的保守性,强调大众媒体的巨大影响。而后半部分则为大众媒体辩护,认为媒体的影响有限,受制于政治与经济制度,它并不能使大众的品味变得低俗。大众传播媒体只有在特殊的条件下(垄断所有媒介、引导而非改变、辅之以面对面的人际交流)才能产生巨大的社会影响。

传播研究史领域的学者发现,这篇论文本来是拉扎斯菲尔德写的一篇文章,他在发表前想让默顿提些意见,谁知默顿不满足于简单的修补工作,加入了相当于原文长度的内容。拉扎斯菲尔德索性将两人的内容整合,遂成目前的这篇文章。据推测,文章前半部分带有默顿的风格。他善于建构新概念,颇具理论性。熟读马克思主义理论的默顿还在其中融入了不少批判性观点。后半部分则带有拉扎斯菲尔德的风格,持论谨慎,注重经验证据,维护大众媒体的利益。② 尽管如此,这篇论文显示了哥伦比亚学派两位巨擘对大众传播的社会影响的共

---

① Paul F. Lazarsfeld and Robert K. Merton, "Mass Communication, Popular Taste and Organized Social Action," in Lyman Bryson, ed., *The Communication of Ideas*, New York: The Institute for Religious and Social Studies, 1948.

② Peter Simonson and Gabriel Weimann, "Critical Research at Columbia: Lazarsfeld's and Merton's 'Mass Communication, Popular Taste and Organized Social Action'," in Elihu Katz, et al., eds., *Canonic Texts in Media Research*, Cambridge, UK: Polity, 2003.

识;对于这个复杂的问题不能采取简单化的解决策略。从哥伦比亚学派至今为止最具影响力的这篇传世之作中无论如何也得不出哥伦比亚学派只赞同有限效果理论的论断。

在被认为是确立了有限效果理论的《人民的选择》和《人际影响》中,我们也看不到明显的有限效果的判断。比如在《人民的选择》中,拉扎斯菲尔德等提出了大众传播"强化"(reinforcement)既有政治倾向的概念,却没有说过强化等于无影响。正如后来格布纳等人在"培养分析"中指出的,大众传播最大的影响恰好在于让受众的认知甚至价值观保持不变。这也印证了上篇文章中提出的大众传播具有维持现状的保守性的观点。

《人际影响》则展示了一个更加复杂的经验世界,数据的结果相互矛盾,解释者选择性地建构了一个暂时的理论,但其结论并不太确定。后人忽略了结论中那些不确定的和迟疑的段落,在传播中使"两级传播"成为定论。《人际影响》调查了女性在四个问题上的决策过程,分别是日用品购买、时尚、电影和公共事务。研究发现,在前三个问题上,个人的决策容易被他人改变,影响的流动多数是水平的,大众传播的影响要比人际传播小。但是在政治方面,个人的观点和决策就不容易变动,而且影响多数来自男性(父亲和丈夫),女性之间影响的垂直流动比较明显。面对这些矛盾的数据,研究者选择了把前三个领域作为参照系,而忽略政治领域。正如吉特林指出的:如果将这四个领域等量齐观,三比一,政治领域这个特例完全可以忽略;但是如果像《人民的选择》一样,把政治作为最核心的问题进行考察,恐怕就应该得出完全相反的结论。由此可见,在经验研究中主观因素(和外部压力)占有多么重要的位置。①

《人际影响》的成书过程也反映了上述矛盾。作为《人民的选择》的后续研究,该项目由拉扎斯菲尔德负责,贝雷尔森设计城市抽样方案,刚出道的赖特·米尔斯负责现场数据搜集(包括问卷和深度访谈)。一开始很顺利,40 年代中期即完成了数据采集,但数据分析和理

---

① Todd Gitlin, "Media Sociology: The Dominant Paradigm," *Theory and Society*, 6, 1978, pp. 219—220.

论建构过程却陷入困境。米尔斯把阶层分析作为主要框架(后来发展成为著名的《权力精英》的主题),但这与拉扎斯菲尔德的设想南辕北辙。经历了不愉快的争执,拉扎斯菲尔德解雇了米尔斯。① 其后陆续有其他人尝试着对这些数据进行分析,但都不能令拉扎斯菲尔德满意。直到博士研究生卡茨从社会学引入小群体研究的框架,才使整个研究"豁然开朗",让影响的水平流动找到了理论依据。到这本书出版时,已经是 1955 年了。

有研究者提出,传播研究中的小群体理论以及今天所谓的"社会网络研究"的引入是社会环境和社会科学研究领域的潮流的产物。战后美国的消费品由匮乏转向过剩,进入了所谓"消费社会"或"后现代社会"。戴维·里斯曼在《孤独的人群》中提出的"他人引导的社会"已经预言了意见领袖理论的出现。② 这似乎可以部分解释为什么政治在该理论的建构中会被忽视。

其实在《人际影响》里还有一个隐含的推理也与有限效果理论矛盾。这个研究中的一些数据表明(但不确定),大众传播的影响先流向意见领袖,然后再流向她们的追随者。数据指出,在日常用品购买、时尚和电影领域人们经常改变态度和行为。比如样本中有半数女性说最近更换过日用品品牌③,而时尚和电影方面的改变则更频繁。该研究发现这些改变主要受到意见领袖的影响,人际传播的效果大于大众传播。可是研究的结尾部分发现,这些意见领袖接触大众媒体多,因此推论说他们的意见来自大众媒体(严格地说,这个推理并不严密,因为接触大众媒体多并不等于会接受媒介的影响,卡茨后来写的《意义的输出》也证明了这一点)。这间接地证明大众传播仍然有巨大影响,只不过是经过了代理人的传递而已。所以如吉特林所说,不能简单地把大众传播的效果与人际传播的效果做对比,因为两者根本就是不同

---

① John Summers, "Perpetual Revelations: C. Wright Mills and Paul Lazarsfeld," *ANNALS*, AAPSS, 608, Nov. 2006, pp. 25—40.
② Paddy Scannell, "*Personal Influence* and the End of the Masses," *ANNALS*, AAPSS, 608, Nov. 2006, pp. 115—129.
③ Elihu Katz and Paul F. Lazarsfeld, *Personal Influence: The Part Played by People in the Flow of Mass Communication*, Glencoe, IL: Free Press. 1955, p. 234.

层面的概念。这个研究中的悖论就是证据:当证明人际传播的效果大于大众传播的效果时,同时也间接地证明了大众传播仍然具有强大的影响力——因为人际影响所传递的意见正是大众传播的内容。大众传播作为一种社会体制或社会权力,不能简单地和自发性的人际传播相提并论。所以,与其说《人际影响》说明了有限效果理论,不如说它的前提假设仍然是大众传播的强效果理论。胡翼青提出魔弹论的批评者仍采取了与魔弹论一样的思维方式,在这里也有体现。①

为什么哥伦比亚学派会被贴上"有限效果论"的标签?

仅就拉扎斯菲尔德个人而言,他对效果的定义也不像批评者所认为的那样狭隘。拉扎斯菲尔德在1948年发表的一篇论文中提出,媒体效果可以分成两个维度:(1) 媒体待研究的某个方面,如特定内容(某一广播节目或报纸文章)、形式(如肥皂剧)、媒体的组织结构(如商业和公共广播)或技术;(2) 反应的性质,如即时、短期、长期或制度的变迁。将这两个维度进行交叉即可获得由16个单元构成的效果矩阵。②卡茨在这个定义的基础上又加上了三个新的维度:(1) 效果的性质:变化、强化;(2) 效果的对象:意见、社会结构;(3) 被影响的单位:个人、群体、国家等。③ 这使得效果研究的范围大为扩大。

尽管在研究的兴趣上,哥伦比亚学派的精力主要投入到短期的态度变化中④,但是也有一些成员在其他维度上做了积极的探索,至少在理论框架上,并没有对其他类型的效果研究关大上门。卡茨认为,归根到底,所有的媒介研究都是效果研究。如果从广义的效果观来看,

---

① 胡翼青:《对"魔弹论"的再思考》,《国际新闻界》2009年第8期。
② Paul Lazarsfeld, "Communication Research and the Social Psychologist," in W. Dennis, ed., *Current Trends in Social Psychology*, Pittsburgh: University of Pittsburgh Press, 1948, pp. 218—273.
③ Elihu Katz, "Lazarsfeld's Map of Media," *International Journal of Opinion Research*, 13 (3), 2001.
④ 其具体原因及反思见周葆华:《转型年代:效果研究的聚集与哥伦比亚学派的兴起》,《国际新闻界》2010年第4期。

确实如此,哪怕是媒介生产研究,其实也隐含着效果研究的前提。因为我们关注的还是那些能够对媒介效果产生影响的结构因素。以卡茨为例,虽然他后来的媒介事件研究(《媒介事件》)、对肥皂剧的跨文化解读(《意义的输出》)超越了被批判的"哥伦比亚传统",转向更宏观的媒介仪式、叙事符号、受众意义解读和文化影响的层面,但是并未离开拉扎斯菲尔德的"效果地图"。

那么究竟是什么原因导致人们还会把哥伦比亚学派与有限效果理论画上等号?问题可能出在哥伦比亚学派自己对传播研究历史的建构上。近年来的研究发现,传播效果研究历史中的"魔弹论"稻草人首先是由卡茨等人建构的。在《人际影响》的第一部分(卡茨的博士论文),卡茨把传统的大众传播研究"模式"的基本主张归结为两点:(1)原子化的大众;(2)讯息造成直接、迅速的行为后果。他认为该模式的理论基础是19世纪欧洲的心理学。这些心理学家认为城市化和工业化社会导致传统人际关系崩溃,遥远的非人际的控制加剧。①

在有据可考的文献里,这是第一次将大众传播研究明确划分成了新、旧两个时代。旧时代的主流观点是"皮下注射论"(据考证这一概念最早也是卡茨提出的②),又被称为"魔弹论"。新时代的主流观点则是以哥伦比亚学派的经验研究为代表的大众传播效果有限论。有趣的是,卡茨并没有明确地指出谁是旧模式的代表人物。进一步的考察发现,其实并没有任何一个严肃的学者持这种简单的观点,这只不过是哥伦比亚学派为证明自己的正当性而建构起来的一个伪叙事而已。

如果说卡茨和拉扎斯菲尔德还只是通过建构并不存在的敌人来反衬自己的研究的"创新性"的话,克拉帕则堂而皇之地把"有限效果理论"作为真理加以崇拜。经过施拉姆等后来者的确认,这种阶段的划分就具有了权威性和客观性。不过,哥伦比亚学派简单粗暴的历史

---

① Elihu Katz and Paul Lazarsfeld, *Personal Influence: The Part Played by People in the Flow of Mass Communication*, Glencoe, IL: Free Press, 1955, pp.16—17.

② Deborah Lubken, "Remembering the Straw Man: The Travels and Adventures of *Hypodermic*," in David W. Park, Jefferson Pooley, eds., *The History of Media and Communication Research: Contested Memories*, New York: Peter Lang, 2008.

叙事也是一把双刃剑。哥伦比亚学派在让自己的研究具有了前所未有的"突破性"的同时,也把自己的形象塑造得和对立面一样简单刻板,使后人忽略了该学派其他更为丰富的理论贡献。这不能不说是一个颇具反讽性的"因果报应"。

抽象的经验主义还是方法的多样主义?

在哥伦比亚学派的众多批判者之中,最激烈的当属之前参与过应用社会研究局工作的赖特·米尔斯。他在《社会学的想象力》中将拉扎斯菲尔德的研究风格称为"抽象经验主义",批评它"用研究方法代替方法论",把实证主义作为唯一的正确选择,高举可疑的"科学"大旗压制人们对于方法本身的探讨,不加批判地接受从自然科学(主要是物理学)生搬硬套来的方法论。

米尔斯自己从事过实证研究(包括前面提到的迪凯特研究),他激烈批判的不是实证研究方法本身,而是把实证研究作为唯一正确的研究方式的学术霸权。如果以此而论,拉扎斯菲尔德客观上确实使这种"抽象经验主义"发扬光大,但是如果说他本人在方法论上把实证研究作为唯一正确的方法,则失之偏颇。

作为一个来自欧洲研究传统的学者,拉扎斯菲尔德在青年时代接受了欧陆哲学、心理学和社会学的熏陶,他对这些研究传统不仅不陌生,而且充满同情。当初拉扎斯菲尔德邀请阿多诺参与广播音乐的研究,除了感激霍克海默在他初到美国时给了他至关重要的资金支持外[①],他更看重的是阿多诺独特的视角与思维方法。在其他合作者对阿多诺欧洲式的"傲慢"怨声载道时,拉扎斯菲尔德站在了阿多诺一边帮他辩护。然而由于广播音乐项目的资助者是洛克菲勒基金会,其负责人马歇尔也对阿多诺的研究风格与结论十分不满,这才导致作为调停人的拉扎斯菲尔德与敏感的阿多诺产生龃龉。

这段颇具戏剧性的轶事常常被作为经验学派与批判学派水火不

---

① 〔美〕大卫·E.莫里森:《寻找方法:焦点小组和大众传播研究的发展》,柯惠新、王宁译,北京:新华出版社2004年版,第113—114页。

容的证据。但是论者忽略了另一些更重要的细节。拉扎斯菲尔德在该事件后发表的《评管理的与批判的传播研究》一文中仍然强调批判研究的价值，认为这两种研究传统可以相互补充。具体来说，就是用批判学派的眼光提出课题，用管理学派的逻辑加以证明。① 尽管这种以管理学派为主的"整合"方式并不一定为批判学派所接受（他可能忽略了二者冲突的真正原因），但至少表明在经历了这次不愉快的合作后，拉扎斯菲尔德仍然尊重其他的方法。而给他信心的，恰好是阿多诺后来与加州伯克利大学的心理学家们完成的威权人格研究。这个研究用实证的方法支持了阿多诺的批判性概念。拉扎斯菲尔德认为，阿多诺实现了他所设想的结合方式。他在回忆录中甚至自责当初可能是自己缺乏耐心，错过了成功的可能。②

在哥伦比亚学派内部，也并非实证主义研究一统天下的局面。比如赫佐格所进行的日间广播剧妇女听众的研究，就采用了深度访谈的方式，探索了"低俗的"流行文化带给妇女听众的精神满足。整篇论文带有明显的法兰克福学派文化工业理论的痕迹，把妇女的收听愉悦称为"借来的经验"，认为这种虚假的文化产品的实质是对妇女的控制与剥削。③ 如果按照"抽象经验主义"的刻板印象，是无论如何无法把这篇著名的论文与哥伦比亚学派联系在一起的。

默顿等人从赫佐格的研究中，提炼出了"焦点小组访谈"的研究方法，这种方法后来被广泛地应用于文化研究之中。④ 至今仍活跃在传播研究一线的哥伦比亚学派的继承人卡茨及其合作者使用这种方法研究了不同文化社群的观众对美剧的意义解读。这些著名的研究说明，哥伦比亚学派对于方法的追求并没有止步于机械的定量研究，而

---

① Paul F. Lazarsfeld, "Remarks on Administrative and Critical Communication Research," *Studies in Philosophy and Social Science*, 9, 1941, pp. 3—16.

② Paul F. Lazarsfeld, "An Episode in the History of Social Research: A Memoir," in Donald Fleming & Bernard Bailyn, eds., *The Intellectual Migration: Europe and America, 1930—1960*, Cambridge, Mass.: Belknap Press of Harvard University Press, 1969, p. 325.

③ Herta Herzog, "On Borrowed Experience," *Studies in Philosophy and Social Science*, 11(1), 1941.

④ 见〔美〕大卫·E. 莫里森：《寻找方法：焦点小组和大众传播研究的发展》，柯惠新、王宁译，北京：新华出版社2004年版。

是根据不同的问题,探索新的阐释方法,只不过在学术圈的派系之争中,这些尝试被批评者当作例外有意无意地忽略了。

在研究方法方面,哥伦比亚学派与批判学派的不同主要体现在论证的逻辑上。在拉扎斯菲尔德与阿多诺的"冲突"事件中,争论的焦点并不是阿多诺可否激烈地批判美国广播业对音乐艺术的践踏,而是他的论证方式是否合理。拉扎斯菲尔德并不反对批判的视角,他能够容忍默顿和赫佐格的马克思主义观点,在奥地利时他自己也曾是一个社会民主主义者。他同情阿多诺的学术立场,对其才华赞不绝口,在阿多诺到来之前对两人的合作也充满期待。① 他对阿多诺的批评主要集中在他的论证逻辑上,在一封给阿多诺的信中他写道:"您似乎把批判思想的独立性与随意的侮辱给混淆了。……我并没有试图阻止您进行侮辱,我只是想要让您知道您(随意地)选择某种侮辱而不是另一种侮辱是如何的不合逻辑和没有根据。如果在批判研究中,侮辱是必不可少的话——我现在不想谈论这个问题,您难道不认为它应该以一定的规则和程序为基础吗?"②

如果说拉扎斯菲尔德坚持的是形式逻辑的话,阿多诺更欣赏的则是辩证法。后者在论证时会超越形式逻辑的严格规定,采用整体的、类比的、跳跃性的,因而也是主观性较强的思维方法。比如阿多诺会仅仅根据他自己对内容的解读(精神分析或文本解读),推论作者在制作时是如何考虑的,或者从中解读出听众会得到些什么,产生何种影响。典型的例子莫过于《启蒙辩证法》中由他执笔的《文化工业》一文。

内容研究只能为推测生产者动机与传播效果提供某些线索而不是确定的证据,这在今天的传播研究中已经成为包括批判学者(如英国的文化研究)在内的大多数人的共识。尽管在方法的细节上还存在分歧,但是基本上不会把内容分析作为很强的证据使用,而且定量或定性的内容分析本身也有一定规范。值得注意的是,在这次冲突之后,阿多诺似乎也改变了对实证研究方法论的看法,他不仅与实证研

---

① David Morrison, "Kultur and Culture: the Case of Theodor Adorno and P. F. Lazarsfeld," *Social Research*, 45, 1978, pp.347—359.

② 〔美〕大卫·E.莫里森:《寻找方法:焦点小组和大众传播研究的发展》,柯惠新、王宁译,北京:新华出版社2004年版,第178页。

究者合作设计威权人格指数的 F 量表,也接受了用实证的方法来研究听众对音乐的理解,而不是仅从文本推断其反应。①

文化研究也做受众研究,但是他们认为哥伦比亚学派只是从外在条件来推测个人和群体行为的"规律",忽视了从被研究者的角度来看待个人和群体对世界的理解和选择。② 按照目前的概念体系,这其实展示了结构与能动性之间的对立:个人的行为究竟是对外在条件和规律的被动服从,还是积极地创造着被共同遵守的规则? 我们可以发现,即使在这个学术研究的"大是大非"问题上,哥伦比亚学派内部也并非铁板一块。

粗略地讲,哥伦比亚学派开创了三个传播研究的传统:(1)个人的决策(如《人民的选择》);(2)群体中的信息传播和行为扩散(如《人际影响》、新药扩散研究);(3)使用与满足(如日间广播剧研究)。最后一个传统在研究方法上已经突破了行为主义的假设,就是在前两个传统的研究中,哥伦比亚学派也有所反思。在《人际影响》的结尾处,卡茨和拉扎斯菲尔德提出自己的研究中除了询问人们为什么做出看电影的决策外,并没有询问人们究竟从电影中获得了什么。在访谈中他们发现,电影方面的意见领袖说自己从电影中得到的东西对日常生活很有帮助。卡茨和拉扎斯菲尔德暗示还应从受众角度进行研究,这非常自然地引出了使用与满足理论关注的问题。③ 卡茨后来成为使用与满足理论的主要提出者之一。④ 这说明哥伦比亚学派并不是坚定的结构主义,而是在结构与能动性之间摇摆。只不过他们可能没有意识到这两者之间的矛盾,也未在理论上提出调和的方案。哥伦比亚学派中也有过类似英国文化研究的受众研究。如果忽略时代印迹和理论前提,赫佐格对美国女性广播肥皂剧迷的研究与文化研究的受众研

---

① 〔美〕大卫·E.莫里森:《寻找方法:焦点小组和大众传播研究的发展》,柯惠新、王宁译,北京:新华出版社 2004 年版,第 185—186 页。
② 〔英〕David Morley:《电视、观众与文化研究》,冯建三译,台北:远流出版公司 1995 年版,第 85—90 页。
③ Elihu Katz and Paul Lazarsfeld, *Personal Influence: The Part Played by People in the Flow of Mass Communication*, Glencoe, IL: Free Press, 1955, p. 320.
④ Elihu Katz, Jay G. Blumler & Michael Gurevitch, "Utilization of Mass Communication by the Individual," in Jay G. Blumler & Elihu Katz, eds., *The Use of Mass Communication: Current Perspectives on Gratifications Research*, Beverly Hills, CA: Sage, 1974.

究在基本思路上几乎没有什么不同。

概言之,在方法论方面,哥伦比亚学派和批判学派之间存在相当大的灰色地带。由于哥伦比亚学派刻意地与传统划清界限,导致他们自己也轻视这些灰色地带的创新,将其当成边缘或例外。后人则被他们的自我包装迷惑,不加批判地接受上述划分。二者之间真正最难调和的矛盾是研究的操作方式和服务目标。

管理学派的是与非

阿多诺在拉扎斯菲尔德的导游下参观位于纽瓦克的简陋的普林斯顿广播项目①办公室时,第一次见识到工业生产流水线式的学术研究。他在自传中写道:"在拉扎斯菲尔德的建议下,我一个房间接一个房间地与同事交谈,耳边听到的是'关于喜欢和不喜欢的研究''程序成功或失败'这样的概念,当时听得我一头雾水。但是到现在我终于明白了:这些都与数据搜集有关,受益者是大众媒体的某个策划部门,这个部门可能属于业界,也可能属于文化咨询委员会或类似的机构。在这里我第一次亲眼见到了'管理研究'。"②

阿多诺自己也不能确定"管理研究"(administrative research)这个概念是他无意中先提出的,还是拉扎斯菲尔德发明的。尽管该词带有少许贬义色彩,但是从公开文献来看,第一个提出此概念的不是批判学者,而是拉扎斯菲尔德。1941年他在法兰克福学派的期刊《哲学与社会科学研究》上发表的《评管理的与批判的传播研究》一文对管理学派做了如下定义:"它是为公共或私人性质的管理机构服务的研究。"③这种研究的诞生有一定偶然性,对于初到美国无立足之地的拉扎斯菲尔德而言,蓬勃发展的广播业为他提供了生存的机会。起初对传播研

---

① 普林斯顿广播项目的负责人是普林斯顿大学的坎特里尔,但实际执行人是拉扎斯菲尔德,他当时在纽瓦克大学兼任讲师,所以研究室实际设在纽瓦克。

② Theodor Adorno, "Scientific Experiences of a European Scholar in America," in Donald Fleming & Bernard Bailyn, eds., *The Intellectual Migration: Europe and America, 1930—1960*, Cambridge, Mass.: Belknap Press of Harvard University Press, 1969, p.342.

③ Paul F. Lazarsfeld, "Remarks on Administrative and Critical Communication Research," *Studies in Philosophy and Social Science*, 9, 1941, pp.3—16.

究并没有特殊兴趣的拉扎斯菲尔德便在30年代末成为美国"唯一的传播研究专家"(坎特里尔语)。

作为狂热的研究方法发明家,拉扎斯菲尔德并不是一开始就那么适应他的新角色。提供研究资金的洛克菲勒基金会对方法上的探索并不感兴趣,他们要的是"货真价实"的确定性结论。拉扎斯菲尔德1937年接手普林斯顿广播研究项目后,直到1939年春,都没有文章或专著问世。他收集了大量的数据,却无法从中找出贯穿始终的"主题"。为了使该项目继续生存,他必须在规定的时间里,拿出一份令投资人满意的产品,这便有了该项目的第一个成果——《广播和印刷报纸》。这个事件折射出管理研究的无奈,即研究自主性退居第二位,资助者的满意度成为首要因素。这也正是阿多诺与米尔斯强烈反对哥伦比亚学派的主要原因之一。

拉扎斯菲尔德自然看到了这个问题,他选择走上了一根想同时讨好学术界和产业界的钢丝,其最成功的成果便是《人际影响》。这部直到21世纪还在再版的著作可能是哥伦比亚学派最具理论性和创新性的成果。如果细心地观察,还是可以发现其中商业因素影响学术研究自主性的蛛丝马迹。

首先,这个研究的投资方迈克费登出版社(Macfadden Press)想通过这个项目了解其旗下杂志《真实故事》(True Story)的读者情况。这是一份针对妇女市场的杂志,刊登的是类似中国20世纪90年代出版的《绝对隐私》那样的自传故事。因此该研究的样本只选择了妇女而忽视了男性。①

其次,该杂志的主要广告客户是日用品、时尚用品和电影机构,这也是该调查的主要调查领域,政治领域是研究者加进去的。后者体现了学术研究与市场调查相结合的苦心。但是正如前面所讨论的,当政治领域的研究结果与其他三个领域发生冲突时,对客户更有价值的消费领域的数据和结论被夸大了,学术追求被牺牲掉了。

更为重要的是《真实故事》对研究结论的影响。作为一本读者层次较低的杂志,《真实故事》很难吸引大量的广告投入。如果能证明商

---

① Todd Gitlin, "Media Sociology: The Dominant Paradigm," *Theory and Society*, 6, 1978.

品的口碑是水平流动的,就等于证明了《真实故事》的读者与上层读者一样具有广告价值。这个研究就会成为杂志招商的重要理论依据。因此,当同样的数据既可建构人际影响垂直流动的理论(如米尔斯那样做),又可建构水平流动的理论(像《人际影响》)时,外部力量便以微妙的方式左右了研究的结果。

类似的争议一直与管理研究相伴。20世纪70年代末卡茨接受BBC的邀请对英国公共广播进行调查,并在1977年发布了研究报告。凯里对这类政策研究的独立性问题提出了质疑,认为这样的研究不仅无条件地接受了委托者的意识形态,而且将传播研究与社会理论相割裂。①

如果说凯里的前一个批评呼应了吉特林的批评的话,他的后一个批评则把矛头对准了管理研究的理论价值。在研究局从事的大量研究中,琐碎的委托研究工作占到了绝大多数。拉扎斯菲尔德企图开拓出一条从大量琐碎研究中建构普遍理论的道路,但是遗憾的是这最终证明了米尔斯的结论:"从细节性研究中得到的思想几乎不会比投入到这些研究中的思想更多。"②曾经在研究局工作过的帕特里夏·肯德尔(拉扎斯菲尔德的第三任妻子)以自己从事过的研究为例反思说:"除了它给我的经验,以及为研究局带来的少量的报酬之外,产生任何具有普遍性的理论都是非常困难的。"③

尽管拉扎斯菲尔德1962年作为会长在美国社会学学会发表演讲时踌躇满志,认为应用社会研究局开创的这种管理研究为社会学研究提供了新的模式,④但是事实证明,哥伦比亚大学应用社会研究局当时已经开始面临危机。莫里森认为,高校在与业界合作时,存在一个致命劣势,那就是无法做到专业化。学生作为研究人员,流动性太强,培

---

① James W. Carey, "The Ambiguity of Policy Research," *Journal of Communication*, 28 (2), 1978, pp.114—119.
② 〔美〕C.赖特·米尔斯:《社会学的想象力》,陈强、张永强译,北京:生活·读书·新知三联书店2001年版,第71页。
③ 〔美〕大卫·E.莫里森:《寻找方法:焦点小组和大众传播研究的发展》,柯惠新、王宁译,北京:新华出版社2004年版,第154页。
④ Paul F. Lazarsfeld, "The Sociology of Empirical Social Research," *American Sociological Review*, 27(6), 1962.

训成本过高;作为管理者的教师则身兼数职,在繁忙的教学与研究任务中无法做到全身心投入。当研究方法日益普及、商业调查机构兴起之后,研究局的位置就显得比较尴尬了。①

哥伦比亚学派的衰落还与一些偶然因素有关。比如拉扎斯菲尔德不擅长财务管理,研究资金拆借混乱,致使机构无法良性运行(他早期在维也纳创办的研究所就存在这个致命的问题)。② 第二,他只是把传播研究作为展示研究方法的敲门砖,功成名就后就将兴趣转向了传播研究之外。最后,1968年发生在哥伦比亚大学校园的反战学生运动使该校元气大伤,也间接地影响到了应用社会研究局。但是这些都不足以和管理研究本身存在的问题相提并论。

丰富多彩的灰色地带

哥伦比亚学派自己及其支持者与反对者共同建构起了一个哥伦比亚学派的矛盾形象。然而,哥伦比亚学派既不是罗杰斯在《传播学史》里描写的天使,也不是吉特林、米尔斯等人所描述的魔鬼,因为这两个群体都忽视了人们心目中正统的哥伦比亚学派之外那些真正富有创造性的灰色地带。正是这些部分,将哥伦比亚学派与之后的使用与满足研究、受众研究、质化研究乃至批判的传播研究联结了起来,开启了更为丰富的研究领域。如果忽视了这些部分,传播研究的发展逻辑就会变得难以理解,出现莫名其妙的断裂。

对于中国研究者来说,哥伦比亚学派的形象始终是暧昧的。在早期的传播研究者那里,关于美国的传播研究只存在施拉姆提供的整体的、单一的叙事,哥伦比亚学派根本不存在,或者说哥伦比亚学派就是美国传播研究的全部。随着近年来中国传播研究的真正开展,哥伦比亚学派当初遭遇的困境正在中国上演。如果把哥伦比亚学派的历史

---

① 〔美〕大卫·E.莫里森:《寻找方法:焦点小组和大众传播研究的发展》,柯惠新、王宁译,北京:新华出版社2004年版,第385—398页。关于管理研究的困境,可参见胡翼青:《知识分子抑或专家:传播学二元对立框架的背后》,《国际新闻界》2010年第4期。

② 〔美〕大卫·E.莫里森:《寻找方法:焦点小组和大众传播研究的发展》,柯惠新、王宁译,北京:新华出版社2004年版,第89页。

看成一部克罗奇意义上的"当代史"的话,它的得与失对中国传播研究的发展就存在重要的借鉴意义。它所引发的学术自主性、政策研究、学术团队建设方面的利弊,以及"产学研相结合"的困境都值得我们深思。否则我们今天许多所谓的"创新",不过是在重新发明车轮或重复前人犯过的错误,它恰恰暴露了我们对历史的无知。

从本章的讨论可以看出,哥伦比亚学派对于传播效果的定义并不狭窄,它不排斥批判学派的视角,只是更强调论证的经验性与逻辑性。哥伦比亚学派的主流意见并不认为大众传播效果有限,对问题的复杂性有充分估计。在研究方法上,除了实证研究外,它还强调方法的多样性,主张方法与问题相适应。在研究的运作方式上,哥伦比亚学派也为我们提供了宝贵的经验和教训。

本话题还可引出知识社会学的讨论。我们应该对传播研究各个流派对历史的书写方式及后面的意识形态保持警惕,它会使人忽视对立流派之间过渡地带的精彩风景。不仅他人的叙述会导致僵化的刻板印象,不同流派出于不同目的,也在建构着关于自己的单一形象。哥伦比亚学派诸多受人诟病之处,其根源正在于给自己贴上了简单的标签。在这一交互的、累积的学科叙事建构过程中,不少传统理论框架无法解释的矛盾和可能性被忽略或掩盖。这一现象提醒我们,重新审视灰色地带对于解放传播学的想象力是多么必要。

第三章　帕克与传播研究的
　　　　　芝加哥学派神话

传播研究史的话语争夺

正如詹姆斯·凯里所说:"大众传播研究史作为一个研究领域,最近才出现,而且并不是什么热门题目。"① 由于对这段历史的叙述才刚刚开始,研究者们总是希望得到一个线索清晰、逻辑连贯、因果完整的标准故事。更重要的是,通过对学科发展史的建构,还可以实现其他目的,比如论证学科的正当性、增强某一范式或学派的重要性、整合本领域的不同方向等。因此,学科史与学术思想史便自觉或不自觉地成为政治的角力场。支持或者反对某个叙事,都可能因为追求雄辩有力与连贯的逻辑,强化同一个话语结构,将学科的发展视为某种必然的结果。

要跳出单一的学科史叙事结构,首先要对学术思想史的元叙事保持反思。正如海登·怀特所论证的,历史因为采取叙事的形式,便不是客观中立的,而是具有很强的文学性和修辞性。② 最近,胡翼青在他

---

① James W. Carey, "The Chicago School and the History of Mass Communication Research," in Eve Stryker Munson and Catherine A. Warren, eds., *James Carey: A Critical Reader*, Minneapolis: University of Minnesota Press, 1997, p.14.
② 〔美〕海登·怀特:《元史学:十九世纪欧洲的历史想象》,陈新译,南京:译林出版社2004年版。

的《传播学科的奠定》中专门对之前传播学科史的叙事作了批判,并身体力行地解构了施拉姆所建构的学科叙事。①

当然,这种采取否定策略直接摧毁神话的做法不是没有风险,从另一个角度来看,它从反面强化了被否定的对象的重要性。对施拉姆的批判与否定反而制造了学科史中施拉姆的"在场",成为学科神话的共谋者。正如今日老练的公关炒作策划者所信奉的那样,哪怕是背负骂名,也强似无人关注。那些反对者和崇拜者一起,共同成就了今日的文化英雄。

和上述否定策略相反,肯定策略将眼光投向被忽略的灰色地带。它放弃传统的类型学标准,采取一种反讽的视角,另辟蹊径,关注宏大叙事中被有意省略或遮蔽的个人与事件;那些令人尴尬、无法被嵌入某个连续事件流的"个案"和"特例",也就是福柯所说的"断裂"。②

传统学科史宏大叙事的强大之处就在于,一方面将这些不符合主流叙事模式的特例边缘化,另一方面又以含糊其词的方式,将其收编、重新包装,形成连续的叙事。③

具体到传播研究,主流宏大叙事虽然历史不长,却异常顽固,挥之不去。这一叙事在传播学的起源问题上以拉斯维尔、拉扎斯菲尔德、勒温、霍夫兰这"四大奠基人"为学科形成的主流叙事。④ 在学科发展历程上以经验量化的效果研究为中心,可将传播研究分成三个阶段。⑤ 一是效果研究的史前阶段,大致存在于20世纪初期,认为大众媒体效果强大的"魔弹论""皮下注射论"占主导地位。第二阶段从30年代末开始,以拉扎斯菲尔德为首的哥伦比亚大学应用社会研究局的学者们仿效自然科学运用实证量化研究方法,对大众媒体的传播效果进行了检验,结果发现之前的"魔弹论"根本站不住脚。大众传媒在改变态度

---

① 胡翼青:《传播学科的奠定:1922—1949》,北京:中国大百科全书出版社2012年版。
② 〔法〕米歇尔·福柯:《知识考古学》,谢强、马月译,北京:生活·读书·新知三联书店1998年版。
③ 关于传播思想史研究方法的讨论,见本书导言。
④ 胡翼青:《传播学四大奠基人神话的背后》,《国际新闻界》2007年第4期。
⑤ 〔美〕威尔伯·施拉姆、威廉·波特:《传播学概论》,陈亮等译,北京:新华出版社1984年版;〔美〕沃纳·赛弗林、小詹姆斯·坦卡德:《传播理论:起源、方法与应用》,郭镇之等译,北京:华夏出版社2000年版。

和行为方面并没有太明显的效果,起关键作用的是接触大众传播之前,人们在基本群体与文化社群中形成的既有态度倾向。此外,个人的选择和人际传播的影响进一步削弱了大众传播的影响。因此大众传播充其量只能强化已有态度,很难从根本上改变它。第三个阶段则是第二个阶段的改进与发展,效果研究的传统在修正了传播效果的定义的同时,采用了更精确的调查方法,从而发现大众媒体在某些条件下,对受众的认知会产生较强的效果。

上述大众传播研究史叙事招来诸多批评。除了欧洲学者对其中将批判研究的传统排斥在外有所不满外,美国本土的研究者也认为该叙事断章取义、以偏概全,对美国传播研究作了单向度的诠释。其中最有影响的批评来自詹姆士·凯里,他提出要恢复美国传播研究中芝加哥学派的地位,重新接续薪火,将其发扬光大。①

凯里的批评引起了传播学界对于芝加哥学派的重视,为传播研究找到了新的思想资源。他重新钩沉了杜威、米德、库利和帕克对于传播问题的论述,认为他们曾创立过一个与后来的哥伦比亚学派量化效果研究完全不同的传统。这个传统将传播与自我的形成、共同体的建立乃至民主的实现联系在一起。它不像后来的哥伦比亚学派仅局限于讨论大众传播对个体心理的直接影响,而是更注重传播(不仅限于大众传播)对于自我身份、社群、文化等因素的长期的、整体的影响。②

凯里关于芝加哥学派的文章正式发表于 1996 年,但是他的这一看法由来已久。在他的指导下,早在 1975 年,贝尔曼就完成了有关芝加哥学派传播思想的博士论文,这也是迄今为止英语世界中唯一的讨论这一主题的专著。③ 另一位凯里指导的博士切特罗姆撰写了题为《传播媒介与美国人思想》的博士论文,并且正式出版。该书在华语世界

---

① James W. Carey, "The Chicago School and the History of Mass Communication Research," in Eve Stryker Munson and Catherine A. Warren, eds., *James Carey: A Critical Reader*, Minneapolis: University of Minnesota Press, 1997.

② Ibid., p.14.

③ Sheldon L. Belman, "The Idea of Communication in the Social Thought of the Chicago School," Unpublished Dissertation, University of Illinois at Urbana-Champaign, 1975.

先后有大陆和台湾两个译本。① 传播研究史专家普里认为,尽管此书写于 1982 年,但是到目前为止,仍然具有启发性,是观点与档案挖掘结合得最好的传播史著作。②

可是也有不少学者指出,凯里为了与所谓"标准的历史"相对抗,自己也堕入了他反对的宏大叙事的结构之中。他过于匆忙地将 20 世纪初期彼此没有那么紧密联系的社会学家、心理学家和哲学家组成一个看似观点一致的学术共同体。③ 不仅如此,凯里还建构了芝加哥学派的精神领袖约翰·杜威与效果研究传统的开创者沃尔特·李普曼的争论,但实际上并没有确凿证据说明二者有意与对方论辩。④

普里是第一个明确提出凯里建构芝加哥学派神话的人,国内学者方师师、於红梅⑤也对此做了进一步分析,可是他们都没有为自己的论断提供确凿的证据,没有说明凯里所建构的芝加哥传统的传播研究史问题究竟出在哪里?他在建构的过程中,是如何处理那些不符合自己需要的个人及事件的?凯里提供了一个关于学派崛起的辉煌描述,但是对芝加哥学派的衰落却避而不谈。除了研究者们提到的外部因素以外,芝加哥学派衰落的种子是在何时种下的?在他为了自己的需要解读芝加哥学派的传播思想时,是否也把那些导致其衰落的因素一并回避了呢?在突出芝加哥学派与哥伦比亚学派的对立的同时,凯里是否回避了这两者之间的相似性?以下将以芝加哥学派传播研究的核心人物帕克为突破口,尝试解答上述疑问。

---

① 〔美〕丹尼尔·杰·切特罗姆:《传播媒介与美国人的思想——从莫尔斯到麦克卢汉》,曹静生、黄艾禾译,北京:中国广播电视出版社 1991 年版;〔美〕Daniel J. Czitrom:《美国大众传播思潮:从摩斯到麦克卢汉》,陈世敏译,台北:远流出版公司 1994 年版。

② Jefferson Pooley, "Daniel Czitrom, James W. Carey, and the Chicago School," *Critical Studies in Media Communication*, 24(5), 2007, pp.469—472.

③ Ibid.

④ Michael Schudson, "The 'Lippmann-Dewey Debate' and the Invention of Walter Lippmann as an Anti-Democrat, 1986—1996," *International Journal of Communication*, 2, 2008, pp.1031—1042.

⑤ 方师师、於红梅:《詹姆斯·W.凯瑞版本的芝加哥学派及其建构》,《国际新闻界》2010 年第 12 期。

为什么是帕克？

提起芝加哥学派，多数人恐怕不会首先想到传播研究，而是会想到主张自由市场的经济学芝加哥学派，或名头更响的以城市研究、社群研究、质化研究为特征的社会学的芝加哥学派。

传播研究的芝加哥学派，或更准确一些，芝加哥学派的传播思想，是后人重新阐述的产物。在这些成员进行研究时，传播学科尚不存在，甚至没有人把传播研究作为一个明确的领域。而当时芝加哥大学却有美国第一个社会学系，也拥有经济系。被列为传播研究芝加哥学派的学者和另外四位被施拉姆封为"传播学奠基人"的学者一样，并不是为了研究传播而进入这个领域，只是因为其他课题偶然经过了传播研究的十字路口。

更有趣的是，传播学界甚至对于谁属于芝加哥学派、芝加哥学派的核心主张是什么，也没有达成共识。贝尔曼重点研究了四个人：杜威、库利、帕克和伯吉斯。① 切特罗姆重点讨论了库利、杜威和帕克。② 凯里的论文中着重提到了杜威、米德、库利与帕克。③ 罗杰斯的《传播学史》里提到的人比较多，但是重点论述的人物是库利、杜威、米德和帕克。④ 胡翼青研究传播学芝加哥学派的专著中提及的学者人数最多，如果以一、二级标题提及的人物来计，共有杜威、库利、帕克、伊尼斯、麦克卢汉、米德、戈夫曼、梅洛维茨、布鲁默、拉斯韦尔十人。⑤ 这个范围显然过大，虽然这些人与芝加哥学派有一定联系，然而如果以学

---

① Sheldon L. Belman, "The Idea of Communication in the Social Thought of the Chicago School," Unpublished Dissertation, University of Illinois at Urbana-Champaign, 1975.
② 〔美〕丹尼尔·杰·切特罗姆：《传播媒介与美国人的思想——从莫尔斯到麦克卢汉》，曹静生、黄艾禾译，北京：中国广播电视出版社1991年版。
③ James W. Carey, "The Chicago School and the History of Mass Communication Research," in Eve Stryker Munson and Catherine A. Warren, eds., *James Carey: A Critical Reader*, Minneapolis: University of Minnesota Press, 1997, p.14.
④ 〔美〕E.M.罗杰斯：《传播学史——一种传记式的方法》，殷晓蓉译，上海：上海译文出版社2001年版。
⑤ 胡翼青：《再度发言：论社会学芝加哥学派传播思想》，北京：中国大百科全书出版社2007年版。

界承认的"学派"概念来看,像麦克卢汉、拉斯维尔、伊尼斯、梅洛维茨等人与芝加哥学派的代表人物,并没有构成密切的人际互动网络,关于传播的视角与观点也不尽一致。

从上述关于芝加哥学派的研究来看,杜威、库利、帕克是公认的传播研究芝加哥学派的核心人物,米德的身份有一定争论,但提及率仅次于前三者,可算是主要成员。从社会网络分析的角度来看,杜威无疑居于中心,所有人都与他有最直接的关系:库利和帕克是他在密歇根大学执教时的学生(前者还和他属于同一俱乐部),米德是杜威在密歇根大学的同事,后来又被他推荐到芝加哥大学任教。从地理位置上来看,这四个人的交集产生于密歇根大学,库利终生在密歇根大学任教,与芝加哥大学并无直接关系。因此,这个小团体叫"密歇根学派"远比"芝加哥学派"更准确。只不过芝加哥大学当时得风气之先,风头更盛,尤其是帕克主持下的社会学系在美国基本上处于一统江湖的地位,遂约定俗成。

进一步分析,会发现在芝加哥学派四个主要成员中,帕克的位置颇为特殊。杜威、米德和库利虽然也讨论传播问题,但是他们都未有过媒体从业经历,主要是从哲学和心理学基础理论的角度,思辨地和抽象地讨论传播问题,强调传播在自我形成和社会形成过程中的基础作用。他们三人并不是社会学芝加哥学派的典型,偏好思辨而不是经验研究。帕克则不同,他有十一年的报纸采编从业经验。他的传播和新闻研究主要是经验性研究,基于大量的质化材料与实际调查。帕克也是四人之中唯一对传播和新闻问题做过专题研究的人,不仅写作了《报纸的自然史》《作为知识的新闻》等论文,还撰写了一本大部头专著《移民报刊及其控制》。可以说在芝加哥学派的几位核心人物中,帕克在新闻传播问题上用力最勤。

然而提起传播研究芝加哥学派时,帕克恰好是最尴尬的一位学者。他的名字毫无悬念地被列入传播研究芝加哥学派主要成员的名单,但他的观点却很少被提及。最早"重新发现"并不遗余力地推广传播研究芝加哥学派的凯里在介绍芝加哥学派时,提及最多的是杜威的传播民主论、传播仪式观,米德的象征性互动以及库利的镜中我、基本群体等观念,关于帕克的学术贡献及观点却语焉不详。他顺便提到帕克时是在"传播创造社群"的基本论点下,认为帕克补充了一个与其他几位学者不同的角度。和杜威、库利等把大众媒体看成是创造公共生活的观点不同,帕克也提出了媒体可以成为冲突与竞争的场所,因此各方势力都要控制媒体。① 且不说凯里没有全面地总结帕克的贡献,仅就他所涉及的这一点,也仅做了片面的解读。这个问题下面会详细讨论。

同样的现象也存在于切特罗姆的著作之中。② 罗杰斯的《传播学史》是上述几部传播学史中给帕克篇幅最多的一部,但是却主要集中于他的生平与社会实践,真正论述其传播思想的,只有一页多,和书中提到的其他几位芝加哥学派的大师比起来,基本谈不上有什么实质内容。③

帕克的传播研究在学界似乎也未得到认可。他唯一独立完成的学术专著是《移民报刊及其控制》,然而如胡翼青所观察到的:"这本书却很少出现在社会学思想史的视野中。在社会学界,似乎帕克的论文集《城市社会学》和经典教材《社会学引论》更受青睐和抬爱。"④

为什么帕克的名声与传播学术研究如此不相称?为什么他生前唯一正式出版的、独立署名的学术专著《移民报刊及其控制》在传播研究史中被提及得多、评论得少?究竟是什么原因导致帕克在凯里版本的芝加哥学派中被塑造成一个配角?

当然,帕克本人并不是一个学者型教授,他的兴趣主要不在著书立说,而在于教学与实地调查。他的名言是"宁可指导别人写十本书,也不愿自己写一本专著"。他的学生赫伯特·布鲁默(Herbert Blumer)也认为:"帕克博士对美国社会学的强烈影响来自他的著作的远不如

---

① James W. Carey, "The Chicago School and the History of Mass Communication Research," in Eve Stryker Munson and Catherine A. Warren, eds., *James Carey: A Critical Reader*, Minneapolis: University of Minnesota Press, 1997, p. 14.

② 〔美〕丹尼尔·杰·切特罗姆:《传播媒介与美国人的思想——从莫尔斯到麦克卢汉》,曹静生、黄艾禾译,北京:中国广播电视出版社1991年版。

③ 〔美〕E. M. 罗杰斯:《传播学史———种传记式的方法》,殷晓蓉译,上海:上海译文出版社2001年版,第196—197页。

④ 胡翼青:《译序二》,〔美〕罗伯特·E. 帕克:《移民报刊及其控制》,陈静静、展江译,北京:中国人民大学出版社2011年版,第25页。

他对学生的身教和口授。"①但这并不是凯里版本的芝加哥学派忽视帕克的唯一原因。另一个重要的原因恐怕在于帕克身上具有许多与凯里眼中的芝加哥学派迥异的特质。正是这些特质,使得传播研究向着凯里所不愿意看到的方向发展。

换句话说,正是凯里认为连续的地方存在断裂,相反,他认为存在断裂的地方其实具有连续性。

连续中的断裂

凯里建构的传播研究的芝加哥学派确有勉强之处。这些成员具有一个核心人物(杜威),但是他们之间因为研究的旨趣不同,并没有形成一个小圈子,尤其是帕克。他与其他三位思辨型的学者相比,主要兴趣在于运用经验性材料,探讨在现代城市中如何消除不同文化社群之间的冲突,实现文化与身份的整合。

帕克对于群体行为的关注由来已久,他在德国求学时完成的博士论文《群体与公众》即显示了这一学术兴趣。其后他长期研究的种族、移民问题都是这个早年题目的继续。在欧洲,他受到了西美尔等人的影响,对于现代性问题尤其敏感。城市带来了现代生活方式,但同时也将来自不同文化背景的人连根拔起。移民在进入城市后,力图保持原有的生活方式,维持对外封闭状态,缺乏对城市和国家的认同感。与此同时,现代城市生活方式又令这些移民无法退回乡村或原有文化之中,传统道德约束正在解体,新的道德约束又未完全建立,导致群体冲突与社会无序。② 这些现象,正是帕克研究的起点。他的专著《移民报刊及其控制》集中体现了上述旨趣。窥一斑而见全豹,下面将重点以此书为例,探讨帕克的传播研究的特征。

与其他三位被确定为属于芝加哥学派的学者不同,帕克的这一研究具有对策研究的特征。在该书原版前言中,明确表明该书是由纽约

---

① 费孝通:《师承・补课・治学》,北京:生活・读书・新知三联书店2002年版,第294页。

② 〔美〕E. M. 罗杰斯:《传播学史——一种传记式的方法》,殷晓蓉译,上海:上海译文出版社2001年版,第179—197页。

卡内基公司提供资金,并引用了该基金理事们的看法:"一项研究如果不去阐述社会改良的理论,而是描述不同机构从事这种工作的方法,那么它对这项事业本身和对公众会具有独特的价值。"帕克在这本书中,忠实地遵循了基金会的这一要求,没有抽象地讨论理论问题,而是使用了大量的经验材料,描述了移民报刊的现状及其兴起的原因。该书由四个部分构成,分别是"移民报刊的土壤""外文报刊的内容""移民报刊的自然史"和"对报刊的控制"。从研究的角度来看,最具有学术性和理论性的是第一部分。这一部分讨论了移民报刊为什么会繁荣的问题。第二、三部分基本只是现象描述与原始资料的展示。最体现基金会影响的是最后一部分——"对报刊的控制"。这一部分突然偏离了之前学术的、中立的语态,处处显示出以美国为中心的民族主义。帕克写道:

> "控制"任何报界的念头都会让言论自由的热爱者厌恶。然而不可否认的是,许多中介机构和利益集团基于敌视美国的目的,已经成功地尝试去控制移民报界。如果诚实的和忠诚的美国人拒绝在此事上采取任何步骤的话,他们就会将其潜在的控制权拱手让给不那么规矩的人。[①]

正如胡翼青评论的那样,帕克"摒弃了欧洲传统知识分子的理性主义学术立场,将学术与日常社会生活更紧密地结合在了一起,成为了一位典型的专家型知识分子"[②]。帕克的移民报刊研究明显有为社会管理者提供对策的目的。他把移民报刊看成是消除移民文化带来的社会不安定因素的重要手段。他对于社会秩序相当看重,以至于把城市与乡村对立起来,制造了一个可疑的二元对立:前者是失序,后者是有序。[③] 仿佛只有恢复田园牧歌式的传统小城镇或农村的秩序,才

[①] 〔美〕罗伯特·E. 帕克:《移民报刊及其控制》,陈静静、展江译,北京:中国人民大学出版社2011年版,第329页。
[②] 胡翼青:《译序二》,〔美〕罗伯特·E. 帕克:《移民报刊及其控制》,陈静静、展江译,北京:中国人民大学出版社2011年版,第31页。
[③] 〔美〕R. E. 帕克:《城市:对于开展城市环境中人类行为研究的几点意见》,〔美〕R. E. 帕克、E. W. 伯吉斯、R. D. 麦肯齐编:《城市社会学》,宋俊岭、吴建华、王登斌译,北京:华夏出版社1987年版。

是城市生活的理想状态。对一元秩序的崇拜使他在移民问题上丧失了对个人自由或社会正义的基本敏感。对于那些通过移民报刊阻碍实现这一目标的协会、政治组织，他都表示了相当的敌意。当然，与后来更具有行政管理取向的对策研究不同，帕克对于移民报刊的研究是为了服务于他视为神圣不可侵犯的、抽象的国家和社会秩序，在那一代人中这是一种普遍存在的朴素感情，多数人对此还缺乏反思。但不可否认的是，把"社会的问题"凌驾于"社会学的问题"之上，开启了之后在哥伦比亚大学的拉扎斯菲尔德手中发扬光大的"管理研究"（administrative research）的大门。后者的旨趣与方法正是凯里要反对的，也是他重新祭出芝加哥学派的大旗以拯救美国传播研究的主要目的。

然而，帕克毕竟没有把自己的角色定位于政府的智囊。他认为社会学研究应该是客观的、价值无涉的，不能受到研究者本人的道德评价的影响。并且他主张把社会学家与社会工作者区分开。社会工作者致力于社会改良，而社会学家则不受直接解决社会问题的影响。[①] 既然帕克如此看待专业的学术研究，为什么又会在自己的移民报刊研究中，越过自己曾划定的"不直接解决问题"的红线呢？

答案恐怕还要在帕克的学术思想的基本理念中寻找。

从进化论到效果研究

芝加哥学派的精神领袖杜威对社会与民主都存有一种多数知识分子所不具有的乐观精神，其根本原因在于他深受进化论的影响。他对于社会进步的乌托邦式的信仰，构成了美国进步主义运动的精神底色。他的学生帕克也继承了他的这一基本理念，以至于把城市比拟成自然世界，提出了"社会生态学"的概念来解释城市社区的形成与发展。

帕克吸收了进化论者斯宾塞的"区位秩序"与孔德的"道德秩序"学说，提出在从区位秩序到道德秩序之间，社会要经历四个过程：竞争（competition）、冲突（conflict）、适应（accommodation）、同化

---

① 〔美〕E. M. 罗杰斯：《传播学史——一种传记式的方法》，殷晓蓉译，上海：上海译文出版社2001年版，第193—195页。

(assimilation)。他将这一过程理论应用于对种族冲突、移民与城市结构的研究之中。①

对这四个社会过程的总结具有较鲜明的进化论色彩,仿佛群体之间从冲突到整合是一个自然发生的必然过程。它是从无序向有序的迈进,从低级冲突到高级整合的进化。按照这一解释,城市的移民群体从不适应、冲突到最后融入美国社会,也是一个必然的过程。因此,帕克认为移民报刊最理想的使命就是帮助移民美国化。需要改变的是移民个人,而不是可能存在问题的社会体制。正因为以这样带有决定论色彩的社会发展理论为基础,帕克才具有了某种使命感。他的研究无非是帮助这样一个必然的过程顺利完成而已。

但是正如批评者注意到的,帕克的这个深受进化论影响的理论,包括他的报纸自然史论,都没有给权力留下位置。② 他忽略了在这个过程中,权力随时可能介入。甚至整个同化与整合过程,就是一个白人强势文化压制移民多元文化的过程。这一思维盲点使他对传播的功能做了选择性的阐释。在《反思传播与文化》一文中,他把传播的功能分成"指示"(referential)与"表达"(expressive)两种,前者是客观地传递思想与事实,后者是表达主观的感情、态度和情绪。在他看来,只有指示才能促进群体之间相互理解,而表达(如电影或连载小说)则是"道德败坏"的力量,破坏了社会控制的传统力量。③ 因为表达可能挑战现有秩序,被帕克视为传播的滥用,促进单一秩序的传播功能才被他视为正道。帕克把这样一个处处渗透着文化霸权的过程看成是一个自然的、必然的过程,这种强烈的美国中心主义不能不说是帕克理论的白璧微瑕。

对帕克的另一个批评是他只从群体层面和社会层面看待移民融入美国社会的过程,忽略了个人主观意图所扮演的角色。④ 另一位对

---

① 叶肃科:《芝加哥学派》,台北:远流出版公司1993年版,第42—45页。
② 黄旦:《美国早期的传播思想及其流变——从芝加哥学派到大众传播研究的确立》,《新闻与传播研究》2005年第1期;[美]迈克尔·舒德森:《发掘新闻:美国报业的社会史》,陈昌凤、常江译,北京:北京大学出版社2009年版,第32—35页。
③ Robert E. Park, "Reflections on Communication and Culture," *American Journal of Sociology*, 44(2), 1938, pp.187—205.
④ 叶肃科:《芝加哥学派》,台北:远流出版公司1993年版,第49—50页。

帕克影响很大的芝加哥社会学系的教授是托马斯，他们一同从事了卡内基基金会资助的移民报刊的研究①，我们甚至可以在帕克的《移民报刊及其控制》一书的研究对象与堆砌原始资料的风格中看到托马斯和兹纳涅茨基《身处欧美的波兰农民》一书的影子。但是不同的是，托马斯等人的研究中对于移民个人的关注在帕克的移民报刊研究中消失了，代之以抽象的报纸机构发展、对报刊内容的分析，乃至对报刊控制的研究。

在总结芝加哥学派衰落的原因时，大多数人都会把哈佛大学的帕森斯所提出的结构—功能主义取代了芝加哥社会学的理论的范式革命作为一个原因。然而芝加哥学派的学者的基本主张与结构—功能主义并非水火不容，在某些方面双方具有相当共识，至少都接受了功能主义的某些观点。早期的功能主义者，通常会把社会比喻成自然界或有机体，②因为这一比喻更容易为功能主义的理论假说提供方便的证据。启发了杜威和库利的斯宾塞就持上述观点。功能主义对帕克的影响虽然不如对杜威和库利的影响那么明显，但是从他的"社会生态学""区位学"等概念中，仍可以看到他对于社会有机体这一比拟的认同。

移民报刊的研究也体现出帕克传播思想中的功能主义色彩。在这个研究中，帕克要解决的一个重要问题是：为什么移民报刊会兴起。他的调查发现，许多在母国不看报的人，到了美国却变成了报纸的阅读者。"在美国，外来移民对应的外文报纸、期刊出版和阅读量，要高于在自己国家同等人口对应的报刊数量。"③帕克将这一现象归结为两个主要原因：

> 为什么移民在美国比国内阅读更多，一个原因是他们需要知道更多事态的变动。而且在美国也有更多新奇的事物和更多的新闻。……外文报刊存在的另一个原因，是它在满足移民用自己的母语表达这一普通的人类愿望时所体现出的价值。④

---

① 托马斯由于个人问题上的丑闻，离开了芝大，在许多研究中也只能参与，不便署名。
② 〔英〕帕特里克·贝尔特：《二十世纪的社会理论》，瞿铁鹏译，上海：上海译文出版社2002年版，第40—77页。
③ 〔美〕罗伯特·E.帕克：《移民报刊及其控制》，陈静静、展江译，北京：中国人民大学出版社2011年版，第7页。
④ 同上书，第9、11页。

换句话说，移民报刊之所以繁荣，是由于它们具有满足移民社会需求的功能。移民不适应异国他乡的生活，报纸实现了他们在母国用其他方式实现的社会功能，比如了解母国的新闻、通过母语获得熟悉感和文化身份、适应美国的生活等功能。帕克基本上是在用移民报刊产生的个人的和社会的后果，来解释其存在和繁荣的原因，这是十分典型的功能主义思维。①

经典功能主义的另一个典型特征是假设社会是稳定和谐的，任何一个子系统都发挥着促进社会稳定的功能。② 在另一篇集中反映帕克传播观的文章《反思传播与文化》中，帕克把传播视为竞争的对立面，前者促进整合，后者促进解体。在他看来，传播的功能主要是两个：扩散信息与文化同化。后者尤其重要，传播可以促进社群的相互理解，进而产生共同的文化。③

帕克认为，尽管移民报刊存在一些他认为的不足之处，但总的来说，它们在帮助移民美国化方面功不可没。大众传播促进了社会的稳定。他甚至发现，移民报刊中所刊登的美国产品广告也具有同化作用。④

关于移民报刊问题的讨论，随观察者视角的不同，存在一大一小两个社会系统。大的系统是美国社会，帕克关注的主要是城市。小的系统是城市中的移民群体。对于前一个系统，移民报刊具有潜在的破坏性，如果它们仅局限在移民的小圈子里自说自话，不仅不能促进移民的美国化，反而会导致移民群体与美国人，以及移民群体之间的隔阂与冲突。但是正如帕克的进化论模型所预测的那样，移民报刊本身也在被美国同化，在文化、语言、关注的事件、排版等方面都受到美国媒体的影响。⑤ 他认为，只要对控制移民报刊的其他力量，如美国国内

---

① 〔美〕罗伯特·K. 默顿：《显功能与潜功能》，〔美〕罗伯特·K. 默顿：《社会理论与社会结构》，唐少杰、齐心等译，南京：南京大学出版社2008年版。

② 同上。

③ Robert E. Park, "Reflections on Communication and Culture," *American Journal of Sociology*, 44(2), 1938, pp. 187—205.

④ 〔美〕罗伯特·E. 帕克：《移民报刊及其控制》，陈静静、展江译，北京：中国人民大学出版社2011年版，第77页。

⑤ 同上书，第67、70页。

政治团体、母国政治势力、别有用心的协会等稍加留意，让移民报刊和美国主流商业报刊一样，由市场决定其内容，保持"独立自主"，那么它们就可以成为促进移民美国化的重要手段。

然而帕克很少论及的是，这些逐渐美国化的移民报刊对于移民群体本身来说，也起着某种解体和破坏作用。同样关注移民问题的托马斯则对移民群体那种既无法融入美国社会，又无法回到自己出生的文化家园的窘境做了大量翔实、生动的描述。① 而这一切，都被帕克的文化偏见选择性地过滤掉了。

管理研究、功能主义和实证量化研究是被凯里诟病的"传递观"传播研究或效果研究的主要特征。② 在这三项主张中，帕克唯一坚决反对的就是量化经验研究。帕克推崇经验研究，但是他所说的经验研究并不是统计分析，而是接触活生生的社会。帕克认为，在各种变量中寻求统计关系会使一个社会学家偏离对于个体之关系的本性的理解。③ 他甚至将统计学称为"美容院的魔术"（parlor magic）。④ 除了对统计学极度敌视外，帕克已经具备了许多与哥伦比亚学派的效果研究的共识。二者所不同的，只是研究操作方法上的分歧而已。这个分歧并不像之前研究者们想象的那么大。近来的研究证明，其实哥伦比亚学派也不排斥帕克等人所倡导的质化经验研究方法。⑤

断裂中的连续

至此我们也就解答了本章开头提到的那个问题：为什么在凯里的芝加哥学派中，帕克会被降格为配角？一个主要原因是为了反对当时

---

① 〔美〕W. I. 托马斯、〔波〕F. 兹纳涅茨基：《身处欧美的波兰农民》，张友云译，南京：译林出版社2000年版。
② 〔美〕詹姆斯·W. 凯瑞：《作为文化的传播："媒介与社会"论文集》，丁未译，北京：华夏出版社2005年版，第3—22页。
③ 〔美〕E. M. 罗杰斯：《传播学史——一种传记式的方法》，殷晓蓉译，上海：上海译文出版社2001年版，第193页。
④ 叶肃科：《芝加哥学派》，台北：远流出版公司1993年版，第80—81页。
⑤ 〔美〕大卫·E. 莫里森：《寻找方法：焦点小组和大众传播研究的发展》，柯惠新、王宁译，北京：新华出版社2004年版。

如日中天的哥伦比亚学派,凯里想建构一个气质截然不同的芝加哥学派,而帕克身上的太多特质却与他所期望的芝加哥学派不符。鉴于帕克的影响力与他的研究成果,他在传播研究芝加哥学派的万神殿里又必不可少,于是在凯里的剪裁下,帕克的形象才会显得如此片面与模糊。

凯里在论述传播研究从芝加哥学派到哥伦比亚学派的"堕落之旅"时,将李普曼视为两者之间的关键性过渡人物。他认为从李普曼开始,不再将传播作为实现民主的条件。因为他在《公众意见》中发现,自由传播不能保证发现真相,也满足不了实现自由的条件。大众媒体的剪裁过滤,信源及政府的宣传误导,受众缺乏时间、精力与知识,再加之每个个体的刻板印象,导致人们根本无法做出正确的判断。[1] 所以,自由的敌人不再是国家和不完善的市场,而是新闻的性质与新闻的采集方式、受众的心理倾向以及现代生活的规模与组织。李普曼将媒体的问题与道德、政治、自由问题转向了心理与认识方式的问题,从规范理论转向心理问题,开创了效果传统。[2]

李普曼固然在传播研究转向中扮演着重要角色,但是如果离开了帕克这一关键环节,我们同样无法理解凯里所提出的"为什么芝加哥学派的传播研究会走向衰落"这一问题。其实,所谓"衰落"很可能也是人为建构的事件。从以上对帕克的分析中可以看出,从芝加哥学派到哥伦比亚学派,并没有发生明显的断裂,两个学派存在不少共识。尤其在帕克身上,我们可以发现芝加哥学派并不像凯里说得那么纯粹。它和哥伦比亚学派一样,也部分认可行政研究,同时也不排斥功能主义的研究框架,甚至方法上的差异也没有后来所夸张的那么大。

如果说社会学的芝加哥学派在20世纪30年代哈佛大学社会学系与哥伦比亚大学社会学系的双重围攻下逐渐衰落的话,传播研究的芝加哥学派并没有"衰落"过,它只是在一定的逻辑下,慢慢地演化到了

---

[1] 〔美〕沃尔特·李普曼:《公众舆论》,阎克文、江红译,上海:上海人民出版社2002年版。

[2] James W. Carey, "The Chicago School and the History of Mass Communication Research," in Eve Stryker Munson and Catherine A. Warren, eds., *James Carey: A Critical Reader*, Minneapolis: University of Minnesota Press, 1997, p. 23.

哥伦比亚学派。这其中关键的一环便是帕克。在这里我们可以发现，尽管早期的传播研究与社会学研究关系密切，但传播学的学科发展逻辑与社会学并不完全重合，因为传播研究更偏重实际应用而非理论，它对于现实需求更加敏感。当我们把帕克从凯里所建构的芝加哥学派的叙事中"解放"出来，并用辩证的眼光来看待传播思想发展中的连续与断裂时，这一历史脉络就会变得清晰起来。

传播研究与知识社会学

有彰显必有遮蔽。将帕克的学术传统单一化、空壳化之后，同时也就封闭了他学术传统中的其他可能性。帕克有丰富的媒体工作和社会工作经验，同时又经过德国学术的哲学和社会学的训练，对于新闻、传播问题有独到见解。其中最重要的，并不是凯里提到的他关于传播如何建构社群的讨论，而是他对于新闻作为知识的独特见解。这一见解打通了传播研究与知识社会学研究的壁垒。

在芝加哥学派的几位大师中，只有帕克有新闻实战经验。尽管杜威曾经一度想试水新闻工作，但是水还未真正沾湿脚背他就退缩了。1892年，杜威计划与颇具堂吉诃德精神的富兰克林·福特（Franklin Ford）合作创办一份《思想新闻》，并高调宣布了此事。但由于当地报纸的批评，杜威突然宣布退出。这成为影响了他学术生涯的"《思想新闻》事件"。他解释说自己没有想利用《思想新闻》在新闻界掀起一场革命，而是想帮助自己的哲学研究。用他的话说，"不是要靠引入哲学来改革报业，而是要靠引入一点报纸来改造哲学"[①]。

帕克十一年的新闻工作经历让他意识到新闻的重要作用。一方面，他认为新闻只起到以前村庄里的街谈巷议所起的作用（有时候可能还赶不上后者的效果），另一方面他认为，报纸作为正式组织，具有超越原始新闻的功能。他把新闻看成是一种特殊的"知识"。

帕克借用了威廉·詹姆士的划分，将知识分成"正式的知识"和

---

① 〔美〕丹尼尔·杰·切特罗姆：《传播媒介与美国人的思想——从莫尔斯到麦克卢汉》，曹静生、黄艾禾译，北京：中国广播电视出版社1991年版，第116页。

"非正式的知识"。前者是人们掌握的知识(knowledge about),是理性的、系统的知识。它包括:(1)哲学与逻辑学(关于思想观念的知识);(2)历史(关于事件的知识);(3)自然的或分类科学(关于物的知识)。正式的知识是可以沟通、可以积累的。而后者是了解的知识(acquaintance with),是通过个人的和对周围世界的亲身接触而获得的知识。它可能是个人的,也可能是群体为适应环境积累下来的。它是非正式的和下意识地获得的常识,通常难以言传。它包括:(1)临床或现场参与获得的知识;(2)技巧性或技能性知识;(3)通过间接和下意识的实验获得的知识,如通过接触、处理对象获得的知识。[1]

帕克认为,在知识的光谱中新闻位于正式的知识与非正式的知识中间。新闻是日常的事件,对它的记录与描述属于非正式知识,但是新闻不限于普通人的街谈巷议,它又有理性的一面。新闻工作者试图从分散孤立的日常事件中,找到联系与趋势,总结原因与教训。然而,新闻毕竟又不能达到历史学与社会学那样的理性与系统,它关注的只是当下而不是过去与未来。它的第一职责仍是告诉人们现在发生了什么,或刚刚发生了什么,而不是告诉人们过去事件的来龙去脉或未来事件的趋势与可能。所以新闻只能是居于上述两种知识之间的知识。

尽管帕克没有在"知识"的问题上更深入地讨论,但是他开启了一个从知识社会学角度理解新闻的新思路。正如他这篇论文的副标题"知识社会学的一章"所显示的那样,他认为新闻研究不能仅仅局限于对具体业务的讨论,还应该思考新闻对于个体和群体行动的作用。尽管帕克没有展开他所主张的通过知识社会学研究新闻的新思路,但是这一主张不仅对于新闻研究,而且对于传播研究也极具启发。知识既不是纯粹客观,也不是纯粹主观的存在。它介于信仰和事实之间。我们对于世界的想象基于我们关于世界的知识,然而这种知识并不为个体所独享。经由传播,个体的知识在复杂的社会机制中成为群体的常

---

[1] Robert E. Park, "News as a Form of Knowledge: A Chapter in the Sociology of Knowledge," *American Journal of Sociology*, 45(5), 1940, pp. 669—686.

识。这一过程,伯格和卢克曼在《现实的社会建构》中有精彩的论述。①

芝加哥学派的托马斯开创了通过主观的"情境定义"解释个体行动的传统②,经由帕克的改造,这一传统又以知识社会学的概念被引入新闻和传播研究。它指出了传播在现实的社会建构中所起的核心作用,从一个新的高度定义了传播。

这一见解曾经被不少学者所接受。哈佛大学毕业的社会理论家罗伯特·默顿曾被视为"推翻"芝加哥学派在社会学领域一统天下局面的造反者之一。然而在传播与知识社会学的问题上,他却与帕克见解一致。在经典的《社会理论与社会结构》一书中,他将传播研究与知识社会学并列在一起,并专文阐述传播研究与知识社会学研究的渊源与异同。③ 遗憾的是,他受拉扎斯菲尔德影响,对于传播功能的认识过于功利,片面强调它的效果,把知识社会学从传播研究中分离出去,而没有从哲学的高度来看待这个问题。

帕克开创了从知识社会学与现实的社会建构的角度来理解传播和新闻现象的传统,由于它不符合凯里的个人学术旨趣和他对芝加哥学派的定义,这一见解的重要性被大大低估。凯里希望通过接续芝加哥学派的传统,将传播研究从实证主义、科学主义的歧路上重新引回人文主义的通衢大道,但是他忽略了帕克的"作为知识的新闻"正是解决这一问题的重要津梁。在解构凯里的传播研究芝加哥学派的神话的同时,也可重新接续这一传统。

---

① Peter L. Berger and Thomas Luckmann, *The Social Construction of Reality: A Treatise in the Sociology of Knowledge*, Garden City, NY.: Anchor Book, 1966.
② 〔法〕阿兰·库隆:《芝加哥学派》,郑文彬译,北京:商务印书馆2000年版,第30页。
③ 〔美〕罗伯特·默顿:《社会理论和社会结构》,唐少杰、齐心等译,南京:译林出版社2008年版,第571—591页。

第四章　宣传的理由：被忽略的伯内斯及《宣传》

传播思想史的学术偏见

爱德华·伯内斯(Edward Bernays)在公关行业享有"公关之父"的美誉(当然,其中有相当部分得益于他的自我推销),但在传播思想领域,他却并未被重视。比如罗杰斯的《传播学史》几乎未提到过他。① 在中国传播学界,关注他的人也不多。个中主要原因恐怕是嫌他不够学术。其实传播思想史研究中的这种"学术偏见"(academic bias)不仅存在于中国学界,美国同行也一样。2003年卡茨、彼德斯等人编撰《传播研究的经典文本》时便因为这个原因将李普曼淘汰出局。② 如果李普曼尚且难以入围,伯内斯的希望就更渺茫。

这便引出传播思想史与传播学术史、学科史的区别问题。如果按照传播学术史的标准,也许伯内斯这类主要以社会活动而非学术研究著称的从业人员便缺乏研究价值。但是思想史之所以关注某个对象,

---

① 该书唯一提到伯内斯之处是因为拉扎斯菲尔德曾经从他那里得到了"意见领袖"这一概念的启发。见 E. M. Rogers, *A History of Communication Study*, New York: Free Press, 1994, p.287。

② 笔者曾经当面请教过卡茨为何不收入李普曼的文章,得到的回答是:我们认为李普曼并不是一个真正的学者。见〔美〕伊莱休·卡茨等编:《媒介研究经典文本解读》,常江译,北京:北京大学出版社2011年版。

并不仅根据其言论的学术价值,而在于其思想观念的原创性、影响力和生命力。尤其重要的是该思想是否被社会所普遍共享,与特定的社会环境产生过相互影响。思想史的研究对象是观念本身及其与时代的关系,特定学术共同体对此观念的评价只是思想史研究中一个有限的部分。正如观念史提出者诺夫乔伊所说,观念史关注的乃是一种含蓄的或不完全清楚的设定,或者在个体或一代人的思想中起作用的、或多或少未被意识到的思想习惯。它们有可能未被正式表达,但是人们却心照不宣。① 因此,不仅要关注少数学识渊博的思想家或杰出的著作家,更要关注那些与时代存在共鸣的普通作者。他引用帕尔默的话:"一个时代的倾向,在它的地位低下的作者中经常比在那些居高临下的天才作家中表现得更加明显一些。后者告诉我们他们所生活的时代,也告诉我们过去和未来。他们是属于一切时代的。至于在那些反应灵敏但缺少创造力的心灵上,当时流行的观念只是清楚地记录了他们自身。"②伯内斯虽然学术贡献有限,但是却对宣传观念的正当性贡献了最有力的论证。一直到今天,宣传行业仍然在使用着他当年提出的理由来维护行业的声誉。伯内斯首次明确、清晰地表达了现代的宣传观念,它虽不具有思想上的原创性,却体现了20世纪以来普遍流行的宣传观念。

伯内斯同时也引出了中国传播思想史研究中的另一个问题:为什么对现实世界产生如此大的影响的学者及其思想会被学术世界忽略或回避?只关注学术逻辑是否本身便成为另一种"偏见"——学术偏见?举凡思想史不能烛照之处,便是各种神话与偏见的肆虐之地。经过本土化改造的似是而非的新版本今天仍然被当成神谕在中国传播,这其实与学术界过于洁身自好、不愿弄脏自己的手有一定关系。从另一种意义上说,这种忽略使得传播学术界也成为当代宣传观念的同谋者,助长了权力精英对于公共话语的操纵与控制,导致某种特定话语的文化霸权。如果传播思想史研究不去正视与回应现实问题,其成果

---

① [美]诺夫乔伊:《存在巨链:对一个观念的历史的研究》,张传有、高秉江译,南昌:江西教育出版社2002年版,第5页。

② 同上书,第20页。

的价值必然大打折扣。正是在这个意义上,研究伯内斯不仅有助于反思宣传的正当性问题,同时也对打破传播思想史的"学术偏见"、反思传播思想史的研究对象有所裨益。

创造有利于"宣传"的环境

有些书在出版时影响不大,过了若干年后依然不会成为焦点,但是它会持续地、悄无声息地对世界产生深远的影响。伯内斯1928年出版的《宣传》就是这样一本书。① 当初出版时它的销量远比不上揭发一战战争宣传的《战争中的谎言》②,在今天该书的提及率也比不上李普曼早他一年出版的《公众意见》③,但是它依然会在网络书店的一角静静地等待通过搜索发现它的买家。有趣的是,在亚马逊网站的推荐页面里,它常常与李普曼的《公众意见》并列。

今天的读者关注这本书的动机已经与近一百年前截然不同。当下我们看重的是它的历史文献价值,而在当时它则是一本公然推销"宣传"观念的"反潮流"(以赛亚·柏林语)之作。

第一次世界大战以后,"宣传"的概念已经因为战后对无耻谎言的揭露而逐渐失去了它最初的正面意义,一些主张民主的自由主义者将批评的目标指向了战争结束后仍未解除的国家和大企业的信息垄断。④ 然而伯内斯却对刚结束的世界宣传大战有特殊感情。在战争期间他参加了公共信息委员会(The Committee on Public Information,它的另一个名称"克里尔委员会"可能更为人所知)在巴黎和会上的宣传活动。他后来回忆道:"我参与的这些活动让我更加坚定、明确地相信:公共关系活动具有扩大社会福祉的潜力。"⑤对他来说,宣传是一个正面的概念,足以代表他所从事的事业。这一事业最初被他称为"消

---

① Edward L. Bernays, *Propaganda*, New York: Horace Liveright, 1928.
② Arthur Ponsonby, *Falsehood in War-Time*, New York: E. P. Dutton and Company, 1928.
③ Walter Lippmann, *Public Opinion*, New York: Free Press, 1922.
④ 见刘海龙:《宣传:观念、话语及其正当化》,北京:中国大百科全书出版社2013年版,第2、3章。
⑤ Edward L. Bernays, *Crystallizing Public Opinion*, New York: Liveright, 1961, p. xxxii.

息发布指导"(publicity director),在1920年他最终决定使用"公共关系顾问"(public relations counsel)一词,后者后来成为这一行业现行的标准名称。

伯内斯当然知道美国民众对于"宣传"的敌意,但是他为何反其道而行之,将推销公关的书命名为《宣传》？如果他想简单地赢得公众对公关的好感,为什么不将公关与宣传切割,采用更温和的概念？

答案恐怕要从他信奉的大众心理学理论中寻找。作为心理分析大师弗洛伊德的外甥兼侄子,伯内斯对于群体心理学有专门研究。他所推崇的法国心理学家古斯塔夫·勒庞对弗洛伊德的群体心理学启发颇大。尽管弗洛伊德对群体心理产生原因的解释与勒庞有分歧,但是在其运行机制上,却有一致看法。他们均将群体视为接受外界刺激和暗示便会不由自主产生反应的乌合之众。"人类的心灵就像独立的机器,神经系统和神经中枢就像无助的缺乏意志的自动机器,对刺激产生相应的机械反应。特定诉求者的功能就是提供刺激,这就会导致自愿上钩的个体产生令人满意的反应。"①传统宣传会就事论事,简单粗暴地将劝说性信息硬塞给受众。但是新宣传的专家会根据这一原理,创造促进某种行为的环境,让接受宣传者自愿地产生某种行为。

伯内斯极为擅长这种操作手法,有大量成功案例。例如在推销某一品牌的培根肉时,他不是直接向消费者推销该品牌的产品,而是找医生来论证培根本身有利于身体健康。为了推销某一品牌的钢琴,他会鼓吹每家的起居室应该留出一个"钢琴角",让人们有接近音乐的机会。②学者艾文在与伯内斯的接触中发现,伯内斯始终认为成功的宣传不是直接达到目的,而是创造一个有利于实现其目的的环境。当环境改变,目标便会水到渠成地实现。③

《宣传》一书反潮流地鼓吹"宣传"的正当性,其背后的逻辑也十分类似。为了推动公共关系行业的发展,伯内斯首先要做的不是让公众接受这个行业,而是让公众接受整个宣传观念。因此,尽管写此书时

---

① Edward L. Bernays, *Propaganda*, New York: Horace Liveright, 1928, p.76.
② Ibid., p.76.
③ Stuart Ewen, *PR ! A Social History of Spin*, New York: Basic Books, 1996.

他已经开始使用"公共关系顾问"来称呼这个行业,却挑衅性地选择了"宣传"这个令人反感的单词作为书名。这绝不单纯是为了争取眼球而哗众取宠,而是在营造一个有关宣传的新语境,从而打开局面,提升公关行业的地位。正是由于他的上述野心,在传播思想史领域,这本书的意义便不再局限于公关行业,而是扩展到整个宣传行业,也包括政治宣传。在这里,我们对于宣传的定义与伯内斯类似,它不是具体指某种特定的宣传行为,而是指权力精英为实现某种目的,塑造公众认知、态度乃至行为的所有传播活动。《宣传》这本书里所讨论的传播行为既包括商业宣传,还包括政治宣传、妇女运动宣传、教育宣传、媒体宣传。直到今天,这本书里提出的宣传正当性论证仍是关于宣传的最有力的辩护之一。

多元主义与社会秩序

伯内斯对于宣传正当性的论证沿着两个方向展开,一是理论维度,二是历史维度。前者主要通过《宣传》及后续相关文章完成,后者主要通过历史的书写,尤其是1961年为《透视公众意见》撰写的新版序言完成。

当杜威等人批评宣传扰乱信息环境、违反民主精神时,伯内斯却雄辩地指出,宣传不仅没有破坏民主,反而促进了民主。他通过建构一系列二元对立和偷换概念,完成了对这一观点的论证。

首先,他将混乱(chaos)与秩序(order)相对立,从而提出宣传简化了选择。他认为现代社会的复杂性导致做出理性选择十分困难。他以美国政治为例,建国之初没有党派,各个政治候选人都代表在一系列政治问题上具有不同倾向性的组合。选民要做出理性选择,必须对每个政治问题了如指掌。在今天,这变成了一件大多数公民无法胜任之事。为了简化选择过程,党派应运而生。尽管这一政治设计曾遭到美国一些"国父"的抵制,并且在美国的宪法中也没有被提及,但是它为政治的稳定与秩序提供了最简化的选择——二选一的简单游戏。

就像霍布斯在《利维坦》中创造的那个著名的二元对立(绝对的无政府状态与专制统治相比,后者总是优于前者)一样,伯内斯把全社会的意见也做了一个二元划分,如果你不喜欢令人无所适从的混乱状态,那么就最好选择公关人员加工好的简单有序、黑白分明的环境。

这一论证忽视了两个问题:(1)意见的理想分布是否是以秩序为优先?(2)何种状态可被称为理想的意见秩序,其标准究竟由谁制订?

对前一个问题伯内斯没有作出明确回答,他利用了一个道格拉斯所说的人类文化中的"洁净的隐喻"①,将秩序与洁净作为一个理所当然的价值选择塞给了读者。对后一个问题,他在书中倒有明确的回答——"隐形政府"(invisible government)。

隐形政府的提法受到李普曼的启发,李普曼认为宣传就是在公众不知晓的状态下在公众和事件之间设置障碍。② 李普曼是伯内斯非常推崇的作家,他的第一本书《透视公众意见》从书名到内容都有模仿李普曼的痕迹。他认为李普曼所说的"无能的公众"正好证明了宣传的必要性。在《幻影公众》中,李普曼进一步阐发了这个观念。③ 他认为,公众的理性只在一些具有明确程序的简单问题上,才能够得到信任。如果遇到前所未有的巨大挑战或危机时刻,最好将问题交给少数专家(隐形政府)解决。和李普曼一样,伯内斯的理论也带有明显的精英主义色彩,不同的是在他那里,李普曼笔下的专家摇身一变成为公共关系顾问。

曾经访问过伯内斯的新闻学者欧拉斯基(Marvin N. Olasky)从伯内斯的宗教观里看到了这一观点的来源:"伯内斯的基本主张,就是他对上帝缺乏信仰。在我们的谈话中,他称我们的世界是'一个没有神的世界',而且他认为这个世界正迅速地沉沦到一种混乱的境界。因此,他坚称公关人员操纵社会,由他们创造人造的诸神,而经由这些人造的诸神来灵巧地控制社会。从避免灾祸发生这个角度来看,这是公关人员必须做的。……从他的眼光看来,在幕后操纵绳索,不仅对个

---

① 〔美〕玛丽·道格拉斯:《洁净与危险》,黄剑波等译,北京:民族出版社2008年版。
② Walter Lippmann, *Public Opinion*, New York: Free Press, 1922, p.42.
③ 〔美〕沃尔特·李普曼:《幻影公众》,林牧茵译,上海:复旦大学出版社2013年版。

人利益是必要的,在社会救赎方面,也是很需要的。"①

伯内斯在这个论证中所使用的不是理论逻辑,而是现实逻辑:存在即合理。因为隐形政府已经在管理这个世界,宣传是一个既定事实,所以它是合理的。伯内斯显然夸大了他所说的公关专业人士的影响,他所描述的与其说是 20 世纪初的现实,不如说是今日的现实。彼德斯认为,伯内斯和法兰克福学派的霍克海默与阿多诺在社会权力的分配问题上具有惊人的相似性。他们都认为权力掌握在少数人手中,但是二者对这个客观事实的价值判断却截然不同。②

作为一个(表面上)天真的多元主义者,伯内斯认为意见市场是平等的。他有一句名言:"对抗宣传最好的方法便是更多的宣传。"③当不同利益群体可以平等展开竞争时,宣传便通过将混乱秩序化,促进了民主的实现。正如批判学者所指出的那样,多元主义者将权力简单等同于影响,认为只要具有影响,就会拥有平等的权力,反之亦然。但是这一看法忽略了影响背后意识形态的支配作用(比如拥有同样粉丝数量的明星或笑话微博和国家级新闻媒体的官方微博不可简单画等号,消费品牌的影响与政府的影响不可简单比较),更遑论权力本身通常会决定影响力的大小。④

伯内斯的多元主义民主观并非始终如一,这表现为他在公众的选择权问题上经常表现得前后矛盾。在若干年后,他写了一篇名为《设计同意》的文章,里面写道:"普通美国成人只受过六年教育。当面临紧迫问题和决策时,领袖经常无法等待所有人的理解。在某些情况下,民主的领袖必须在设计同意上发挥作用,达成社会目标和价值。"在伯内斯的辞典里,宣传与教育是同义词:"设计同意经常被作为教育

---

① 〔美〕赖瑞·泰伊:《公关之父伯奈斯》,彭怀栋译,海口:海南出版社 2003 年版,第 128 页。

② John Durham Peters & Peter Simonson, *Mass Communication and American Social Thought: Key Texts, 1919—1968*, Lanham: Rowman & Littlefield, 2004, p.51.

③ 〔美〕赖瑞·泰伊:《公关之父伯奈斯》,彭怀栋译,海口:海南出版社 2003 年版,第 134 页。

④ Todd Gitlin, "Media Sociology," *Theory and Society*, 6(2), 1978, pp.205—253; Stuart Hall, "The Rediscovery of 'Ideology': Return of the Repressed in Media Studies," in O. Boyd-Barrett & C. Newbold, eds., *Approaches to Media*, London: St. Martin's Press, 1997.

的补充。如果这个国家的教育水准得到提高,公众的知识水平和理解能力都会提升,这一过程(设计同意)仍会具有价值。"①

正如伯内斯的传记作者泰伊观察到的那样,伯内斯理想中的公关人员,其实对民主并没有真正的兴趣。② 当人们发现纳粹宣传部部长戈培尔的书架上有伯内斯的《透视公众意见》,并且发现戈培尔利用象征符号抹黑犹太人、神化希特勒、操纵新闻控制国内公众,其手法与书中的建议如出一辙时,伯内斯的宣传正当性论证便处于尴尬境地了。

从公众被诅咒到双向互惠

伯内斯对宣传正当性的历史维度的论证是通过重新阐释历史、"发明"公关的传统来完成的。1961 年伯内斯为他第一本界定公关行业的专著《透视公众意见》(1923)写了一篇很长的新序言,在其中他除了回顾公关的定义演变和字典、百科全书对公关概念的承认史以外,还建构了公关的演化史、学术研究史和教育史。在这段暧昧的历史叙述中,他有意模糊了"公共关系"与人们通常赋予其负面色彩的"宣传"概念之间的区别。这说明从写作《宣传》以来的三十多年间,他一直未放弃为整个宣传观念辩护的努力。

在这个令人惊讶的宏大历史建构中,伯内斯的历史观耐人寻味。他采取了一种和古希腊时期流行的历史观极其相似的看法,认为一个事物从诞生开始就是完备的,历史舞台上所出现的一切行动因素都必须在历史开始前就是现成的。③ 他将宣传视为一个非历史的概念,追溯到西方文明的起源时期——古代希腊与罗马时代,一路顺流而下,依次经过中世纪的教会宣传、欧洲资产阶级革命时期的宣传,一直接续美国革命前后的煽动和内战宣传。至此,他才进入了公关宣传的现

---

① Edward L. Bernays, "The Engineering of Consent," *ANNALS*, AAPSS, 250, 1947, pp. 113—120.

② 〔美〕赖瑞·泰伊:《公关之父伯奈斯》,彭怀栋译,海口:海南出版社 2003 年版,第 126 页。

③ 〔英〕柯林武德:《历史的观念》,何兆武译,北京:商务印书馆 1997 年版,第 80—84 页。

代时期——公众被诅咒时期(1865—1900)、公众被告知时期(1900—1917)、第一次世界大战(1917—1919)、新专业的兴起(1920—1929)、公关专业正式出现的时代(1929—1941)、第二次世界大战(1941—1945)、公关的扩张(1946至今)。

这个历史叙事有几个值得注意之处:(1)公关或宣传作为一个始终存在的现象,除了技巧和组织形式的差别外,并无本质的变化。换句话说,公关没有历史。(2)公关的演进和职业化是一个线性的发展过程。公关的历史与其说是一个公关被驯化的过程,不如说是公众逐渐承认公关价值的过程。(3)公关始终是一个中性甚至正面的行为,作为说服手段,它本身并不接受道德裁判。(4)总之,公关是一个缺乏主体性的行为,因此它与权力无关。

在最后对公关的界定中,伯内斯强调了公关(宣传)中的双向互惠。这样,他最终从功能的角度顺带论证了宣传存在的必要性。在这样一个暧昧而混乱的历史叙事中,权力的主体始终缺席。如果说在商业公共关系中权力主体缺席还无伤大雅的话,那么当论述的现象已经不限于特定行业而指向抽象的一般宣传时,权力主体的缺席就成为一个严重的问题。权力的缺席不等于中立,它是对既有权力的理所当然的接受和背书,因此伯内斯多元主义的意识形态的底牌其实是维护既有权力的保守主义。

取消主体,即意味着逃避了传播责任与道德约束。"无宣传者的宣传"便走向了彻底的历史宿命论,一切问题都被归结为历史的规律或无意识的结果。这样,伯内斯为了争取公关的更大活动空间而建构起来的"宣传"正当性便成了一个没有灵魂的理论黑洞,一个纯粹的修辞。

宣传的"科学性"

尽管伯内斯对宣传的提倡在那个时代有些反潮流,但是其背后隐藏的乐观主义的线性历史观和多元主义的民主观却是美国进步主义时代的主流观念。正因为如此,进步主义的许多观念常常走到其主张的对立面。比如 publicity(公开透明)曾经是进步主义的一面反对垄断与权力腐败的旗帜。但是正如舒德森所观察的那样,对话并不必然带来民主。① 在艾维·李和伯内斯等人的改造下,本意在监督权力机构的 publicity,蜕变成权力机构主动控制信息发布的新技术。到今天,它甚至变成公关和宣传的同义词。

标志伯内斯代表进步主义观念的另一个证据是他的"唯科学主义"。在他看来,世界是一个巨大的机器,人也是这个机器的一个组成部分。所谓宣传,只不过顺应了这个机器运行的必然规律。他很喜欢将理想社会比喻为一个巨型机械无阻力(smoothly)运行的过程。唯科学主义也是一种逃避主体责任的方式。它把建立在群体心理学基础上的宣传仅仅理解为技术专家解决社会问题的"必然"选择,这就减轻了宣传本身的道德责任。所以才会出现前面所提到的伯内斯对宣传主体问题的无视。

无论是李普曼还是伯内斯,其理论的基本前提都是公众缺乏理性思考的能力。李普曼认为公众在思维方式上存在缺陷,做判断时依赖先入为主的刻板印象(stereotype)。他们先定义再理解,而不是先理解再定义。再加之知识背景不足、时间和精力有限、语言编码解码中存在歧义、大众媒体的把关与审查等因素,公众更不可能做出正确的决策。② 李普曼更相信专家的科学决策,和杜威相比,李普曼认为客观上"正确的"决策优于公众认为"合适的"决策。李普曼虽然偶尔引用弗洛伊德,但是他更多地诉诸经验性常识而非心理学原理来论证公众的无能。伯内斯则更倚重勒庞③、特罗特④和弗洛伊德⑤的社会心理学理论来得出同一观点。

李普曼与伯内斯都不信任公众,然而他们的解决方案却存在细微

---

① Michael Schudson, "Why Conversation is Not the Soul of Democracy," *Critical Studies in Media Communication*, 14(4), 1997, pp.297—309.

② Walter Lippmann, *Public Opinion*, New York: Free Press, 1922.

③ 〔法〕古斯塔夫·勒庞:《乌合之众:大众心理研究》,冯克利译,北京,中央编译出版社 2000 年版。

④ Wilfred Trotter, *The Instincts of the Herd in Peace and War*, London: T. Fisher Unwin, 1916.

⑤ 〔奥〕西格蒙德·弗洛伊德:《群体心理学与自我分析》,孙名之主编:《论文明》,张敦福译,北京:国际文化出版公司 2000 年版。

的差别。李普曼的答案是限制公众的权力,将实权交与称职的专业人士。因为公众无法表达自己,在日常政治中他们至多只能按照程序支持或反对治理国家的精英,然后让当选的后者放手处理具体事务。公众最大的作用就是在紧急时刻介入,即使在这个时刻,他们的职责也不是处理具体问题,而是制衡专横力量。① 和李普曼的谨小慎微相比,伯内斯则对公众没有这么多戒备。与其说伯内斯把公众的缺陷看成问题,还不如说将其看成机会。他除了赞成由精英或"看不见的政府"来代替公众决策外,更强调的是如何利用公众的非理性达成宣传的目标。在《宣传》一书的"公共关系的心理"一章开头,他反问:"如果我们理解了群体心理的运行机制及动机,不就有可能在大众毫不察觉的情况下按照我们的意愿控制和主宰大众了吗?"② 在他关于公众的论述中,很难看到李普曼、杜威等人在政治哲学和伦理方面的考量,更明显的是工具理性意义上的技术探讨,基本上把公众当成一个问题和客体加以处理。

有趣的是,杜威尽管极力反对宣传这种带有"父权制"色彩的传播方式,然而他在对待科学的态度上,却与伯内斯和李普曼惊人地一致。他相信科学可以解决信息遮蔽带来的问题,忽略了宣传与现代性之间的内在联系。③ 唯科学主义往往会导向对正确选择的崇拜,走向精英主义,最终取消公众的决定权,使其仅仅成为供技术专家驱使的奴隶。在这一点上,伯内斯反而比杜威更成功地做到了逻辑自洽。在科学的名义下,个人的自由、民主的原则被排除在论题之外,剩下的主要问题不过是如何让社会符合统治者制定的秩序。

在这个意义上,说《宣传》一书宣布了美国进步主义逻辑的崩溃,其实并不为过。

---

① 〔美〕沃尔特·李普曼:《幻影公众》,林牧茵译,上海:复旦大学出版社 2013 年版,第 41—48 页。
② Edward L. Bernays, *Propaganda*, New York: Horace Liveright, 1928, p.71.
③ 刘海龙:《宣传:观念、话语及其正当化》,北京:中国大百科全书出版社 2013 年版,第 78—82 页。

第五章 中国传播研究的史前史

"传播"还是"交通"?

起源神话的功能在于通过建构历史,为当下的正当性提供护身符。中国(如未做特殊说明,本章所说的中国均不包括香港、台湾和澳门地区)的传播研究自1978年的新闻学界开始,这是目前中国传播学界普遍接受的主流叙事。① 因为传播学是在这一时间点正式从西方,确切地说是美国,被引进到中国的,因此中国传播研究的历史便有理由以横空出世、截断众流的方式进行叙述与组织。为了让这一叙事自圆其说,主流叙事便会对一些令人感觉"不方便"的事件做特殊处理。比如20世纪50年代,复旦大学的郑北渭等人已经使用了美国传播研究的个别概念。② 为了强调历史叙述的"自洽"(coherence),这个史实被处理成孤立、例外的事件。论者会以当时将 mass communication 翻译成"群众思想交通"等事实为证据,说明那时的认识如何模糊,反衬70年代

---

① 王怡红、胡翼青主编:《中国传播学30年(1978—2008)》,北京:中国大百科全书出版社2010年版;李彬,《流水前波让后波——对我国大陆传播学研究的回顾和瞻望》,李彬主编:《大众传播学》,北京:中央广播电视大学出版社2000年版;张国良,《中国传播学的兴起、发展与趋势》,《理论月刊》2005年第11期;袁军、韩运荣,《传播学在中国内地》,段鹏、韩运荣编:《传播学在世界》,北京:中国传媒大学出版社2005年版;龙耘,《传播学在中国20年》,《现代传播》2000年第3期;廖圣清,《中国20年来传播研究的回顾》,《新闻大学》1998年冬季号。

② 〔美〕华伦·K.艾吉:《美国报纸的职能》,郑北渭译,《新闻学译丛》1957年第2期;〔美〕乔治·马立昂:《拆穿自由、独立报纸的西洋镜》,刘同舜译,《新闻学译丛》1956年第3期。

末正式引进传播学后中国学界对西方传播研究的理解才真正登堂入室。

包括笔者在内,一直以来中国传播学界都不加批判地接受了这些"常识"。但是如果仔细推敲,这段主流叙事存在两个疑点:(1)在1978年这个节点上,中国学界所说的"传播学"究竟是哪个传统之下的传播学?(2)20世纪50年代为何会用"思想交通"翻译communication一词?这个概念究竟是凭空杜撰,还是另有所本?如果是后者,依据何在,与今日所用的"传播"一词又有何观念上的差异?

关于第一个问题,近年来已经有一些研究指出,早期中国新闻学者对于传播研究的理解曾堕入一个"学科陷阱"。为了和"新闻学"相对应,他们将相对模糊的"传播研究"想象成有严格建制的、具有普遍性的"传播学"。①当时对舶来的传播研究的理解是非历史的,认为世界各地都有传播学,而未认识到作为一个学科建制,其实严格说来"传播学"只在美国存在。②而且因为人际网络的关系,中国学者较早地接触了施拉姆的著作及其本人,因此以传播的5W为理论框架、以四大奠基人的研究历程为历史线索、以量化的管理研究为主流的传播学科占据了主导地位。施拉姆版本的"传播学"的引入便成为中国传播研究的起点。凡是不符合这个标准的传播研究,均被排斥在"传播学"之外。即使具有反思性的学科史研究,也默认了这种说法。这个框架限制了我们对中国传播研究史的理解,导致我们对施拉姆版传播学以外的传播研究在中国的接受与扩散不曾关注甚至视而不见。

关于第二个问题,近来也有突破。黄旦曾提出,1978年之后中国学术界所建构的"传播"概念,其实不是英文中的 communication,而是 mass communication(大众传播)。③这个解读很有启发性,然而问题似

---

① 刘海龙:《被经验的中介和被中介的经验——从传播理论教材的译介看传播学在中国》,《国际新闻界》2006年第5期。其实20世纪初"新闻学"本身在中国的建构也有着与"传播学"相似的命运,也存在过度学科化的想象。见刘海龙、连晓东:《从默会的知识到公共知识:〈新闻的十大基本原则〉与新闻专业理念的形成》,《新闻记者》2011年第3期。

② 例如在引进传播研究方面最有力的《国际新闻界》在介绍"传播学"时,刊发了《美国大众传播学简述》(1982年第2、3、4期)、《日本的大众传播学》(1982年第2期)、《西德的大众传播学》、(1982年第2期)、《意大利的大众传播研究》(1982年第3期)和《法国的大众传播研究》(1982年第3期)。可是严格来说,作为学科的"传播学"只在美国存在。

③ 黄旦:《传播的想象:兼评中国内地传播学本土化之路径》,冯应谦、黄懿慧编:《华人传播想象》,香港:香港中文大学出版社2012年版。

乎还可以再向前延伸:这种"误置"是一直存在还是仅产生于1978年之后？中国是否一直缺乏双向互动的communication概念？

考察清末民国时期的文献，就可以发现"传播"一词早已有之，只不过它对应的是"传布""流布""传达""扩散"之类的单向撒播(dissemination)概念，这倒是和黄旦所说的1978年后对"传播"的理解接近。比如1919—1921年杜威在华演讲的中文翻译中，"传播"二字便经常出现，比如"传播知识""激烈思想的传播"等，均是单向的面对大众的扩散之意。① 1930年，为了规范社会学概念的中文翻译，孙本文发表了《社会学名词汉译商榷》一文，在其中将diffusion定名为"传播(或播化)"②。所以这个"误置"并不是传播学引进之后才出现的，而是早已有之。

但是这并不意味着20世纪初期中国就没有真正的communication的观念。只不过清末民国时与西方的communication对应的概念是"交通"，而不是今天的"传播"。那时的"交通"还不是一个不可分的合成词，而是"交"（交互、交流）与"通"（相互连接）两个词的并列。《辞源》上也有类似的解释：

> 交通:互相通达。管子·度地:山川涸落,天气下,地气上,万物交通。陶渊明:《桃花源记》"阡陌交通,鸡犬相闻"。③

在杜威的中国演讲中，communication有时被翻译作"交际"，有时被翻译作"交通"（如"减少各种因隔绝交通而发生的弊病"）。④ 社会学家林耀华在介绍芝加哥学派的大师罗伯特·派克（现译作"帕克"）的理论时提到:"盖人有社会嗣业，从交通(communication)造就而成，又从交通传递而来；社会之生命及其连贯，全视乎前代之民风、教化、技术与理想能否传于后代，然交通厥为社会互动之灵媒(communica-

---

① 袁刚等编:《民治主义与现代社会:杜威在华演讲集》,北京:北京大学出版社2004年版,第2,93页。
② 孙本文:《社会学名词汉译商榷》,《孙本文文集》(第八卷),北京:社会科学文献出版社2012年版。
③ 《辞海(修订本)》1—4合订本,北京:商务印书馆1988年版,第82页。
④ 〔美〕约翰·杜威:《杜威五大演讲》,胡适口译,合肥:安徽教育出版社2005年版,第27页。

tion as the medium of social interaction），于是文化造就与变迁，又皆从社会互动次第递演而产生……"①派克在华讲义中译本中也有这样的表述："社会生活必须有交通和交感，若只有互相刺激，只有身体接触，那不是我们所谓的'社会的'。"②"（新闻）若不具重要性，就不能交通，也不能传播。"③前面提到的孙本文的《社会学名词汉译商榷》一文中将 communication 定名为"交通"，intercommunication 定名为"互相交通"。④ 帕克访华(1932)后，1933 年燕京大学社会学系编了一本论文集，在末尾专门制作了一个中英文的译名对照表，其中的 communication 补译作"交通"，interaction 补译作"交感、互动、交互作用"，反而是 acculturation 补译作"文化传播"。⑤ 可见最迟在 20 世纪 30 年代，中国社会科学界不仅已正式引入了"communication"（译为"交通"）的概念，而且将它与后来类似于大众传播的"扩散"（译为"传播"⑥）相区别。

同一时代的中国新闻研究者也使用"交通"来表达 communication 的意思。比如高海波对戈公振《中国报学史》(1927)的词频做过统计，发现其中出现了 37 次的"交通"一词多数与 communication 的意思接近，而出现了 18 次的"传播"则是单向的"流布""扩散"之意。⑦ 如果悬置 communication 理所当然应该被翻译成"传播"的刻板印象，再来看 20 世纪 50 年代郑北渭等人翻译的"群众思想交通"，就会发现它们并不是全无根据的杜撰，而是有其思想传承。

还有许多例子可证明上述观点，但因词意辨析不是本章的重点，不再赘述。再回到黄旦提到的那个问题，就很清楚了。至少从 20 世纪

---

① 这里不仅 communication 的翻译与今天不同，值得注意的是 medium/media 也与今天的"媒介""媒体"有所不同。见北京大学人类学研究所编：《社区与功能：派克、布朗社会学文集及学记》，北京：北京大学出版社 2002 年版，第 85 页。
② 同上书，第 112 页。
③ 同上书，第 128 页。这句里的"交通"对应的是现在的"传播"，而"传播"对应的则是现在的"扩散"。
④ 孙本文：《社会学名词汉译商榷》，《孙本文文集》（第八卷），北京：社会科学文献出版社 2012 年版。
⑤ 同上书，第 228—231 页。
⑥ 当然，这个时期的"传播"不仅指大众传播，也可以指群体传播甚至人际传播中的信息扩散。
⑦ 高海波：《论戈公振的传播思想》，《国际新闻界》2013 年第 4 期。

初开始,中国学者对(单向的)"传播"与(双向的)"交通"便有明确的区分。前者仅指单向的大规模的扩散,后者则含有双向交流的意义。1978年后之所以出现"误置",只不过由于下文所说的种种原因,发生了学术传统断裂,曾经做过的精致的区分被学术界集体遗忘了。

对语词概念的考古,目的不是单纯地做字义考据,而是希望回到语言和概念的发生阶段,通过"交通"这个概念,打开新的窗口。因为在这个时期一切都处于模糊状态,范畴的界线模糊,语言还未能充分对象化。在这里,语言与我们遭遇,启示和改变着我们。此时表述与经验的关系浮动多变,孕育着丰富的可能性。① 以此为突破点,考察由"交通"产生的话语,复原中国传播研究的"史前史",可以认识20世纪初的传播观念与传播研究,反思中国传播研究的"起源神话"和集体记忆,为今天传播学科建制的诸种弊端找到问题的症结所在。

社会学传统的传播研究

20世纪初期西方传播研究进入中国,主要通过两个传统:一是社会学传统,二是新闻学传统。但遗憾的是,这两个传统都在50年代之后被截断。

19世纪末20世纪初西方对传播问题的研究最早在社会学者中展开。中国的传播研究,也随着西方社会学进入中国,先在社会学中生根。20世纪初期,美国在处理中国的事务时,理想主义占上风,率先退还庚子赔款,资助中国高等教育,教会与基金会也大力支持中国高等教育。美国社会学正是在这个背景下进入中国。燕京大学、圣约翰大学等教会大学是美国社会学进入中国的重要通道。由于美国早期的传播研究主要在社会学家中开展,所以它们顺理成章地通过社会学的潮流,流入中国。

20世纪初期,美国传播研究的重镇当数社会学的芝加哥学派。这个集合了哲学、心理学、社会学的学派也被公认为美国传播研究的发

---

① 〔德〕海德格尔:《语言的本质》(孙周兴译),孙周兴选编:《海德格尔选集》(下),上海:上海三联书店1996年版。

源地。除了查尔斯·库利(但他深受杜威、米德的影响)外,其主要人物杜威、米德、帕克、伯吉斯等均在芝加哥大学有相当长的任教经历。这群学者尽管理论取向和观点不尽相同,却有一个共同的研究兴趣:强调传播对于个人及社会的重要作用。他们不仅认为传播在人性形成中扮演着重要角色,而且认为它对于社群的形成和社会的民主自治起着关键作用。① 因此,芝加哥学派的传播思想便成为中国早期传播思想引进中的主旋律。其中最重要的事件当属杜威和帕克的来访。

按照贝尔曼的总结,传播问题是杜威的思想的基础,这主要表现在三个方面:(1) 人类理智和社会的起源问题;(2) 人类联系(社群)的理想类型的社会哲学问题;(3) 美国民主的问题诊断和解决方案。② 但是他在中国的演讲很少涉及第一个问题和第三个问题,主要集中在第二个问题上。

杜威在中国做了不下两百场演讲,社会影响巨大。当时北京《晨报》社编辑的《杜威五大演讲》到杜威离华时,共印刷了 13 次,每次印数都在 1 万册以上。③ 考虑到当时的识字率和阅读人群,这个数字实在令人咋舌。据现在留下记录的内容来看,杜威在华演讲中数量最多的是关于教育的演讲。④ 在华期间与杜威关系最密切的胡适也有同样的印象。⑤ 从杜威 1919 年以前发表的论著数量来看,教育问题确实是他当时用心最多的话题。他集中讨论人类理智和社会起源问题的主要论著(如《经验与自然》《作为经验的艺术》等)还要在若干年后才问世。此外,鉴于中国当时对西方理论的陌生,杜威的讲座大多是在做知识普及,对于传播与人类本性这类较专门的问题还未来得及介绍。同时,杜威对中国的影响也与陶行知、胡适等杜威的中国弟子的学术

---

① Sheldon Lary Belman, "The Idea of Communication in the Social Thought of the Chicago School," Unpublished Dissertation, University of Illinois at Urbana-Champaign, 1975;胡翼青:《再度发言:论社会学芝加哥学派传播思想》,北京:中国大百科全书出版社 2007 年版。

② Sheldon Lary Belman, "The Idea of Communication in the Social Thought of the Chicago School," Unpublished Dissertation, University of Illinois at Urbana-Champaign, 1975, p.61.

③ 元青:《杜威的中国之行及其影响》,《中国近代史研究》2001 年第 2 期。

④ 袁刚等编:《民治主义与现代社会:杜威在华演讲集》,北京:北京大学出版社 2004 年版。

⑤ 胡适:《杜威先生与中国》(1921 年 7 月),欧阳哲生选编:《胡适文集》第 2 卷,北京:北京大学出版社 1998 年版,第 280 页。

兴趣和关注点有关,他们的中介与阐释也有意无意地影响了"杜威博士"在中国的形象。比如陶行知大力强调杜威的教育哲学,而胡适则弃杜威丰富的哲学议题于不顾,专注于利用杜威的实验(用)主义来为自己整理国故的研究方法寻找正当性。

杜威抵华时(1919年4月30日)正值五四运动爆发,中国民众对于政治正义的诉求让政治哲学问题凸显。这个古老国度里学生和民众的民主政治运动颇令杜威意外,中国民众的理想主义和热情使他意识到中国可以成为自己的政治学说和政治理想的实验室。他的演讲中关于民主政治的内容仅次于教育问题。因此,在杜威关于传播的观念中,最直接地被介绍给当时中国人的主要是政治哲学中的传播理论。这也是这个时期杜威正在思考的问题。在杜威晚期(1925—1953)的研究中,传播与公众的形成问题是重要的主题。

他在演讲中提出,所有看似是国家和个人的冲突、社会和社会的冲突,其实是人群与人群之间的冲突。群体与群体之间的冲突源自群体的利益与兴趣的差异。因此,所有社会冲突都是可以解决的,过去那种一群人压倒另一群人的做法会让社会更加不稳定。要解决这些冲突,首先就要研究人性的需求。他把人性的需求总结为三点:风俗习惯、社会体制和共同生活。其中第三点最为根本,前两者都是为了达到第三种理想。杜威对共同生活的定义便是自由交际(communication)、互相往还、交换感情、交换种种有价值的东西。这一定义体现了杜威以及芝加哥学派对于传播和社会交往的重视。

杜威所说的这种共同生活,是建立在自由交流的基础之上的。"社会一定使各分子有自由发展、自由交换、互相帮助、互相利益、互通感情、互换思想知识的机会;社会的基础是由各分子各以能力自由加入贡献的。在表面上看来,似乎不大强固,实在是强固的很;不但强固,并且可以减少各种因隔绝**交通**而发生的弊病。"①

杜威在中国的演讲中,向听众明确地传达出这样的信息:传播对于社会共同体的形成和社会整合至关重要。他从一个宏观的角度出

---

① 〔美〕约翰·杜威:《杜威五大演讲》,胡适口译,合肥:安徽教育出版社2005年版,第27页。

发,提出了传播的社会功能。当然,这时他的认识深度与他1927年在《公众及其问题》中谈到的不可相提并论,然而其中的核心观念已经在这次演讲中得到清晰的表达。他对于传播与民主(民治)的看法也为中国一批学者(多有海外留学背景)所接受,在1929年以胡适、罗隆基为首的一批新月派对国民党的训政体制的批判(后收入胡适1930年编的《人权论集》)中,便可看到大量类似的观点。①

早期的芝加哥学派传播思想进入中国的过程,可以用一句诗来形容:"随风潜入夜,润物细无声。"当时没有"传播学"这门学科,甚至连研究者也是在一个更大的学术背景下进入传播问题。杜威把传播问题夹带在"政治哲学"中,帕克则把传播问题嵌在了"集合行为"这个题目之中。所以传受双方都没有意识到这些引介对于中国传播研究的影响。

罗伯特·E. 帕克对于传播问题的关注,主要缘于以下契机。一是他十一年的一线新闻工作经验使他关注新闻,比较著名的是对新闻自然史的研究和从知识社会学的角度对新闻的分析。② 二是由上一问题引申出的将新闻放到更宏观的社会中,讨论新闻的社会功能的研究。这个题目是在更大的城市社会学和现代化条件下社会整合的背景下展开的,最为人所知的当属移民报刊及其社会控制的研究。③ 第三是在社会群体及集合行为研究中涉及的新闻、流言、个人意见和公众意见等问题,重点讨论了群体中传播机制在群体意识和行为形成的过程中扮演的角色。④

与杜威类似,中国听众的预期使得帕克没有能够完整地阐述他对于传播问题的看法。他于1932年9月到12月期间在燕京大学社会学

---

① 胡适编:《人权论集》,欧阳哲生编选:《胡适文集》第5卷,北京:北京大学出版社1998年版,第523—608页。

② Robert E. Park, "The Natural History of the Newspaper," *American Journal of Sociology*, 29(3), 1923, pp. 273—289; Robert E. Park, "News as a Form of Knowledge: A Chapter in the Sociology of Knowledge," *American Journal of Sociology*, 45(5), 1940, pp. 669—686.

③ 〔美〕罗伯特·E. 帕克:《移民报刊及其控制》,陈静静、展江译,北京:中国人民大学出版社2011年版。

④ Robert Ezra Park, *The Crowd and the Public and Other Essays*, Henry Elsner, ed., Chicago: University of Chicago Press, 1972.

系讲授了两门课程,一是"社会学研究"(Soc. 149—150, Seminar in Sociology,高年级研讨课),二是"集合行为"(Soc. 143, Collective Behavior)。① 因为听众是社会学专业的学生,所以关于新闻的研究不是主要内容,只是在关于集合行为的讲座中,涉及了新闻对群体意识的影响、群众与公众的区别、公众意见的形成原理等大量当代政治传播的研究话题。② 这些话题也是当下热门的话题,其中包括社会运动领域仍然在讨论的问题。

除了来华讲学的杜威、帕克外,芝加哥学派中对传播有专门阐释的查尔斯·库利(柯莱)的学说,对于当时的中国社会学学者而言,也不陌生。③

中国社会学者对传播问题的探索

芝加哥学派在20世纪初处于鼎盛时期,他们的传播思想随其社会学、哲学、心理学思想一起进入中国。与此同时,当时在美国刚刚出现的社会心理学对传播效果的研究也为中国学者所关注。

中国心理学史的先驱之一高觉敷在1941年编写了《宣传心理学》④。在这本书中高觉敷引用美国社会心理学界的实证研究成果,介绍了宣传心理学,也介绍了宣传的应用与不同媒介的宣传技巧。这本书诞生在抗战期间,社会环境促成了传播研究中工具理性很强的宣传

---

① 帕克于1929年第一次来中国,在上海、南京和北京的燕京大学做了短暂的学术访问,在上海大学开设了短期的社会科学研究课程。1932年,他在燕京大学完整地开设了两门一学期的课程。Yenching University Bulletin, Gerneral Announcement of the Department of Sociology and Social Work(1932—1935),北京大学档案,编号 YJ1932016。另见 Winifred Raushenbush, Robert E. Park, *Biography of a Sociologist*, Durham, N. C.: Duke University Press, 1979, pp. 130—135;费孝通:《师承·补课·治学》,北京:生活·读书·新知三联书店2002年版。

② 派克教授讲授:《集合行为》(蒋旨昂记并译),北京大学人类学研究所编:《社区与功能:派克、布朗社会学文集及学记》,北京:北京大学出版社2002年版,第99—142页。

③ 高海波:《库利传播理论在中国的早期接受》,北京:"新闻史研究路径与方法创新研讨会"论文,2013年。

④ 据纪念高觉敷的文集中所收年谱,高写作《宣传心理学》的时间为1941年,没有正式出版。目前笔者看到的这个收藏于中国人民大学图书馆的版本没有出版时间,出版单位为"国防部政工局",属于"心理战术丛书"第三种,可能是内部出版物。见叶浩生编:《老骥奋蹄:心理学一代宗师高觉敷》,南京:南京大学出版社2004年版。

研究在第一时间进入中国。美国1937年成立了"宣传分析学会"(the Institute for Propaganda Analysis),其最著名的成果是李夫妇(Alfred McClung Lee and Elizabeth Briant Lee)1939年出版的《宣传的完美艺术》①,书中提出了辱骂法、光环法、转移法、证词法、平民百姓法、洗牌作弊法、从众法等宣传技术。这些内容在高觉敷的书中有较详细的介绍。彼时美国的心理学界开展宣传效果的实证研究时间也不长,可以说,同一时期中国社会科学界在引进美国最新的传播研究成果方面,几乎与后者同步。这种状况与1978年后中国新闻学研究者对西方传播研究的陌生形成鲜明对比。

心理学深受自然科学的影响,较早地接受了统计学的训练,因此社会心理学家也是中国最早严格进行民意调查(测验)的群体。1922年在北京高等师范学校任教的心理学家张耀翔利用该校成立14周年的机会,对来宾进行了非随机调查。② 尽管该研究的抽样并不符合民意调查的要求,但是罗志儒使用张耀翔的调查数据所做的分析却可圈可点。除了之前的单变量描述之外,还进行了双变量的交叉分析,试图探索变量间的因果关系。文章最后还对数据和问卷中存在的问题作了探讨,展示出了科学、严谨的态度。③ 到了三四十年代,民意测验的理论和实践在中国已经相当普及。④

除了引进西方的传播研究外,中国的社会学者也进行了原创性的传播研究。就像西方早期的传播研究者一样,他们在从事传播研究,却没有今人的传播学学科意识,甚至他们都不会承认自己是在从事"传播研究"。孙本文被公认为中国社会学的奠基人之一,但是他的博士论文《美国媒体上的中国:美国媒体对华公众意见的基础及趋势研

---

① Alfred McClung Lee and Elizabeth Briant Lee, *The Fine Art of Propaganda: A Study of Father Coughlin's Speeches*, New York: Harcourt Brace and Company, 1939.
② 张耀翔:《民意测验》,《心理》第2卷第1期,1923年。
③ 罗志儒:《"民意测验"的研究》,《心理》第2卷第2期,1923年。
④ 范红芝:《民国时期民意研究综述——基于民国期刊文献(1914—1949)的分析》,《新闻春秋》2013年第2期。

究》(1925)却是一项典型的传播研究。① 如果用今天的标准看,这个研究可算中国今天数量多至泛滥的国家形象研究的滥觞。

这篇文章研究了两个问题:(1) 美国人从媒体上了解的中国是什么样子(公众意见的基础);(2) 美国人通过媒体表达了对中国的什么看法(公众意见的趋势)。孙本文接受了李普曼等人的观点,认为美国的公众意见由少数精英决定,大众媒体在公众意见的形成中,起着重要作用。他认为,虽然面对同样的信息,美国人的反应并不完全一致,但意见是信息加思考的产物,普通人的意见会以这些信息为基础。②因此,通过统计美国媒体中关于中国的报道,便可以了解一般美国人心目中的中国形象;通过研究美国媒体中的言论,便可推测美国公众对于中国的看法。

在上述思想的指导下,孙本文通过内容分析和文本解读的方法,统计了美国报刊中涉华报道的总量和主题分布,分为政治、经济、文化三项,并与美国报刊上的这三个领域的报道数量进行横比,与美国报刊中对其他国家的报道数量和这三方面的报道数量进行对比,同时还总结了19世纪末至20世纪20年代美国涉华报道的变化趋势。

除了对新闻进行量化内容分析外,孙本文还以排华条约、义和团运动、辛亥革命、华盛顿会议几个典型事件为例,用类似今天文本解读的方法,分析了美国主流报刊对华言论的分布与框架(有今天框架分析的雏形,当然,他没有用这个概念)。他的总体结论是,美国媒体关于中国的报道和言论,都是从美国自身的利益出发,而不是简单的有闻必录。

尽管现在看起来,这个研究在方法和理论上都显得很原始,结论也平淡无奇,甚至作为今天的硕士论文都不一定能顺利通过,但是如果考虑到它写作的时间(1925年),就不能不对其刮目相看。其实直到今天,中国大部分所谓国家形象和外国对华报道分析的研究,基本思路还停留在这个层次。对中国传播研究来说意义重大的是,它意味着

---

① Pen Wen Baldwin Sun, "China in American Press, A Study of the Basis and Trend of American Public Opinion toward China as Revealed in the Press," Unpublished Ph. D. Dissertation, New York: New York University, 1925. 关于这篇论文的讨论详见本书第六章。

② 同上,第64页。

中国社会学学者在20世纪初期也曾对传播问题抱有浓厚的兴趣,并且愿意将其作为博士论文的题目。① 如果我们仍然固守着施拉姆的"传播学"的学科框架不放,便会忽视类似的重要思潮与证据,抽掉中国传播研究的历史语境和传统。

新闻学传统的传播研究

美国的传播研究最早兴起于政治学、社会学和社会心理学领域,中国的新闻学界最初对这部分知识缺乏应有的关注。而1978年之后,中国新闻学界对于美国传播学的兴趣与热情显然超过了中国的社会学界。这种前后冷热迥异的态度值得注意,这一问题留待后面再详细讨论。

尽管20世纪早期中国的新闻学界对学术性较强的传播基础理论研究缺乏关注,但这并不意味着他们与传播研究就完全绝缘。与新闻有密切关系的宣传研究及公共关系研究也引起了新闻学界的注意。他们从另一条路径也接受了西方(主要是美国)传播研究的部分成果。

1932年曾留学日本、后任职朝鲜领事馆的季达出版了《宣传学与新闻记者》一书。② 他从外交实践出发,论述了宣传在国际政治和国际关系中的重要作用。该书在宣传学部分介绍了西方20世纪初期关于宣传研究的主要成果,并且对于1927年才出版《世界大战中的宣传技巧》的拉司维尔(现译为"拉斯维尔")并不陌生。这些积累在50年代后完全中断,1978年后新闻研究界才知道这本书,直到2003年才有中译本。

燕京大学新闻学系系主任(1934—1937)梁士纯1934年在燕京大学开设"实用宣传学"课程。他可能是最早在中国大学开设宣传及公关方面课程的学者。③ 梁士纯认为,宣传"就是要把一种消息或意见陈

---

① 当然,孙本文是将新闻媒体与公众意见看成文化现象加以研究的,所以新闻或传播并不是他真正关注的对象。但如果以今人的眼光来看,会毫不犹豫地将其划入传播研究。
② 季达:《宣传学与新闻记者》,广州:国立暨南大学文化事业部,1932年。
③ 王晓乐:《民国时期公共关系教育创建始末——中国近代公共关系教育若干史料的最新发现》,《新闻与传播研究》2010年第6期。

布于公众之前,藉以左右他们的主张或行动的一种力量"①。他所说的宣传概念接近于英文中的 publicity。他不仅认为宣传是一种中性的手段,并无善恶之分,而且提出宣传必须要以事实作为基础。梁士纯所说的宣传概念大致等于现在所说的公共关系,它赋予了这种宣传以积极的意义,认为这是社会现代化的表现,并能促成社会进步。②

从全书的结构和核心理念看,梁士纯的宣传观念受爱德华·伯内斯的影响很大。伯内斯是美国公共关系理论的奠基人,早期曾使用过"宣传"来指称后来的"公共关系",并出版了《宣传》一书。③ 一战后宣传概念具有了负面色彩,专业的公关从业者已经倾向于不用这个概念指称该行业。但是在中国,为了动员全民抗日,"宣传"一词反而成为流行词汇,并具有了正面的感情色彩。④

梁士纯相信在战争时期,宣传会发挥巨大的团结作用。他认为战争时期"统制"舆论有两个途径:(1) 检查——消极的;(2) 宣传——积极的。这两者之中,"统制或操纵舆论最有力量的工具还是宣传"。舆论(公众意见)是宣传的关键概念之一。梁士纯对李普曼并不陌生,他对舆论的定义便沿用了李普曼的定义,认为舆论就是由大众的刻板印象形成的。受到精英主义视角的影响,他在讨论舆论时经常使用"统制""操纵"等词。

断裂中的连续

以上列举的史料尽管挂一漏万,但我们还是可以得到两个印象:(1) 1978 年前,甚至 1949 年以前,中国就已经引入了西方的传播观念,只不过没有用当代的"传播"二字,而使用了"交通"一词。(2) 20 世纪初的中国学者不仅熟悉西方(主要是美国)刚出现的传播研究成果,而且自己也朦朦胧胧地开始了传播研究。只不过由于种种原因,

---

① 梁士纯:《实用宣传学》,上海:商务印书馆 1936 年版,第 2 页。
② 同上书,第 5 页。
③ 见 Edward L. Bernays, *Propaganda*, New York: Horace Liveright, 1928;另见本书第四章的专题研究。
④ 见刘海龙:《宣传:观念、话语及其正当化》,北京:中国大百科全书出版社 2013 年版。

这个传统后来中断了。

这引出了两个相互联系的问题:(1) 为什么20世纪初的传播观念和传播研究在50年代后会发生断裂?(2) 为什么20世纪初的中国传播研究历程会从新闻传播研究者的集体记忆中消失?

第一个问题让人想起美国传播学者埃利休·卡茨前几年提出的一个类似的问题:"为什么美国的社会学会抛弃传播研究?"[①]无独有偶,在中国早期的传播研究中,社会学也充当了实验田的角色,但真正让传播学开花结果的,却是新闻学。至少从表面上看,这一过程与美国的传播学的发展轨迹惊人地相似。当然,卡茨的问题与回答均基于美国的语境,他在自问自答中极力为哥伦比亚学派辩护,反指责社会学家缺乏耐心、贸然离去。[②]

如果在中国提出卡茨之问,答案可能完全不同。中国社会学家之所以会离开传播研究领域,首先反映了美国传播研究范式的转变。无论是中国近代的社会学,还是"文化大革命"之后的传播学,都是舶来品。20世纪初期对中国社会学影响较大的芝加哥学派,当时在美国社会学界也如日中天。自然,芝加哥学派对传播问题的强调也随着当时流行的社会学思潮传入中国。因此,在20世纪初期,中国的社会学者成为中国传播研究的主力军。

但是随着美国传播研究范式的转变,哥伦比亚学派逐渐取代了芝加哥学派的统治地位。个中原因十分复杂,多个因素共同导致了这一结果。比如有限效果理论的提出导致社会学家对传播的功能失去兴趣,研究基金的兴趣转向工具性的题目,以民意调查、市场调查为代表的注重短期效果的应用性研究取代了纯学术研究,新闻学科接管传播研究后将其学科化与体制化,排除了其他学科的介入等。这些原因在前面提到的卡茨和普里的文章中均有讨论,不再赘述。这些解释是否

---

① Elihu Katz, "Why Sociology Abandoned Communication," *The American Sociologist*, 40 (3), 2009, pp. 167—174.

② 这一观点并未得到所有人认同,比如普里后来在一篇与卡茨合作的论文里[Jefferson Pooley and Elihu Katz, "Further Notes on Why American Sociology Abandoned Mass Communication Research," *Journal of Communication*, 58(4), 2008, pp. 767—786],便从学科体制出发对此提出了不同的解释。

充分,另当别论。但是至少从表面上看,在20世纪四五十年代,对中国传播研究影响最大的美国主流传播研究确实经历了由芝加哥学派转向哥伦比亚学派的范式革命。由施拉姆重新包装的"传播科学"便是新范式的胜利宣言。

因此等到中国学界结束了政治运动之后重拾传播问题时,面对的已经是改头换面的传播研究。正如凯里所观察到的那样,新兴的传播学把新闻院系作为垦殖的主要目标。① 施拉姆来中国推销他的传播学时,便主要在新闻系活动,不再关注社会学领域。因此传播学在中国的登陆点由社会学改为新闻学,也反映了美国传播研究学术场域的重大转型。

社会学离开传播研究的第二个原因与中国社会学自身的命运多舛有关。早期的社会学研究直接受到西方影响,比如教会学校由于仿效美国办学模式,人员交流频繁,在理论资源方面几乎可以做到与世界同步。但是在20世纪50年代的学科调整和院系改革过程中,苏联高等教育模式一统天下,社会学被批判为倡导孔德的改良主义,与革命的马克思主义水火不容,并遭到取缔。② 覆巢之下,焉有完卵? 社会学被腰斩导致这一传统下的传播研究被迫中断。80年代社会学恢复后,补课和现代化建设成为主流,社会学领域的传播研究被边缘化。再加之新闻学的介入,中国的社会学者遂与传播研究渐行渐远。由于今天传播技术对社会的深远影响,这一相互隔绝的状况虽然有所改善,但社会学与传播学之间的学科藩篱仍未被打破,传播问题在社会学中的地位并未恢复到20世纪初期的状态。

第三个原因恐怕与20世纪大部分时间里中国传播产业不发达有关。传播技术对于芝加哥及美国其他地区城市化与现代化的影响促进了美国芝加哥学派对传播问题的关注。这些学者们观察到了铁路和蒸汽船、蒸汽火车对芝加哥城市极速扩张的影响,也经历了大量移民导致的文化冲突、传播不畅、社会整合滞后,以及随之而来的各类城

---

① James W. Carey, "Some Personal Notes on US Journalism Education," *Journalism*, 1(1), 2000, pp.12—23.

② 阎明:《中国社会学史:一门学科与一个时代》,北京:清华大学出版社2010年版,第294—301页,第330—336页。

市问题。因此,广义的传播(既包括交通运输,也包括思想的交流)理所当然地成为他们研究社会时的中心问题。① 哥伦比亚学派对传播问题的关注则源于商业传媒产业(主要是广播)的高速增长和民意调查产业的兴起,这些行业催生了工具理性研究的增长,基金会和商业资助对研究课题的左右加剧了这一趋势。② 作为一个与现实结合得十分紧密的学科,美国传播研究的两个传统都受到社会环境的直接影响。相比之下,中国的传播产业一直不甚发达,社会动荡和经济落后使得传播技术的影响局限于少数沿海大城市。到了20世纪80年代情况虽然有所改观,但宣传的需求超过了商业需求,再加之国家对媒体的绝对垄断,强调媒介的政治工具属性,传播学术研究的动力依然不足。20世纪初期社会学关注的重点主要还是城市底层问题、农村问题和社会现代化的问题。和社会学关注的其他对象相比,传播问题便显得次要得多。社会学在80年代恢复以后,短期内情况依然如此。传播问题便被"发现"传播学的新闻学划入势力范围,断裂由此加剧。

新闻学领域发生的断裂则主要缘自政治原因。因为强调新闻研究的意识形态属性,"非马克思主义"学说均受到批判。少数对新兴的传播研究有兴趣的学者只能被迫进行私人阅读和思考,无法公开交流。

然而传统之所以成为传统,正在于它具有顽强的延续性。外在的、人为的断裂与库恩所提出的范式革命或福柯所描述的那种自然发生的知识型的转换不同,它表面上切断了与传统的联系,但是并不能阻止政治大潮下的暗流涌动。那些之前因为机缘巧合受过西方社会科学影响的中国学者在相当长的"断裂期"中依然顽强地保持着对西方学术发展潮流的兴趣与敏感。一旦条件允许,传统又会复活。比如中国早期从事传播研究的张隆栋曾在燕京大学新闻学系任教——在前面提到的社会学传统与新闻学传统中,燕京大学均扮演着

---

① Sheldon Lary Belman, "The Idea of Communication in the Social Thought of the Chicago School," Unpublished Ph. D. Dissertation, University of Illinois at Urbana-Champaign, 1975, pp. 42—50.

② 〔美〕大卫·E. 莫里森:《寻找方法:焦点小组和大众传播研究的发展》,柯惠新、王宁译,北京:新华出版社2004年版;胡翼青:《传播学科的奠定:1922—1949》,北京:中国大百科全书出版社2012年版。

重要角色①；郑北渭有美国的留学经历，早在留学期间便对施拉姆和传播研究有所了解②。在社会学界，传播研究的传统也未完全湮没。20世纪80年代人民大学社会学系的社会心理学教授沙莲香便在《社会心理学》一书中的"集合心理"一章对传播、舆论问题专门做了讨论，而这正是当年帕克关注的问题。90年代沙莲香出版了《传播学——以人为主体的图像世界之谜》一书。沙莲香当时并不属于以新闻学者为主要成员的传播学研究共同体的核心成员，完全是以社会学和社会心理学的传统进行独立探索。③

如果没有20世纪初中国对传播学的引介与研究作为背景，便无法理解50年代为何要将"传播"翻译成"交通"，郑北渭、张隆栋、沙莲香等人为何会在七八十年代开始传播研究，对中国传播研究史的书写便容易堕入"英雄人物"的套路，仿佛一夜之间，这些学者顿悟了，开始大谈西方的传播学。这种"创世纪"式的叙事除了归因于传播学界的行为主体缺乏反思外，还与学科的体制化有必然联系。要破除这些束缚，需要对新闻传播研究者的集体记忆本身进行重构。

重 构 记 忆

如果说对于中国的社会学而言，远离20世纪初的传播研究意味着传统的断裂；那么对中国的新闻学和传播学来说，则是对历史的集体遗忘。我们引进了"传播"，却遗忘了"交通"；我们反复书写施拉姆访

---

① 张隆栋1940年毕业于燕京大学政治学系，1948—1952年在燕京大学新闻系任讲师，1948年9月至1949年8月兼任代理主任。从1982年张隆栋发表的介绍传播学的长文《美国大众传播学概述》（上、中、下）所附参考文献数量来看，显然对这个问题有长时间的关注与积累。而且许多学生回忆他曾在课堂上偷偷讲过西方的传播研究（讲这些内容时专门告诫学生停止录音）。

② 姜飞：《中国传播研究的三次浪潮——纪念施拉姆访华30周年暨后施拉姆时代中国的传播研究》，《新闻与传播研究》2012年第4期。

③ 沙莲香曾留学日本，但是日本的理论体系受美国影响很大，所用的概念及方法均与美国无异。同时，沙莲香也并不是与新闻学界的传播研究者毫无关系，比如1988年首都高校学生自发成立的"青年传播学研读小组"的顾问名单中，便有沙莲香的名字（见阎欣：《青年传播学研讨小组在京成立》，《国际新闻界》1988年第2期）。但是在中国传播学发展的许多重要事件中，沙莲香却始终缺席，所以只能算边缘成员。

华的盛事,却对杜威、帕克等人的讲学视而不见——尽管后两位社会学大师的学术地位远远高于前者;我们记得50年代翻译的"群众思想交通"、70年代末翻译的"公众传播"等只言片语,却忘记了20世纪初中国社会学家对帕克、库利、李普曼、拉斯维尔、伯内斯曾经做过系统的介绍与研究;我们在80年代自以为发现了学术的新大陆,却忽略了中国传播研究在20世纪初就曾在此有过短暂的拓殖。

重拾中国传播研究的早期经验,不是追赶目前对"民国范儿"的怀旧潮流。诚然,怀旧之中并非没有合理的因素。怀旧的出发点是对现实的不满,它虽然看似在时间维度上面向过去,本质上却是面向未来的乌托邦。但是本章并不打算单纯提供仅供瞻仰的"辉煌过去",因为民国时期的传播研究并不见得达到过很高的水准。然而这些经验的复活却会帮助我们反思当下传播学的学科体制问题,应对追求理论本土化等内心的焦虑。反思和重新解释历史往往是突破学科发展瓶颈和避免内卷化的必经之路。

对1978年以前的,乃至1949年以前的中国传播研究的遗忘是道格拉斯所说的"社会唆使下的遗忘症"的典型。[①] 在这里,社会体制通过人员结构、学科建制、时间意识形态等形成特定的遗忘技术,在建构传播研究从1978年起步的集体记忆的同时,无形之中屏蔽和遗忘了1949年前的学术传统。这反映了中国传播研究固有的一些体制困境。

20世纪初的传播研究之所以被新闻传播学界集体遗忘,最容易让人想到的解释是人员的变动。20世纪初从事传播研究的是社会学家,而80年代后从事传播研究的主要是新闻学者,后者并不清楚前者的贡献。但是如果考虑到郑北渭、张隆栋等人对之前传统的延续,这个研究人员变动的解释就不太令人满意了。其实,更重要的原因是传播研究者的结构出现了质的变化。传播学是外来学科,20世纪初的传播研究主要在社会学者和教会学校的新闻系开展,这两者都与西方学界有密切的联系,所以才会出现上文提到的几乎同步了解西方传播研究的状况。而1949年后大学的新闻系教员以共产党培养的干部为主体,被接收的民国时期的新闻学者并不受到重用,且在政治运动中处于危险

[①] Mary Douglas, *How Institutions Think*, London: Routledge & Kegan Paul, 1986.

境地。和当时其他学科的知识分子一样,他们的知识体系被批判为资本主义的,必须接受思想改造和不断学习,不敢乱说乱动。

成为新闻教育和研究主体的共产党干部,大多比较年轻,很早便从事共产党的新闻实践工作,有丰富的经验,但并未在民国时期的高校真正系统学习和研究过新闻和社会学,对西方学术的了解多限于在批判资产阶级学说中了解的只言片语。这导致他们对20世纪初期中国的传播研究非常陌生。比如为中央政府提供决策咨询的社会科学院虽然在新闻研究和传播研究中都走在国内前列,但是当1978年日本东京大学新闻研究所内川芳美教授来访时,"不到一小时的讲演,现在看起来内容极为浅显的平常[①],可是当时竟有一半译不过来。然而,他写在黑板上的'Mass Communication'这个概念已足以使新一年轮的新闻学研究者激动起来,他们第一次知道了世界上除了我们那套几十年一贯制的新闻学理论外,还有另外的天地"[②]。

集体记忆必须借助交流、分享方能存在,甚至个人的记忆也须依赖必要的社会互动才能保存。[③] 思想禁锢造成的对中国学术研究传统和西方学术研究现状的无知,导致中国传播研究者对20世纪初的中国传播研究集体失忆。从个人角度来看,这种对历史的无知是无心之失;然而从体制的角度来看,这一失忆则是刻意为之,因为民国时期的学术研究和西方的研究恰好被认为是封建主义的或资本主义的。记忆清洗造成的直接后果是研究资源的浪费。早在民国时期便为中国学界所熟悉的人和理论,又要新一辈人花时间当作新知识重新引进和学习。当时人员频繁互访形成的掌握知识的鲜活感到今天才勉强重新恢复,在此之前只能依靠数量和质量都有限的中译本进行想象,鲁

---

① 可以参考内川芳美在复旦大学的讲演稿,见〔日〕内川芳美:《日本公众传播研究的历史和现状——1978年10月21日在复旦大学新闻系的讲话》,复旦大学:《外国新闻事业资料》1979年第1期。
② 陈力丹:《新闻学:从传统意识到现代意识》,中国社会科学院新闻研究所编:《新闻学研究10年:1978—1988》,北京:人民出版社1989年版,第25页。
③ 〔法〕莫里斯·哈布瓦赫:《论集体记忆》,毕然、郭金华译,上海:上海世纪出版集团2002年版。

鱼亥豕,其中的误读自然随处可见。①

遗忘的第二个原因与学科建制有关。20世纪初社会学和新闻学引入传播研究时,其视域和语境与80年代新闻学引进传播研究时有明显的差别。20世纪初美国的传播学科建制尚未完成,传播研究是一个正在酝酿之中的模糊地带。施拉姆曾把传播研究比作"十字路口",而那个时候,连这些路是否交叉还未有定论。未被对象化的模糊体验必然导致知识的碎片化。因此尽管那时有了现在意义上的传播研究,但却因为未被命名而无法形成有效的言说,这些经验无法从历史和记忆中被召唤出来与我们对话。

当80年代中国重新引入传播学时,以施拉姆为代表的新闻学科已经成功地将传播研究学科化、体制化。学术组织、教材、课程、学位培养计划和就业方向等已经完备且得到承认。1982年施拉姆的来访,与其说给中国带来了传播研究,不如说给中国带来了传播研究的学科观念。他在中国的演讲反复强调传播学的四大奠基人,把传播学说成是新闻学发展的新阶段,努力证明传播学科的正当性。② 听过施拉姆演讲的学者印象深刻地记得他讲过传播学未来将会统一社会学、政治学、心理学等学科,成为社会科学皇冠上的宝石。③ 但是,目前中外传播学科史的研究者都对施拉姆所建构的这个狭隘的"传播科学"颇有微词。它将凡是不符合管理研究取向的量化研究都排除在传播学主流之外,比如芝加哥学派、批判学派等。但是这一版本的传播学却成为80年代中国新闻学者理解传播学的主要参照系。从这个框架来看中国早期的传播引进与研究,先入为主地去搜索"传播"而忽略"交通",自然会对这段历史视而不见。仿佛中国的传播研究是从引进施拉姆版本的传播学开始,而且只有新闻学者们参与了这个发现与引介的工作。对研究主体与研究对象缺乏反思,导致中国传播研究的历史

---

① 刘海龙:《被经验的中介和被中介的经验——从传播理论教材的译介看传播学在中国》,《国际新闻界》2006年第5期;刘海龙:《"传播学"引进中的"失踪者":从1978年—1989年批判学派的引介看中国早期的传播学观念》,《新闻与传播研究》2007年第4期。
② 〔美〕威尔伯·施拉姆:《美国"大众传播学"的四个奠基人》,王泰玄记录,《国际新闻界》1982年第2期。
③ 徐耀魁:《施拉姆对中国传播学研究的影响》,《新闻与传播研究》2012年第4期。

被压缩成了一个单维度的线性过程,失去了那种丰富的多义性与可能性。

遗忘的第三个原因与当代历史书写中的时间意识有关。在官方政治史的书写中,1978年被建构成为一个断裂和新的开始,它意味着执政党有能力纠正自己的错误,并重新向世界开放。作为1978年的参照,1949年就被缺席建构为与西方隔绝的开始。传播学术史的书写者常常忽略了学术研究的逻辑与绵延性,接受了政治史分期的影响。这一书写有意或无意地建构了一个封闭的系统,以1949年为参照,将1978年不仅作为中国政治的转折点,也将其设定为中国传播研究的起点,将之前的历史排除在外。

对这段被遗忘的历史的考古,也可以让我们对新闻传播学界流行的辉格史观的学科发展进化论叙事有所警惕和反思。[①] 学科的发展未必都是向前线性发展的,甚至还会有倒退。80年代传播学刚进入中国时,新闻学、社会学和国际关系学同时对它产生了兴趣。最后新闻学取得了对传播学的专有权。如果在成王败寇的主流历史书写之外,同时将目光投向那些可能被遗忘的片段,我们不禁要提出这样的假设:如果没有发生本章所描述的断裂,社会学、社会心理学和新闻学一起依然参与中国的传播研究,今天会是怎样的情形,是否会给这个学科带来更多的可能性?

通过回顾历史,我们似乎看到了一些希望。如果不是外部条件的干预,中国的传播研究可能会沿着一条不同于今天的道路走下去。这会为我们批判地看待今天的传播研究现状提供新的想象维度。比如,讨论20世纪初期传播研究如何实现多学科参与、思考当年对传播学的本土化的努力、重启对中国传统文化中的传播观念的思考、反思中国传播学的学科建制问题等。也许,这段历史会以新的方式参与未来的中国传播研究。

---

① 〔英〕赫伯特·巴特菲尔德:《历史的辉格解释》,张岳明、刘北成译,北京:商务印书馆2012年版。

第六章　孙本文与 20 世纪初的
中国传播研究*

目前中国传播学界普遍认为中国的传播研究开始于 1978 年。①这个论断基于两个隐含的前提：一是新闻学界引进并开展的传播研究才是真正意义上的传播研究；二是在施拉姆"创立"传播学之后才有真正的传播研究。这两个可疑的前提将新闻学界以外开展的传播研究以及被施拉姆所钦定的"传播科学"(science of communication)以外的传播研究排除在外，使研究者忽视了本可被列为中国传播研究的那些成果，继而对中国传播研究的历史采取简单的线性描述。

在这些被排除在外的成果中，最具代表性的是社会学家孙本文于 1925 年完成的博士论文《美国媒体上的中国：美国媒体对华公众意见的基础及趋势研究》("China in American Press, A Study of the Basis and Trend of American Public Opinion toward China as Revealed in the Press")。② 国内传播学界最早提到这篇论文的是张国良③，但系转引

---

*　我的硕士研究生李晓荣(2012 级)参与了本章的写作，做了大量基础性工作，特此致谢。
①　见第五章。
②　Pen Wen Baldwin Sun, "China in American Press, A Study of the Basis and Trend of American Public Opinion toward China as Revealed in the Press," Unpublished Ph. D. Dissertation, New York: New York University, 1925.
③　张国良：《中国传播学的兴起、发展与趋势》，《理论月刊》2005 年第 11 期。

自阎明的《一门学科与一个时代:中国社会学史》①,并未对其作深入讨论。拜网络技术之赐,目前可以通过 ProQuest 的学位论文数据库,看到这篇论文的全文。

这篇一直被忽视的文章除了令人眼前一亮外,又因其不符合主流传播史叙事,进而引出更多现有传播学术史框架无法解释的新问题。本章试图回答以下四个问题:(1) 为什么它应该算作传播研究?(2) 孙本文为什么会在 20 世纪初就对传播问题感兴趣,他的研究目的是什么?(3) 为什么孙本文后来放弃了继续做类似的传播研究?(4) 这篇文章对于中国的传播研究有何意义?

为什么是传播研究?

《美国媒体上的中国:美国媒体对华公众意见的基础及趋势研究》要研究的问题从题目上便一目了然:(1) 美国人从媒体上所了解的中国是什么样子(公众意见的基础);(2) 美国人通过媒体表达了对中国的什么看法(公众意见的趋势)。概言之,就是美国媒体涉华报道呈现的信息/知识(information/knowledge)和意见(opinion)。

在信息部分,该文运用了内容分析的方法,研究了美国媒体涉华报道的主题分布,并且横向比较了美国媒体对华报道、对美国本土报道、对其他国家报道三者间主题的差异(中国的国际地位),同时纵向比较了美国不同时期对华报道的侧重点和主题的变化。

论文发现,不同报刊对中国问题的关注程度和侧重点差异较大。但总体上政治新闻最多,文化新闻其次,经济新闻再次。② 政治新闻在总数中超过 70%,其中约 50% 是对外关系,对美关系超过 20%,对日关系约 19%;中国国内新闻占总数的 20%,其中约 14% 是内战和叛乱

---

① 阎明:《一门学科与一个时代:中国社会学史》,北京:清华大学出版社 2004 年版。
② 这个数据来自于对两份日报[1913—1922 年的《纽约时报》(*The New York Times*)和 1897—1906 年的《纽约论坛报》(*The New-York Tribune*)]、三份周刊[1901—1910 年的《展望》(*Outlook*)、1901—1910 年的《文学文摘》(*Literacy Digest*)、1901—1910 的《国家》(*Nation*)]、四份月刊[1913—1922 年的《亚洲》(*Asia*),1901—1910 年、1913—1922 年的《评论之评论》(*Review of Review*),1901—1910 年、1913—1922 年的《亚特兰大月刊》(*Atlantic Monthly*),1901—1910 年、1913—1922 年的《北美评论》(*North American Review*)]的内容分析。

新闻。文化新闻多为美国传教和教育援助新闻。财经新闻中绝大部分是外债新闻。对华报道的主题分布与美国媒体对本土新闻的报道差异巨大,后者的文化议题多于政治议题。纵向看,1900年是转折点,之前少有中国新闻,由于义和团运动的影响,其后中国报道显著增加,且多与美国利益有关。从横向看,美国媒体的国际新闻总体上数量很少,在报道数量位居前七的国家(英、法、德、意、俄、中、日)中,中国总体上排在第6位,仅高于日本。

在观点部分,论文分析了美国媒体关于排华条约、义和团运动、辛亥革命、华盛顿会议四个问题的言论,发现尽管在每个问题上都有对立的两方面意见,但总体持同情、支持中国的态度。美国舆论背后的动机都是国家利益。

总结起来,美国媒体中呈现出这样的中国形象:对外关系矛盾重重,国内政治混乱,需要大量美国的教育和宗教支援,永需借债,最好的市场,落后于欧洲。由此美国人民可以推断:中国积弱,不能得到所需;中国需要美国援助,不会损害与美国的友好关系。

孙本文在美国专攻社会学。20世纪20年代传播学还尚未从社会学中独立出来,包括社会学芝加哥学派的杜威、库利、帕克等几位大师,也都曾将传播作为自己的关注对象。孙本文的论文研究了媒体与公众态度的关系,这是政治传播研究的核心问题。同时这篇论文又使用了传播研究中发展起来的内容分析法研究了大众媒体的内容。如果以目前的学科划分,孙本文的这篇论文更像是地道的传播学研究。

从研究目的来看,它试图从信息环境建构的角度理解和预测中美关系的走向,又与国际关系研究有关系。尽管论文整体上做到了专业化的客观中立,但作者在行文中仍透露出一定的民族主义情感,在未论证的情况下,便认为美国对中国的报道并不全面、公正。同时他也希望这个研究能帮助中国的执政者理解美国的对华政策。然而在理论框架上,该文主要使用了李普曼等提出的媒体与公众意见关系的理论,基本未涉及国际关系的概念和理论框架,因此只能算旁涉国际关系,不能算是一篇严格意义上的国际关系方面的论文。

以今天的眼光看,孙本文将国际新闻、公众意见和国际关系联系在一起,对外国媒体上的中国形象和对华态度进行描述,俨然是现下十分热门的中国国家形象研究的路数。这篇论文可当之无愧地被称为中国这类研究的滥觞。文中详细区分了涉华报道的类型,勾勒了中国的国家形象,对比了美国媒体上对欧亚主要国家的报道数量,并视其为国家地位的体现。在观点部分,他的分析程序包括确定报刊的党派属性,分析观点背后的动机。最后他得出结论:美国媒体对华言论的出发点都是美国国家利益。

尽管今天大部分从事中国国家形象研究的人可能并不知道这篇论文,但形形色色的国家形象和外国对华报道研究,绝大部分仍停留在该文的框架里:通过对西方媒体报道的文本的内容分析和文本解读,得出西方媒体扭曲中国形象的批判性结论。且不说这种研究路径带有媒介中心主义的色彩①,就和孙本文的这篇近一个世纪前的文章相比较,也能看出理论的粗糙和学术创新能力的不足。当然,这也从另一个角度说明了孙本文这一研究的超前性。

为什么是孙本文?

20世纪20年代,美国的传播研究尚处于襁褓之中。芝加哥学派的社会学家已经开始了对传播哲学和传播社会学的初步探索。1922年李普曼的《公众意见》和帕克的《移民报刊及其控制》问世,1925年李普曼的《幻影公众》出版,拉斯维尔的《世界大战中的宣传技巧》1927年出版,佩恩基金赞助的电影对儿童影响的研究到1929年才正式启动。②

尽管对于报纸内容的定量研究早在19世纪末便已开始③,然而在当时来看,孙本文这篇1925年完成的对美国媒体对华报道的研究,也是比较前沿的。这就使得我们自然而然地提出一个问题:为什么是孙本文?

孙本文是中国社会学的奠基人之一。1892年他出生于江苏省吴江县的一个教书世家,先后在旧式私塾和新式学校接受教育。1913年考入北京大学文科哲学门(文学院哲学系),1920年考取江苏公费留美

---

① 王祎:《对国家形象研究的反思》,《国际新闻界》2011年第1期。
② 〔美〕希伦·A.洛厄里、梅尔文·L.德弗勒:《大众传播效果研究的里程碑》,刘海龙等译,北京:中国人民大学出版社2004年版。
③ 彭增军:《媒介内容分析法》,北京:中国人民大学出版社2012年版,第5—6页。

生,翌年4月赴美,先后在伊利诺伊大学、哥伦比亚大学、纽约大学和芝加哥大学攻读社会学。他于1926年回国,在上海的大学教授社会学。1929年,孙本文赴南京担任中央大学社会学系系主任和教授,曾于1930—1932年担任民国政府教育部高教司司长。1953年院系调整中社会学专业被取消,孙本文从此离开社会学领域,先后在南京大学地理系、政治系、哲学系任教,1979年病逝于南京。①

孙本文的主要贡献在于积极向中国引介社会学。他在《东方杂志》《时事新报》等报刊上介绍社会学理论和流派,编写《社会学原理》等教材,发起创建东南社会学会(中国社会学社前身)和期刊,推动中国社会学的学科建设。周晓虹认为其"充当了中国社会学建设者和评论者的双重角色,最早尝试用社会学理论来推动苦难中国的社会建设,并致力于创建一种中国化的社会学理论体系"②。他所代表的综合学派成为民国时期学院社会学的主流。他所编写的《社会学原理》从1935年出版到1949年,重版11次,并被作为国民党教育部规定的"部定大学用书"③,甚至到了60年代台湾还将其作为大学的社会学教材④。孙本文勤于著述,成果颇丰。2012年,社会科学文献出版社出版了南京大学社会学院整理的十卷本《孙本文文集》,但是遗憾的是本章所讨论的这篇英文论文并未被收入。

孙本文的这篇论文长期以来一直是传播学者的盲点,很大一个原因是它有违主流中国传播学史的"常识"。一个在20世纪初期从事社会学研究的学者为什么会选择研究媒体与公众意见作为博士论文?更令人困惑的是,孙本文后来几乎没有提及过这个研究,并且在其后的著述中也没有写过类似的题目。以学术为业的人都了解博士论文在学者的学术生命中意味着什么,而像孙本文这样对待自己的博士论文,确实令人费解。

然而将其放到孙本文社会学思想变迁的轨迹之中,便会觉得这一

---

① 孙世光:《开拓与集成——社会学家孙本文》,南京:南京大学出版社2001年版。
② 周晓虹:《孙本文与20世纪上半叶的中国社会学》,《社会学研究》2012年第3期。
③ 庄福龄:《不能忽视"社会学原理"在政治上的反动影响——对孙本文自我批判的批判》,《哲学研究》1958年第6期。
④ 李金铨教授曾提到他们60年代在台湾上大学时还在使用孙本文的这本教材。

现象既在意料之外,亦在情理之中。不止一位学者注意到,孙本文的社会学思想曾经历过两次重大转向:首先由心理学派转到文化学派,其后又由文化学派转到综合学派。① 这两次转向使得他的理论观点明显存在前后断裂的现象。

孙本文早年受社会学心理学派影响颇深。② 他在北大哲学系学习时,选修了曾留学日本的康宝忠教授首次开设的社会学课程。康宝忠及其课程对他由哲学转向社会学的职业选择产生了极大的影响。康宝忠非常推崇美国社会学家富兰克林·吉丁斯(Franklin Henry Giddings,旧译"季亭史")的学说,孙本文也有同样的倾向。1922年他在伊利诺依大学取得社会学硕士学位后,如愿以偿进入哥伦比亚大学社会学系,追随吉丁斯和奥格本(William F. Ogburn,旧译"乌格朋")攻读博士。两年后,为节省开支,孙本文从哥伦比亚大学转至纽约大学,师从美国早期社会学中心理学派的另一代表性人物莱斯特·沃德的追随者彭德尔(R. M. Binder)。从孙本文早年的求学经历看,对他的学术思想起关键作用的学者大多是社会学的心理主义者。因此,他的博士论文中表现出这种学说的影响便不足为奇了。

所谓社会学中的心理主义(psychologism),是美国社会学发展初期颇为流行的一种观点,认为"一切真正的社会事实就其本质而言,都是心理事实"③。以托马斯为代表的社会学家用社会态度这一心理因素来解释社会现象及问题。所谓态度就是个人人格中关于某种行为的趋势。孙本文说:"行为的发动,在人格方面观察,有一种行为的趋势。此种行为的趋势,是人格特质可能性实现的动机,可以断定个人的行为。……一切社会行为,其始都发源于态度:态度的交互刺激与反应,产生社会上种种行为。故态度为社会行为的基础。"④ 社会态度的形成

---

① 谢立中:《心理学派、文化学派,还是综合学派?——孙本文社会学取向刍议》,《黑龙江社会科学》2013年第2期;周晓虹:《孙本文与20世纪上半叶的中国社会学》,《社会学研究》2012年第3期。

② 周晓虹:《孙本文与20世纪上半叶的中国社会学》,《社会学研究》2012年第3期。

③ Franklin Henry Giddings, *The Principles of Sociology: An Analysis of the Phenomena of Association and of Social Organization*, New York: The Macmillan Company, 1896, p.3.

④ 孙本文:《社会学原理》,《孙本文文集》第1卷,北京:社会科学文献出版社2012/1935年版,第174—175页。

不是一个先天的或者社会现实的简单投射，它源于后天环境，尤其是群体的影响。比如他在早期论及社会问题的形成时便认为社会问题的形成固然有其客观性的一面，但更关键的乃在于社会成员的主观认识。"社会问题之产生，其关键全在社会态度。换言之，即使社会状况如何不良，社会制度如何不适用，如其社会上多人不注意，不领会，不承认，则社会上亦自无问题。所以说：社会问题之有无，全视社会上多人态度为转移。"①

孙本文选择美国媒体对华报道与美国公众意见作为研究对象，便体现了上述思路。首先，他认为美国媒体的评论集中体现了美国精英的对华态度。这些少数人的意见会引导美国的公众意见，再通过民主程序，影响其对华政策。因此通过媒体的对华态度便可以理解和估计其对华行为的趋势。②

既然态度是主观的倾向，那么中国的实际形象并不重要，重要的是普通美国人感知到的中国国家形象。按照这个思路，孙本文并不关心美国媒体中的中国形象与中国的实际情况是否相符（虽然他有时也克制不住有所指摘），而是研究了美国媒体上关于中国的报道。他承认面对同样的信息，美国人的反应未必一致，然而鉴于意见是信息加上思考的产物，信息虽不能决定意见，但它构成了意见的基础。③ 换句话讲，媒体在很大程度上限制了美国公众对于中国的想象及态度。这非常类似于议程设置理论的观点：媒体不能决定公众怎么想（what to think），但可以决定他们想什么（what to think about）。

以社会态度为核心的社会学心理主义倾向导致孙本文选择了媒体建构与公众意见作为研究对象，力图从心理层面理解美国的对华政策。以后知之明来看，这种立场作为微观或中观理论可能具有一定的启发性，但是要解释宏观社会问题，恐怕就显得捉襟见肘。孙本文正

---

① 孙本文：《何谓社会问题》，《孙本文文集》第 8 卷，北京：社会科学文献出版社 2012/1927 年版，第 53—54 页。

② Pen Wen Baldwin Sun, "China in American Press, A Study of the Basis and Trend of American Public Opinion toward China as Revealed in the Press," Unpublished Ph. D. Dissertation, New York: New York University, 1925, pp. 66—69.

③ Ibid., p. 64.

是意识到了这一点,在20世纪30年代对中国的社会问题研究有了一定积累和反思后,逐渐转向了文化主义,以更宏观的文化因素来解释社会问题。

这种变化与其说是一种转向,不如说是孙本文原有理论的扩展和升级。他试图将更多因素纳入解释框架。首先孙本文仍然将人所特有的、非物质的因素作为其理论的中心。受奥格本的影响,他将文化分成物质文化(房屋、车辆、船舶、机器、衣服、食物等)与非物质文化(道德、政治信仰、风俗、科学、哲学等)两部分。他认为社会问题之所以出现,主要在于这两种文化之间出现了失调,常常表现为社会发展了而意识未能跟上。然而无论是援引社会态度还是文化,孙本文还是从个体或群体的意识及心理层面来理解社会变迁的。正因为如此,50年代唯物主义社会学理论一统天下时,孙本文才会因为提倡唯心主义而遭到猛烈批判。①

孙本文在将理论重心转向文化主义时,并未完全放弃心理主义,而是将其融合在了文化之中。这导致他常常在这两种不同层次的解释之间摇摆不定,有时他认为是态度失调导致了文化失调,有时又认为这二者之间会相互作用,显得缺乏一致性。②

当然,孙本文所使用的"心理"或"文化"概念都与今天社会学领域的概念有一定距离。它们都比较宏观而抽象,基本未有操作性定义,可以被任意扩大或缩小,在解释社会现象时,常常很难被证伪。

到了40年代,孙本文的思想又为之一变,开始跳出单纯的文化主义,将物质的和客观的因素也纳入理论框架。比如他在谈到共同生活时,便将环境方面、生物方面、心理方面和文化方面共同作为实现共同生活的障碍。也就是说,他既关注之前的主观心理,又加入了客观事实。他强调:"社会上多人的主观态度,可以发现社会障碍,产生社会问题。但这种(是)就主观的心理方面而言;同时,我们不可忽略客观的事实方面。因为许多社会问题,起于客观的事实的障碍,决不是我

---

① 庄福龄:《不能忽视"社会学原理"在政治上的反动影响——对孙本文自我批判的批判》,《哲学研究》1958年第6期。
② 周晓虹:《孙本文与20世纪上半叶的中国社会学》,《社会学研究》2012年第3期。

们的心理态度所能转移的。"①至此,孙本文正式将自己定义为"综合学派",意即将态度、文化、生物与客观环境均作为解释中国社会的因素。

孙本文在从心理主义到文化主义,再到综合主义的社会学思想演变中,不断加入新的解释性因素,社会态度仍然占有一席之地,但其重要性却在不断减弱。同时,回国后,孙本文的主要学术精力放在社会学教学及理论体系建构上,撰写了大量教材和普及性文章,偏重研究宏观社会问题,对专门问题的研究越来越少,单纯讨论传播问题的内容便很少出现在他的文章之中。

与此同时,媒体在美国和中国社会中所扮演的角色有所不同,也使得他心目中的传播及媒体问题的重要性有所削弱。在19世纪末20世纪初的美国,广义的传播(包括交通)在城市化与工业化中扮演着重要角色,比如芝加哥就是因为蒸汽船的发明和工业化而迅速繁荣起来的。大量农村移民和欧洲移民使城市规模迅速扩大,群体间矛盾加剧,社会整合成为当务之急。② 美国20世纪初特殊的社会环境使得传播现象受到社会广泛关注,就连芝加哥社会学派的诸位大师们也纷纷著书立说。然而反观中国,由于特殊的社会环境,媒体在学者眼中的地位则远不如贫困问题、农村问题、文化转型等其他社会问题重要。加之媒体产业本身也不够发达,孙本文的关注重点便转向了这些更显著的宏观问题。

公众意见:从社会态度到社会控制

孙本文在后来的学术研究中,没有再专门研究媒体与公众意见的关系,但是这并不意味着他不关注作为一般文化现象的公众意见。他在《社会学原理》和《社会心理学》中均提到这个问题,但是由于研究目的和理论框架的变化,讨论的重点已经和博士论文大为不同。

---

① 孙本文:《现代中国社会问题》,《孙本文文集》第6卷,北京:社会科学文献出版社2012/1943年版,第11页。

② Sheldon Lary Belman, "The Idea of Communication in the Social Thought of the Chicago School," Unpublished Ph. D. Dissertation, University of Illinois at Urbana-Champaign, 1975, pp. 42—50.

在写作《美国媒体上的中国》一文时,孙本文关注的是大众传播对公众意见的影响。在这个问题上他明显受到李普曼的影响,将公众意见视为社会态度的一种表现,认为它虽不能被大众媒体决定,但却明显受到后者的限制。

孙本文在美国期间,李普曼论新闻、公众与民主的"三部曲"——《自由与新闻》(1920年)、《公众意见》(1922年)和《幻影公众》(1925年)先后出版。前两本还被列为他博士论文的参考文献。李普曼认为大众媒体制造的"伪环境"被当成真实环境,从而限制了公众思考的范围。他将新闻比作探照灯,被照到的地方清晰可见,但光束之外则一片漆黑。①

在新闻与现实的关系上,孙本文也持同样的观点,认为新闻不能等同于现实。他发现,美国媒体的涉华报道并不非常精确。一方面,新闻发生地远离本土,媒体倾向于选择与美国利益有关的中国事务;另一方面,涉华报道是由不熟悉中国的记者完成的,且记者受到自身的利益和偏好的影响。"鉴于媒体是信息的主要来源,以上对媒体内容的分析便可以极好地描述美国人关于中国的知识,但这并不是中国真正的样子,而是美国人眼中的中国。它是美国利益加上一些新闻因素综合形成的。"②

和李普曼一样,孙本文也认为公众根本无力对事件形成独立的理性判断,公众意见其实是由少数精英决定的。"舆论通常由少数领袖发起,然后根据大多数民众倾向的变化,由其他人或发起者自己将其塑造成形。就在这种相互作用的过程中,形成了公众意见。"③大众媒体则是政治精英们影响公众意见的主要渠道。在大众传播的效果问题上,孙本文虽然承认个人对媒体的反应未必完全一致,但是"信息是观点的原材料,观点是信息加上思考的产物。由于绝大多数人依赖媒

---

① 〔美〕沃尔特·李普曼:《公众舆论》,阎克文、江红译,上海:上海人民出版社2002年版。

② Pen Wen Baldwin Sun, "China in American Press, A Study of the Basis and Trend of American Public Opinion toward China as Revealed in the Press," Unpublished Ph. D. Dissertation, New York: New York University, 1925, p. 64.

③ Ibid., p. 68.

体提供主要信息和几乎全部观点,故而很明显他们对中国的态度不可避免地建立在媒体对中国的描述之上"①。

尽管孙本文对于公众意见的基本看法并未发生过明显的变化,但是公众意见的重要性却大为减弱。如果说在孙本文早期的研究中,作为社会态度的同义词的公众意见是主角的话,那么到了他的学术成熟时期,公众意见则退居到次要地位。它既不是原因也不是结果,而成为一个中介或工具——社会控制的手段。

在《社会学原理》中,孙本文把社会控制分为无意和有意两类,舆论和谣言都属于无意的社会控制。他认为,"舆论又称公意,意即社会上多数人的意见",精英引导舆论,公众的意见分布一般是钟形弧,和缓者的意见居多,极端赞成者和反对者的意见较少;舆论的发生基于从众心理,"此种服从多数的心理,实为舆论力量发生之源泉";舆论大多是非理性的,可靠程度依赖于领导者的意见正确与否。他强调报纸对舆论的领导作用,"报纸常称为舆论机关……往往创造舆论,控制舆论"。同时他注意到这一过程受民众的教育水平影响,受过教育的人能够了解报纸的主张,报纸更能发挥作用。② 但是孙本文却忽略了由于受教育水平高的人信息来源更多,更具批判能力,导致受教育程度与媒体效果之间并不是简单的线性关系,比如研究发现政治意识过强或过弱都可能导致媒介效果有限。③

在1946年出版的《社会心理学》中,孙本文对舆论(公众意见)有更深入的讨论。④ 他系统地阐述了舆论的概念、性质、特征及作用等问题。他把不同学科关于舆论的讨论概括为四个问题:(1) 舆论是个人意见的集合还是客观存在的社会共同意见;(2) 舆论是有异同还是一致的意见;(3) 舆论理性还是非理性;(4) 舆论是全体还是少数人的意

---

① Pen Wen Baldwin Sun, "China in American Press, A Study of the Basis and Trend of American Public Opinion toward China as Revealed in the Press," Unpublished Ph. D. Dissertation, New York: New York University, 1925, p.64.
② 孙本文:《社会学原理》,《孙本文文集》第1卷,北京:社会科学文献出版社2012/1935年版,第380—387页。
③〔美〕约翰·R.扎勒:《公共舆论》,陈心想等译,北京:中国人民大学出版社2013年版。
④ 孙本文:《社会心理学》,《孙本文文集》第2卷,北京:社会科学文献出版社2012/1946年版,第215—218页。

见。对此,他回答道,"舆论亦称公众意见(public opinion)","是社会上众人对于一种有争论的重要事故所表示的有力量的共同意见"。它的特征包括:社会上一般人赞同的意见;多少含有理性的成分;非当局的意见;有效力的意见;对象必有关社会的安宁与幸福。舆论自身潜伏着问题,如人的认识有可能错误,多数意见可能压迫少数派,舆论为别有用心的领导者把持。他还明确提出了报纸的三种功能——传布消息、代表舆论和领导舆论,在不同的政治背景下发挥作用的程度不同。

孙本文后期对于公众意见的论述要比博士论文时期更深入,视野也更开阔。但是今天来看,问题也比较明显。一是过于空泛。从社会整体的视角来看待公众意见,将其视为社会控制,虽然更加深刻,但是若只停留在这一观点上而缺乏足够的论证与扎实的论据,难免沦为一种空洞的议论。若对比一下同样主张"公众意见是社会控制"的诺尔-诺依曼在沉默的螺旋理论中的论证[①],则其不足一望而知。其次,孙本文在离开美国之后,对于最新的研究进展显然关注不够。比如40年代在传播效果方面,有限效果理论已经对传统的强效果论构成挑战。大众传播可以左右民众态度的传统智慧已经被实证数据证伪。尽管对于媒介效果问题众说纷纭,但孙本文显然并不知道这些最新的研究成果,也未对它们的挑战予以回应。

社会学与中国早期传播研究

今天任何一个对传播研究稍有涉猎的人,都不难对孙本文这篇博士论文的明显疏漏提出批评,比如单向的传播观、被动的受众观、精英视角、简陋的理论框架、粗糙的研究设计等。但是一旦考虑到它特殊的写作时间和背景,对以上许多缺陷都可以给予同情和谅解,并且能进一步发现它值得欣赏的地方,比如接近议程设置的效果观、社会学背景的问题意识、独特的理论取向等。

但是对于中国传播研究而言,这篇文章的意义不仅体现在学术理

---

① 〔德〕伊丽莎白·诺尔-诺依曼:《沉默的螺旋:舆论——我们的社会皮肤》,董璐译,北京:北京大学出版社2013年版。

论上,更重要的是体现在学科史和知识社会学上。作为一个断裂或者"异常",它为我们提供了一个反思目前传播研究史的元叙事的契机。

历史的偶然性无处不在。它总是在我们以为确凿无疑可以定案的时候出示意外的证据。孙本文的博士论文就是这样一个打破了已经被"自然化"了的中国传播研究史叙事的"突发事件"。反讽的是,这个"突发事件"却发生于中国传播研究史叙事形成之前。导致这一现象的主要原因是中国传播学偏颇的历史书写框架使我们的学术视野出现盲点,忽略了中国本土传播研究的社会学传统和其他传统,而将中国传播研究仅仅视为1978年后发生在新闻学界内部的事件。这一认知盲点使得当前的传播研究者对于1978年以前,尤其是民国时期社会学、政治学领域关于传播现象的研究缺乏应有的重视,进而将中国传播研究的发展历史简化为线性发展的过程,而未意识到其中存在着断裂与倒退,导致对遮蔽着上述历史的各种人为因素缺乏必要的反思。关于上述问题,第五章已有详细论述。

重访孙本文的这篇博士论文,有助于我们打破中国传播研究的新闻学框架,去反思另外的可能性。从引进传播学以来,在中国的新闻学界就存在着一个永远不会消失的话题:传播学对新闻学有何影响?不少参与讨论的新闻学研究者均怀有一种焦虑的心态,担心新闻学在传播学的影响下丧失其传统与独立性。然而这种担忧完全是杞人忧天。中国的传播研究与其说侵入了新闻学,不如说被新闻学所同化。传播学所关注的主要是大众传播,尤其是其中与新闻相关的题目,传播学的其他子学科基本未得到充分发展。似乎在中国,传播研究只有一种发展途径。对孙本文的这篇论文的"再发现"提醒我们,其实从不同的角度和学术关怀,也可以通向传播研究。从前面的分析可以看出,他的研究尽管表面上是在分析大众媒体的内容,但其中心问题是社会态度和社会心理,而非新闻的生产或影响。或许受新闻学影响很深的传播研究者容易认为这样的传播研究不够"正宗",偏离了主题。但是它的存在却让我们意识到,还有其他可能的研究路径和问题域,这些看似"异端"的思路中同样蕴含着解决当前危机的机会。

第七章 "传播学"引进中的"失踪者"：传播批判学派与中国早期的传播学观念*

2006年10月31日,赵月枝教授在一次学术沙龙中和中国人民大学的教师提到,就在施拉姆计划访华的同时,赫伯特·席勒(Herbert Schiller)也在策划他的中国之行。① 由于种种原因,席勒最终没有成行。施拉姆的来访对中国传播学的建立产生了极大影响,在很长时间里,他所提出的传播学体系成为中国学者想象"传播学"的主要参照,而席勒及其所代表的传播批判理论则处于"缺席"状态。这段逸史无意中引出了一个有趣的话题：如果当初不是施拉姆而是席勒最先来到中国,中国的传播研究还会是今天的格局吗？

尽管历史不容许假设,但是设问可以让我们从新的角度观察20世纪80年代中国传播学界对传播学的想象,同时反思中国传播学界当初所做的选择以及这一选择对今天的影响。

---

* 本章的初稿《传播学引进中的"失踪者"：从1978—1989年批判学派的引介看中国早期的传播观念》一文在《新闻与传播研究》2007年第4期发表后,引来学界同仁讨论,比如:胡翼青：《双重学术标准的形成:对批判学派"夭折"的反思》,《国际新闻界》2008年第7期；李彬：《批判学派与中国》,《青年记者》2013年第1期。同仁们对初稿提供了许多补充和不同意见,有助于作者进一步思考这个问题,在此对这些学者表示感谢。

① 据笔者看到的资料,国内学者中张隆栋和席勒有过当面交流。见张隆栋：《大众传播学总论》,北京:中国人民大学出版社1993年版,第17页脚注。

一般来说,某种思想的缺席,可以分成两种情况:一种是由于某些特殊原因,这种思想从来没有出现过,特定的环境无法孕育该思想;另一种情况是这个思想曾经出现过,但是却中途失踪。后一种情况引出了学术史研究中的一个经典的题目:寻找思想史上的"失踪者"。失踪不是夭折。夭折是一个事件,它有明确的时间点,受到关注,人们会意识到这是一个损失或转折。而失踪则悄无声息,它缺乏明确的时间痕迹,人们甚至意识不到它的消失,因为早在其消失之前,人们已经对它失去了关注和兴趣。①

细究起来,思想的"失踪"又可以再分成两种情况:一种情况比较简单,即某个思想曾经出现过,但是由于早产,人们没有做好准备而未受到关注。第二种情况则是某种思想曾经出现在人们的视野里,也受到了关注,但是却被放到了不恰当的诠释框架中加以解读。因为误读,它的重要性被低估和无视,乃至最终被遗忘。

传播批判学派在中国传播学引介初期的"失踪"究竟是属于上述哪一种情况?是从来没有进入过人们的视野,还是被人们遗忘了?是因为早产而受到忽视还是因为误读而被低估?席勒如果到来真的能改变历史吗?要回答这些问题,还要从"传播学"在中国的引介说起。

施拉姆访华:中国传播学兴起的助燃剂

早在20世纪20年代,美国的传播学仍处在形成之中时,已有中国学者涉足传播研究领域。后来成为中国社会学奠基人的孙本文1925年在美国纽约大学所写的毕业论文题目就是《美国媒体上的中国:美国媒体对华公众意见的基础及趋势研究》。② 这篇论文采用内容分析

---

① 胡翼青在回应本章发表的初稿时将批判学派的消失解读为"夭折",而不是"失踪"(见胡翼青:《双重学术标准的形成:对批判学派"夭折"的反思》,《国际新闻界》2008年第7期)。按照本章的逻辑,笔者仍然认为"失踪"比"夭折"更恰当地描述了批判学派在中国引进传播学的初期的状况。

② Pen Wen Baldwin Sun, "China in American Press, A Study of the Basis and Trend of American Public Opinion toward China as Revealed in the Press," Unpublished Ph. D. Dissertation, New York: New York University, 1925.

方法考察了美国报纸如何塑造中国形象。①

美国社会学芝加哥学派对于传播问题的研究也随着当时的国际学术交流进入中国,社会心理学、公共关系研究和民意研究等也在中国初步开展。但是因为20世纪40年代以前传播研究还未被整合为一个独立的学科,在中国零星的传播研究还缺乏学术自觉,并未造成较大的学术影响。1949年之后随着中国与西方社会科学界的隔绝,40年代之后在美国逐渐兴起的传播学无缘在中国扩散。尽管有个别概念被引进,如20世纪50年代,复旦大学的郑北渭等人就已经介绍了mass communication(沿用了民国时期的译法,表达为"群众思想交通"②),但这些概念还不足以构成研究者的学科想象。

20世纪70年代末,美国和英国传播研究作为一个学科已经被体制化,传播学教材不仅比较成熟,流入中国的数量也不少,一些新闻学研究者开始注意到这个新兴学科。这些学者以复旦大学的郑北渭、陈韵昭等人,中国人民大学的张隆栋、姜克安、林珊等人,社科院的张黎、徐耀魁、明安香等人为代表。复旦大学1980年2月把原先开设的"外国新闻学说"课程改为"传播学介绍",成为最早开设传播学课程的高校。③中国人民大学的张隆栋教授也在自己的课堂上介绍传播学。这些介绍传播学的先驱具有如下特点:(1) 从事外国新闻事业和外国新闻史研究;(2) 有较好的外语(主要是英语)功底;(3) 身边都聚集了一部分对传播学感兴趣的研究生。

在1981年"世界新闻研究座谈会"的发言中,郑北渭谈到了西方最近在研究传播学,与会者非常感兴趣,会议期间临时决定请他做一个传播学讲座。④ 1981年5月《新闻大学》从创刊号开始,分七次连载

---

① 详见本书第六章。
② 见〔美〕华伦·K.艾吉:《美国报纸的职能》,郑北渭译,《新闻学译丛》1957年第2期;〔美〕乔治·马立昂:《拆穿自由、独立报纸的西洋镜》,刘同舜译,《新闻学译丛》1956年第3期。
③ 丁淦林:《丁淦林回忆录》,自印材料,第118页。
④ 根据"中国传播学三十年"课题组对徐耀魁的采访,他从郑北渭那次演讲中首次知道了传播学及传播的5W等概念。

陈韵昭的"传学讲座"。① 在威尔伯·施拉姆访华之前,处于范式转换过程中的中国学者朦胧地看到了这个新学科的轮廓,但要勾画一幅学科的清晰地图,还需要一个权威加以印证,施拉姆的来访可谓机缘巧合。

威尔伯·施拉姆虽然不是中国传播学薪火相继的"点火者",他的到来却成为至关重要的"助燃剂"。1982年5月初,施拉姆访问了广州、上海、北京三地的大学与新闻研究机构。这次访问对中国的传播学引进影响深远。② 施拉姆访问时的演讲以及由他撰写、余也鲁译述的《传学概论:传媒、信息与人》(1978)成为中国早期研究者想象"传播学"的主要参照。

在施拉姆访华的带动下,1982年11月23日—25日,经中国社会科学院新闻研究所倡议,在北京举行了我国第一次有关西方传播学研究的座谈会。在会后,社科院新闻所提出了"系统了解、分析研究、批判吸收、自主创造"的十六字方针。③ 这个座谈会的召开标志着传播学正式被引入中国并为新闻学研究界接受。会议不仅肯定了传播学的价值,而且决定翻译一批介绍传播学的书籍,有条件的学校开设传播学课程。

1983年,中国社会科学院新闻研究所以第一次西方传播学研究座谈会的成果为基础,编辑出版了《传播学(简介)》。这本薄薄的小册子首印15000册,短时间内销售一空,继而脱销。④ 这个会议之后,三本重要的著作被有关人员翻译成中文出版,它们分别是施拉姆的《传播学概论》(1984,新华社李启等译)、赛弗林、坦卡德的《传播学的起源、

---

① 祝建华在与笔者的谈话中提到,和郑北渭注重传播理论的译介不同,陈韵昭从美国访学归来后,较早地意识到美国的传播研究方法非常重要,在她的影响下一些学生开始进行实证研究。

② 王怡红、胡翼青主编:《中国传播学30年(1978—2008)》,北京:中国大百科全书出版社2010年版,第32—33页;余也鲁等:《中国传播学研究破冰之旅的回顾——余也鲁教授访问记》,《新闻与传播研究》2012年第4期;徐耀魁:《施拉姆对中国传播学研究的影响——纪念施拉姆来新闻研究所座谈30周年》,《新闻与传播研究》2014年第4期。

③ 王怡红、胡翼青主编:《中国传播学30年(1978—2008)》,北京:中国大百科全书出版社2010年版,第37页;王怡红:《从历史到现实:"16字方针"的意义阐释》,《新闻与传播研究》2007年第4期。

④ 徐耀魁:《大众传播新论》,苏州:苏州大学出版社2005年版,第24页。

第七章 "传播学"引进中的"失踪者":传播批判学派与中国早期的传播学观念

研究与应用》(1985,复旦大学陈韵昭译),麦奎尔和温德尔的《大众传播模式论》(1987,复旦大学研究生祝建华、武伟译)。它们成为当时传播学研究中引用率最高的书籍。

1986年8月20日—24日,在黄山召开了第二次全国传播学术研讨会。在讨论我国传播学的发展方向和理论体系问题时,徐耀魁认为:

> 这次研讨会的召开,标志着我国传播学研究开始从第一阶段转向第二阶段。如果说第一阶段主要是介绍和普及传播学知识的话,那么,第二阶段的中心任务,则是在对外国传播学评介的基础上,去粗取精,去伪存真,利用大众传播研究中某些有用的理论和方法,研究中国的大众传播事业,特别要与我国传统新闻学相结合,取长补短,以促进我国新闻学研究,推动我国新闻传播事业的发展。①

批判理论引介的"失踪"

设定了问题的语境之后,再回到本章一开始提出的设问:如果不是施拉姆而是席勒率先来访,中国的传播学还会是今天的格局吗?从目前的传播学引介历史看,传播学早期的引进,确实是沿着施拉姆所规划的传播学"正统"路线所进行的。② 在施拉姆那本写给普通大众的通俗读物《传播学概论》(原名为"人、讯息和媒介:理解人类传播")中没有给批判学派留什么空间,他个人的学术旨趣确实影响了中国学者早年对传播学的想象。李彬教授曾这样表达他对中国批判学派理论缺席的遗憾:

> 如今稍习传播学者都至少知道有个经验学派(Empirical School)和批判学派(Critical School)之别。不过,与人们对经验学

---

① 本刊记者:《第二次全国传播学术讨论会召开》,《国际新闻界》1986年第4期。
② 参见袁军、韩运荣:《传播学在中国内地》,段鹏、韩运荣编:《传播学在世界》,北京:中国传媒大学出版社2005年版;李彬:《流水前波让后波——对我国大陆传播学研究的回顾和瞩望》,李彬主编:《大众传播学》,北京:中央广播电视大学出版社2000年版。

派的耳熟能详相反,批判学派在中国却总是烟涛微茫信难求。这一方面是因为批判学派总体上确实比经验学派具有更为深厚的历史传统与思想内涵,另一方面也是因为传播学传入我国以来,由于主观客观条件的阴错阳差,经验学派一路大行其道而批判学派则始终若隐若显。①

批判学派的理论实践,似乎在相当长的一段时间里确实寂寂无为,直到近年来才逐渐零星出现。但是其原因是否源自中国传播学者就没有关注过批判学派,在早期传播学引进过程中就"烟涛微茫信难求"呢?

实际情况与人们感知的恰好相反。查阅1978年至1989年间传播学引进阶段的文献,对批判学派的介绍不仅没有缺席,而且在数量上并不逊于对经验学派的译介(见表7-1)。

表7-1 1978—1989年《国际新闻界》翻译的批判理论的论文

作者及译者	篇名	期次
赫伯特·席勒 (陈复庵摘译)	《思想管理者》全书 《"思想操纵和意识定型"》(上)(下) 《知识工业:政府的组成部分》(上)(下) 《知识工业:军界—商界的组成部分》 《娱乐:巩固现状的支柱》(正)(续) 《民意测验业:舆论的衡量和制造》 《思想的控制扩及海外》 《从市场的法则到直接政治控制》 《信息技术能成为民主化力量吗?》	 1979(2),1979(3) 1980(2),1980(3) 1981(3) 1982(4),1983(1) 1983(3) 1983(4) 1984(2) 1984(4)
赫伯特·席勒 (林珊译)	《信息为什么样的社会服务》(摘译自1983年出版的《电子传播工具》)	1984(3)
赫伯特·甘斯 (王泰玄摘译)	《新闻背后的信息》(选自1979年出版的《决定什么是新闻》一书)	1979(3)
巴格迪坎(范东生、王志兴、王泰玄摘译)	《没有大众的大众传播工具》(一)(二)(摘自《媒介垄断》第13章) 《广告与传播媒介》(一)(二)(摘自《媒介垄断》第9章)	1984(1),1984(3)

---

① 李彬:《传播学派纵横谈》,《国际新闻界》2001年第2期。

(续表)

作者及译者	篇名	期次
戴维·阿什德	《传播媒介统治权》	1986(1)
詹姆斯·D.霍洛伦	《大众传播学研究的由来》(一)(二)	1986(2),1986(4)
阿特休尔(黄求编译)	《"客观性"剖析》(摘自《权力的媒介》)	1987(3)
詹姆斯·鲁尔(王建刚译)	《电视的社会功能——由家庭行为得出的分析》	1987(3)
罗伯特·A.怀特(钟梦白译)	《大众传播与文化:向一个新的模式过渡》(上)(下)	1988(3),1989(3)
尼·甘纳姆(黄煜、陆晓明摘译)	《传播媒介与公众社体》	1989(3)

在传播学引进的初期(本章把它界定为1978—1989年),介绍传播学最积极的学术期刊《国际新闻界》曾经翻译了大量批判学者的研究,包括赫伯特·席勒的《思想管理者》(全书连载)、巴格迪坎的《媒介垄断》(多章摘译)、赫伯特·甘斯的《决定什么是新闻》(部分章节)、戴维·阿什德的《传播媒介统治权》等。在一些介绍性文章,如英国学者詹姆斯·D.霍洛伦①的《大众传播学研究的由来》、伦敦传播与文化中心主任罗伯特·A.怀特的《大众传播与文化:向一个新的模式过渡》中,批判学派占据了重要位置。怀特的文章还对"文化研究"做了在今天看来也非常清晰、全面的梳理,重点介绍了雷蒙·威廉斯、斯图尔特·霍尔和詹姆斯·凯里的主要理论。英国学者尼·甘纳姆的《传播媒介与公众社体》("公众社体"现在译为"公共领域")也出现在中国学者的视野中,这也是笔者见到的中国新闻传播学界引进的第一篇介绍哈贝马斯公共领域理论的文章。

据胡翼青统计,从1979年到1989年底,《国际新闻界》发表的62篇翻译或摘译的传播学文章中,有29篇理论文章(连载文章计为一

---

① 1985年5月12日到21日,英国累斯特大学传播研究中心主任、时任国际传播协会主席詹姆斯·霍洛伦访问了中国人民大学新闻系,给新闻系做了三次报告,系统地介绍了批判学派,批判了美国的传统研究。

篇），其中属于批判学派的文章有 19 篇，占总数的 65.5%。①

除了这些译文以外，1986 年第二次全国传播学研讨会上中国人民大学新闻系研究生王志兴提交了国内较早讨论批判学派的论文，给与会者留下了深刻的印象。② 1987 年，正在日本留学的郭庆光在中国人民大学新闻系主办的《新闻学论集》第 11 辑发表了《大众传播学研究的一支新军——欧洲批判学派评介》，是国内第一篇全面介绍传播批判学派的论文。黄煜等翻译的《权力的媒介》（华夏出版社 1989 年版）是国内译介的第一本传播学批判学派的著作。③

根据最新的发现，北美批判学派的先驱之一达拉斯·斯迈兹早于 1971 年 12 月—1972 年 1 月就来过中国研究意识形态、科技发展和中国道路，并在北京大学做过一场题为《大众传播与文化革命：中国的经验》的报告。1979 年斯迈兹再度访华，写了一篇生前从未公开发表的报告《自行车之后，是什么？》，并将其提交给了中国政府有关官员。④ 英国莱斯特大学传播研究中心的詹姆斯·霍洛伦 1985 年 5 月访问中国人民大学新闻系，在三次报告中系统地介绍了传播学批判学派。⑤ 他的论文《大众传播学研究的由来》也在《国际新闻界》上连载（见表 7-1）。

记忆有时并不可靠，实际与人们感知的社会实在（social reality）刚好相反：在传播学早期的引介中，批判学派没有缺席，对席勒等批判学者的思想的介绍不仅时间早，在篇幅上也超过了来华的施拉姆。就算席勒亲自来华，其"待遇"也不过如此。对其他批判理论的介绍，也与当时国外批判理论的演进基本保持同步（比如甘斯的《决定什么是新

---

① 胡翼青：《双重学术标准的形成：对批判学派"夭折"的反思》，《国际新闻界》2008 年第 7 期。
② 参见李彬：《流水前波让后波——对我国大陆传播学研究的回顾和瞩望》，李彬主编：《大众传播学》，北京：中央广播电视大学出版社 2000 年版。
③ 黄煜在与笔者的交谈中提到，虽然他在人大上研究生，但这本书是在他放假回上海时，在外文资料比较丰富的复旦大学的资料室里看到并复印下来的。他的导师林珊向华夏出版社推荐了此书。黄煜试译了几章发表在《国际新闻界》上。他还有一部分未译完即出国，剩余部分由裘志康完成。笔者在采访林珊时，她提到自己在翻译完李普曼的《舆论学》后，一直致力于研究批判学派，曾打算译介席勒的著作，后来因为被安排教业务课而被迫中断。
④ 赵月枝：《传播与社会：政治经济与文化分析》，北京：中国传媒大学出版社 2011 年版，第 244 页。
⑤ 李彬：《批判学派与中国》，《青年记者》2013 年第 1 期。

闻》出版同年就被摘译到中国,文化研究在世界范围内受到重视也是在七八十年代)。

当然,不同学术群体对于批判学派的关注并不平衡。早期从事传播研究的重镇中,中国人民大学是引介批判学派较为积极的一支力量,相比之下,南方的重镇复旦大学则更重视经验研究。但是鉴于当时全国传播学研究的人数、学术成果和学术平台并不像今天这样多,仅仅一本《国际新闻界》上的众多文章已经足够让批判学派具有可见性。这至少说明在面对不同学派时,国内的早期引介者对于全球传播研究的地图具有一种多极的而非单极化的想象,他们不仅没有厚此薄彼,反而出于政治敏感,有意地要与美国保持距离,追求不同国家间的平衡(例如《国际新闻界》还专门介绍了欧洲各国甚至发展中国家的"传播学")。

因此,批判学派理论并非一开始就缺席,而是在我们的社会记忆里中途"失踪"。等我们在今天重新回望传播学引进初期的学术地图时,才蓦然发现其中的重要一块不知何时已经丢失。这随之引来了另外一组问题:在传播经验学派与批判学派平等竞争的情况下,当时中国的大多数学者为什么选择了施拉姆而没有选择席勒?这里面除了偶然因素(施拉姆来访)外是否还有其他更深层的原因?这些原因是否还在影响着中国目前的传播研究?

对抗策略:"发育不良"的实证研究

上述问题可以从传播者和接受者两个角度来思考。首先看传播者。施拉姆明确地提出了"传播科学"(the science of communication)的概念,并且建立了以5W为核心的理论框架,这对于当时仅会用阶级斗争的理论资源解释新闻现象的中国学者来说,无异于醍醐灌顶的"范式革命"。此外,施拉姆所建构的以传播学四大奠基人为主线的学科史叙事,也为传播学科提供了看似有力的正当性出生证明。如果社会科学的几个主要学科的顶尖学者都不约而同地投入经验性的传播研究,这难道不说明这个方向代表着传播学科发展的正确道路吗?

相比之下,以席勒为首的批判学派则缺乏明确的学科营销意识。

由于麦卡锡主义的影响,席勒在美国大学开的政治经济学批判研究课不能以"政治经济批判"的名称出现,只能挂羊头卖狗肉地被称作"媒介经济学"(具有讽刺意味的是,后者今天恰好是为前者所批判的资本服务的)。批判学派出于知识分子的骄傲,并不认为建构学科乌托邦有什么意义。他们更愿意从事否定的批判而不是做学科推销员。此外,席勒所使用的理论资源,对中国研究者来说也没有什么"新意",表面看还是马克思政治经济理论和阶级分析的老一套,很难被当成一门"新"学科加以关注。由于资本在当时的中国几乎没有什么影响力,这些理论很难让中国学者们产生共鸣,他们容易把它简单看成是对西方资本主义制度的批判而不是一套可以应用于身边的现象的方法。社会发展阶段的差异使得中国学者还不能够真正理解批判学派的观点的真正意义。

另一个思考方向是从接受者的角度考察中国新闻学者如何结合当时的语境,诠释和想象传播学科的地图。熟悉席勒的赵月枝提出了一个解释,她认为中国对实证研究比较感兴趣,有特殊的背景。过去的研究过于政治化、意识形态化,学者吃了"拍脑袋"做学问的亏,所以更愿意拥抱去政治化的实证经验研究。①

法国社会学家布尔迪厄在讨论学术场的时候,发现新进入场域者有两种策略可供选择。一个策略是标新立异,否定现有资本的价值,提升自己拥有的资本的价值,改变游戏规则。另一个策略是模仿学术场域中原来的行动者,在既有的规则下获取更多的资本。这里有一个前提,即场中拥有大量现有资本的行动者,对新入场者持双重态度,既有排斥,又有争取。问题的关键在于场域中行动者的头脑中关于奋斗目标的"幻象":学术目标和政治目标,哪个更重要?②

中国的传播研究与欧美不同,主要在新闻学术场中进行。作为新进入者,传播研究者无论采取哪种策略都不可避免地受到新闻学术场的影响。

---

① 赵月枝:《批判研究与实证研究的对比分析》,《国际新闻界》2006年第11期。
② 〔法〕皮埃尔·布尔迪厄:《科学的社会用途:写给科学场的临床社会学》,刘成富、张艳译,南京:南京大学出版社2005年版;〔法〕皮埃尔·布尔迪厄:《科学之科学与反观性:法兰西学院专题讲座(2000—2001学年)》,陈圣生等译,桂林:广西师范大学出版社2006年版。

第七章 "传播学"引进中的"失踪者":传播批判学派与中国早期的传播学观念

提倡管理学派的实证研究属于第一个策略。传统的新闻学理论研究强调政治属性,只能为现有政策做注脚,学者自主的空间有限。他们只好采取思辨的方法,从既有的马列主义经典理论中寻找依据并结合现实进行演绎。而输入的施拉姆版本的传播学则以归纳提出假设和经验检验为双翼,以建构中层理论为目标,以实然的实证逻辑取代了传统党报理论应然的规范逻辑。因此在2000年以前,宣传机构的主事者对于传播学的态度是警惕甚至敌视,早期的受众调查曾经被作为民意测验加以批评。①

20世纪80年代初期,《人民日报》副总编辑、中国社会科学院新闻研究所所长安岗在赴美参加亚洲太平洋地区关于国际政治大众传播的学术会议期间注意到国外媒体对受众调查和传播效果的重视,积极地推动了中国的受众调查。1982年北京新闻学会(1984年更名为首都新闻学会)开展了首次受众调查。②虽然这是中国传播学实证研究的开端,但是从某种意义上讲,这只是以党报群众路线为指导方针的媒介市场调查。真正以理论建构为目标的第一个传播实证研究是复旦大学新闻系1977级的五个学生对"四人帮"审判结果这一重大新闻的扩散的研究③,虽然该研究的方法还值得推敲,但是却符合传播研究中的"新闻扩散"研究的经典范式④。此外,中国人民大学新闻系舆论研究所的成立(1986年10月)、《中国传播效果透视》⑤的出版都可以算作中国传播实证研究的里程碑。

但是这些星星之火,很快就被传播学发展初期大量出版的论文、教材湮没。屈指可数的所谓实证研究的水平大多只停留在不规范的统计描述分析层面,没有假设检验过程,缺少理论建构,许多研究今天

---

① 陈崇山:《我为什么选择研究受众?》,王怡红、胡翼青主编:《中国传播学30年(1978—2008)》,北京:中国大百科全书出版社2010年版,第583页。
② 袁军、韩运荣:《传播学在中国内地》,段鹏、韩运荣编:《传播学在世界》,北京:中国传媒大学出版社2005年版,第328—329页。
③ 尹德刚、高冠钢、王德敏、武伟、毛用雄:《重大新闻传播过程的调查》,《新闻大学》1981年第12期。
④ Paul J. Deutchmann and Wayne A. Danielson, "Diffusion of Knowledge of the Major News Story," *Journalism Quarterly*, 37, 1960.
⑤ 陈崇山等:《中国传播效果透视》,沈阳:沈阳出版社1989年版。

看来只是初级的市场分析而没有理论贡献。在大量所谓经验学派传统的论文和教材中，传播理论，确切地说主要是概念体系，远比方法更受重视。多数研究以翻译过来的几本普及性教材为来源，根据自己的理解，泛泛而论，很难说实证的传统真正在中国扎根。

因此，因为实证的方法受到重视而选择了施拉姆这种解释有道理，但不准确。早期的研究者由于知识结构的局限，对社会科学的研究逻辑认识不够，缺乏方法训练，传播实证研究的发展并不顺利，大多只是用传统思辨方法诠释美国经验研究的一些结论，而不是真正意义上的实证研究。

模仿策略：传播学是新闻学的最新阶段？

新入场者的另一个策略是模仿。早期的传播学引进者，多是从事外国新闻事业或外国新闻史研究的专业人员，最早介绍传播学的文章也出现在《外国新闻事业资料》（后来的《新闻大学》）和《国际新闻界》（前身是油印的《国际新闻界简报》）上。这些研究者一开始是把传播学作为国外新闻学的最新发展来看待的，比如郑北渭在1978年第一篇介绍"公众传播"的译文的"译者按"中写道：

> "公众传播"（mass communication）是**资产阶级新闻学术语**，曾译为"公共传播工具"，是帝国主义时代垄断资产阶级的宣传工具及其职能的统称……**美国许多大学从五十年代前后开始把原来只包括报刊、广播的新闻学系，扩大为包括多种宣传工具的公众传播系或学院**。①

巧合的是，张隆栋1982年写的一篇介绍传播学的长文《美国大众传播学简述》的引言里也有这么一段引人注目的论断：

> 美国大众传播学是由新闻学发展起来的，可以说是广义的新闻学。（原作者注：美国大众传播学家威尔伯·施拉姆在1982年5月3日上午北京中国社科院新闻研究所座谈会上的谈话。）这就

---

① 黑体为本书作者所加，本章以下皆同。

是说,大众传播学既包括新闻学,又有它自己的新发展、新理论和新研究成果、新研究方法。……新闻学随着新的新闻工具(广播、电视)的出现,扩大了它的研究范围。

张隆栋专门在注解中提到这个观点来自施拉姆在社科院新闻所的座谈会上的发言。① 施拉姆在1982年5月5日中国人民大学新闻系所做的《美国"大众传播学"的四个奠基人》的报告中,把来自其他领域的四个奠基人的研究作为传播学研究的第一阶段。他接着说:

> 新闻学院研究"传学"属于第二阶段。"传学"的研究成果,对新闻学很有用处。受众怎么被说服?报纸怎么影响读者?新闻学院的负责人在三十年代末四十年代初就曾说这些问题与我们有关。……最近新闻研究中心和新闻院所都在研究"信息"的影响,这样就使新闻学的研究基础和范围扩大了。②

可能是为了向中国的新闻学者"推销"传播学,施拉姆有意强调了新闻学与传播学的密切关系,这在他为传播学的地位辩护的其他文章中是不多见的。③ 他的这种权宜的修辞策略,无意中却为中国学者的误读提供了依据。

对于这些早期的研究者来说,提出"传播学是新闻学发展的新阶段",部分原因是为了政治安全而采取的策略(传播学不纯粹是资产阶级的学术,批判地研究后也能为新闻研究所用)④,但是客观上,新兴传播学为改变我国传统的"左"的政治化的新闻学研究(把传播媒介看成阶级斗争的工具),提供了转向契机。因此,传播学的理论按照新闻理论的框架被重新剪裁,大众传播受到重视,其他的传播研究领域受到冷落。

从中国传播学引进初期对于西方传播研究著作的翻译上便可看

---

① 见〔美〕宣伟伯(施拉姆):《传学的发展概况》,《新闻学会通讯》1982年第14期。

② 〔美〕威尔伯·施拉姆:《美国"大众传播学"的四个奠基人》,王泰玄记录,《国际新闻界》1982年第2期。

③ 例如,Wilbur Schramm, "The State of Communication Research: Comment," *The Public Opinion Quarterly*, 23(1), 1959, pp.6—9。

④ 根据对徐耀魁研究员的采访。

到这一现象。开启这一学科想象的是施拉姆著、余也鲁译述的《传学概论:传媒、信息与人》(1978)。① 余也鲁是施拉姆的弟子,他对许多概念的翻译对后来者的解释影响深远。比如此书的英文名为"Men, Messages and Media: A Look at Human Communication"(1973),余也鲁将它译成了"传学概论",美国的"传播研究"成为汉语的"传学"。1982年北京第一次传播学研讨会后,"传播学"这一命名正式合法地进入中国的语言系统。1983年由原中国社会科学院新闻研究所世界新闻研究室组织编写的《传播学(简介)》(人民日报出版社)这一小册子中明确使用了"传播学"这个概念。1985年陈韵昭在翻译沃纳·赛弗林和小詹姆斯·坦卡德所著的 Communication Theories: Origins, Methods and Uses in the Mass Media 时,将其译为《传播学的起源、研究与应用》(福建人民出版社)。1984年施拉姆上书的新版 Men, Women, Messages and Media: Understanding Human Communication(1982,加上了另一作者 William E. Porter)再次被译为中文。原书英文名称有所变化,女性主义的影响微妙地显示在标题中,但是中文仍是波澜不惊的《传播学概论》。

在看似一致的译名背后,发生了在新闻学科的想象下的诠释变异。首先,"传播理论"和"传播学"被画上了等号。施拉姆的《传播学概论》是一本普及、介绍传播研究的入门书,以理论为主,几乎没有涉及应用层面,甚至未提及研究方法。而赛弗林和坦卡德的著作的名称则明确说明了该书的主要内容为理论。但是在被翻译成中文时,它们都变成了"传播学"。

其次,大众传播理论与传播理论被画上了等号。虽然施拉姆在论述传播符号时涉及了人际传播的内容,但是该书大部分谈的是大众传播。由郭镇之主译的赛弗林和坦卡德的《传播理论》第4版2000年由华夏出版社出版,虽然书名改回了《传播理论:起源、方法与应用》,但是原文"在大众传播中的应用"被省略为"应用"。余也鲁认为中文的"传播"对应的就是英文中的"mass communication",因为"播"即是针

---

① 〔美〕宣伟伯:《传学概论:传媒、信息与人》,余也鲁译述,香港:海天书局1978年版。

对大众大量复制信息。① 但国内的学者未做如此细致的区分,依然使用"大众传播""人际传播"之类的概念。②

再次,(以美国为主的)传播实证研究和传播研究被画上了等号。近年来虽然对传播批判学派的译介逐渐增加,但从教材的角度看,仍是实证研究一统天下的局面——当然,这也和其他研究范式缺乏内部规范、无法形成自己的标准教材有关,比如洛厄里和德弗勒就曾用讽刺的语气说:"选择文化批判观点的研究者所取得的成绩还远远谈不上明晰。要文化批判学者们以本书这种叙述方式来总结其观点或许还为时尚早。"③

从大众传播理论到"传播学"的转换,使在国外原本松散模糊的传播研究被限制和规定(discipline)在一个较狭窄的区域内,在中国摇身一变成为一个具有明确研究对象与统一性的学科(discipline)。④

从新闻学的角度来想象传播研究,导致中国的学者对批判学派"视而不见",因为从新闻理论研究的角度来看,批判学派(特别是传播政治经济学)本来就是新闻理论的一部分。20世纪五六十年代以来中国人民大学新闻系和复旦大学新闻系编辑的外国新闻事业材料里,批判美国新闻媒体垄断、新闻报道存在意识形态的材料比比皆是。在传播学的早期引进者看来,这些材料只是原有研究的深化,谈不上范式革命。

不仅如此,席勒理论中过于政治化的批判,在中国当时急于摆脱"左"倾思想的去政治化语境下反而显得不合时宜。实证的管理学派则因为高举"科学""事实""调查研究"等大旗,受到了追求"实事求是"的研究者的追捧。由于刚刚从新闻学研究政治挂帅的时代走出来,去政治化本身也是追求学术独立的一种策略,具有积极的意义。

---

① 〔美〕宣伟伯:《传学概论:传媒、信息与人》(最新增订本),余也鲁译述,香港:海天书局1983年版,第XXXIII页。
② 见"传播学名词介绍",〔美〕威尔伯·施拉姆、威廉·波特:《传播学概论》,陈亮等译,北京:新华出版社1984年版。
③ 〔美〕希伦·A.洛厄里、梅尔文·L.德弗勒:《大众传播效果研究的里程碑》,刘海龙等译,北京:中国人民大学出版社2004年版,第366页。
④ 黄旦、丁未:《传播学科"知识地图"的绘制和建构——20世纪80年代以来中国大陆传播学译著的回顾》,《现代传播》2005年第2期。

重访灰色地带：传播研究史的书写与记忆

但是反讽的是，不讲政治本身也是一种政治立场，是对场域中已有的成员资本和场域规则的否定。在1989年风波之后，"不讲党性"的传播学被作为"资产阶级自由化思想"的一部分，受到批判①，部分学校的传播学课程甚至停止。直到今天，传播学（理论）在潜意识里还不时被作为新闻学（理论）的对立面，并因此而形成了一系列隐含价值判断的二元对立，比如本土的—西方的、马克思主义的—非马克思主义的、实用的—虚文的、有明确就业方向的—没有明确就业方向的……"这些刻板印象把传播学放在了一个非常不恰当的位置上，也赋予了新闻学某些可疑的特征，这既不利于传播学的发展，同时也不利于新闻学的发展。"②

相比之下，施拉姆所建立的"传播科学"则不同。它有着新颖的概念系统，明晰的传播过程模式，社会科学的客观表述。李彬回忆二十多年前第一次看到《传播学（简介）》这一小册子的情景时写道："捧读之下，新奇不已，仿佛发现一片别有洞天的领域，什么'两级传播''意见领袖''五W模式'等，跟大学时学的新闻学简直太不一样了。"③但是很快就有研究者注意到："有时学科似乎大有进展，新名词很多……但读得多了，就发现有不少是把'消息'换成了'信息'，'反应'换成了'反馈'，基本内容还是老一套。"④

这一场"范式革命"确实给我们的研究带来了新概念、新视角，但是囿于新闻理论视角的诠释，真正高质量的理论研究仍然非常稀少。

在第一次传播学研究座谈会上，就有中国的研究者注意到，"英语的communication和mass communication没有表示学科的词尾，对传播学是否是一门学科提出了疑问"，但是根据美国已经建立了不少传播学院和联合国设立了国际大众传播委员会这些既成事实，"与会的学者经过讨论一致认为西方的传播学是一门独立的学科"。此外，早期

---

① 吴冷西：《新闻舆论界的作用令人深思》，《人民政协报》1989年7月18日。
② 刘海龙：《被经验的中介和被中介的经验——从传播理论教材的译介看传播学在中国》，《国际新闻界》2006年第5期。
③ 李彬："导读"，[美]斯蒂芬·李特约翰：《人类传播理论》；邵培仁也有过非常相似的经历，见邵培仁：《艺术传播学》，南京：南京大学出版社1992年版，第334页。
④ 陈力丹：《新闻学：从传统意识到现代意识》，中国社会科学院新闻研究所编：《新闻学研究10年：1978—1988》，北京：人民出版社1989年版，第31页。

的研究者还注意到"西方传播学的研究庞大而又杂乱,尽管提出了五花八门的理论,出版了大量的书刊,但至今尚未形成一个完整的理论体系"。这些"可疑"的现象虽然被提起,但都没有引起从新闻理论角度出发思考问题的研究者的注意。于是早期的传播研究以模仿新闻理论研究为目标,重视"理论体系"的建设,忽视了"带有部分唯心主义的,繁琐的,注意细枝末节,忽视本质"的研究方法。①

在中国传播研究的学科化的过程中,由于对新闻理论的模仿,重理论体系,轻研究方法论,造成了引进过程中研究者对传播学的双重误读。第一重误读是错误地理解了批判学派,把它仅仅理解为对资本主义的揭露,没有对其批判精神的内核做深刻理解,把它当成一盏照亮资本主义弊病的无影灯,而不是返照中国当下问题的镜子。在既有新闻理论的体系中,批判学派被传统的政治话语"同化",并在新闻理论的诠释框架内因缺乏新意而"失踪"。

第二重误读是把管理学派的实证研究仅仅当成了和马克思主义理论一样的"理论",用内省思辨的方法讨论传播现象,借用了一些概念和框架,追求大而无当的"理论体系",忽视了理论建构背后的认识论和方法论,以至于实证研究在传播学引进的早期也有些发育不良。

"不成熟"的社会语境还是"两难"的社会语境?

从中国对批判学派的早期引进和接受的过程中可以得出这样一个结论:以美国为主的西方传播学在中国的传播过程,绝不是有些学者所说的简单的"创新的扩散"的过程。中国的传播学者在这个过程中不仅是"先进学说"的接受者,还是积极主动的行动者。知识的认知过程同时也是一种语际实践。② 他们根据自己的需求和社会环境做出了"理性的"选择。在探索中国传播学科史和思想史时,必须考虑接受者的诠释与想象,以及具体社会语境对这一诠释的影响。

---

① 本段中的引文均见徐耀魁、黄林:《西方传播学研究座谈会综述》,《国际新闻界》1982年第4期。
② 刘禾:《跨语际实践:文学、民族文化与被译介的现代性(中国,1900—1937)》,宋伟杰译,北京:生活·读书·新知三联书店2002年版。

虽然席勒没有亲自来访,但是他的幽灵已经在中国徘徊,主要作品及思想已经在中国新闻传播学界登场并得到充分展示。由于诠释框架的局限,即使席勒来到中国,在传播学的发展道路上,中国的学者很可能仍然会选择被他们误读了的施拉姆。

传播批判学派在中国传播学引进初期的"失踪",既不是因为其从未在传播研究者的视野里出现过,也不是因为中国的学者没有读过这一学派的思想;相反,传播批判学派的思想早在20世纪70年代末和80年代,就受到了部分学者的关注,并且这些学者用了相当大的力气去介绍,只不过国内的学者用新闻理论的框架去解读它们,低估了它们真正的价值,对它们"视而不见"。于是,在传播学的跨文化传播过程中,产生了相当奇特的传播批判学派"失踪"的现象。

胡翼青认为,批判学派在中国并没有消失,而是处于一种潜在状态。当需要批判西方(主要是美国)的传播制度或价值观时,批判理论的资源便会被激活并被娴熟运用(如若干年前的"妖魔化中国"的观点),但是当面对中国传播的现实问题时,批判学派的理论锋芒便会被藏入剑鞘。这反映了中国学者对待批判理论的双重标准。① 中国传播学者对于批判理论的这种实用理性态度,的确妨碍了批判理论在中国的扎根。不论是北美的传播政治经济学还是英国的文化研究,都植根于当地的现实经验。席勒对军事—工业国家的批判和霍尔等人对英国性、撒切尔主义的批判,在某种意义上都无法简单移植到其他国家。如果仅仅引进理论资源而不是对其产生的语境有深刻理解、真正了解中国传播产业的脉络,恐怕我们永远难以摆脱纵论世界大势但却对身边之事袖手旁观的状态。

为了避免历史重演,如何摆脱传统新闻理论研究的那种重实用理性、缺乏反思性的思维定势,从思想史的角度全面理解西方批判理论,将是未来传播学发展中值得反思的第一个问题。

追溯批判学派"失踪"的问题绝不是苛求或批评传播学早期的引进者和研究者,而是想寻根溯源,去反思和清理我们今天的传播研究

---

① 胡翼青:《双重学术标准的形成:对批判学派"夭折"的反思》,《国际新闻界》2008年第7期。

所面临的思想遗产。中国的传播研究不能摆脱自己的历史，必须在这个基础上前进。当然，个人脱离不了其所在的社会环境。批判学派的"失踪"不仅和早期的诠释者有关，而且与外来理论和中国社会的社会语境的脱节分不开。

20世纪80年代初，中国尚未融入全球化的大潮，批判学派所谈及的问题对于中国学者来说还十分遥远。此外，思想长期受禁锢的中国学人也很难从批判学派的理论锋芒中，找到知识分子的身份认同。这个时期偏爱传播批判理论的学者，多数是左翼的民族主义者，有反美反帝的立场。比如中国人民大学的林珊，参加过抗日战争与左翼新闻社，有过在美国生活、工作的经历，后放弃了美国绿卡，但在投奔新中国的过程中，受到阻挠。① 强烈的爱国热情使其对美国新闻媒体的"虚伪性"有亲身体验，因此对于席勒等从美国内部批判美国制度缺陷的学者有极深的认同感。②

进入21世纪之后，随着传媒在党的领导下开展市场化转型，资本的影响力逐渐显现。外部环境的改变使得中国的学者开始对批判学派的理论心有戚戚，在海外左派理论资源的影响下，传播批判学派经过一段沉寂之后复活了。与20世纪80年代之前的批判理论引进者不同，新一代批判学者不再基于左翼民族主义而是新马克思主义，在国内目前的意识形态谱系中通常被称为"新左派"。如果说80年代引进传播批判理论的语境是全球不发达地区争取自身发展空间的话，21世纪之后兴起的批判研究则是经济发展之后对于新自由主义意识形态及其后果的反思。新一代批判学者也不再与国家主流意识形态同步，相反对国家与资本的勾结常常持否定态度。

表面上看今天的传播批判学派谈论的还是80年代的内容，但是说话人的立场与批判的对象已经有了巨大的差异。他们不是80年代所引进的批判理论的继承者，而是陌路人。

与此同时，中国的现代性启蒙工程尚未完成，又处于全球化的语

---

① 林珊：《悠悠往事：我的传媒工作回顾》，北京：群言出版社2008年版。
② 笔者在2008年访问过90高龄的林珊老师，她还托笔者为她整理赫伯特·席勒的著作目录，想继续研究席勒。

境之中,批判学派在当前中国的尴尬处境也明显可见。一些学者提出,要防止把批判理论直接用于对我国传播现状的分析。

> 中国目前的大众传播存在许多问题,其运作的特点是"权力+不规范的市场运作",问题比纯粹的市场经济条件下的大众传播要复杂得多。我们需要批判学派提供的一些思路、文化背景和研究方法,同时需要更多地考虑到中国的特殊国情。可以而且也需要对现实的大众传播给予批判,但是不宜像批判学派批判他们本国的大众媒介那样,因为我国的大众媒介市场化程度并不高,如果给予强烈的否定,有可能扼杀了媒介未来的市场化发展。现在对于我们重要的是:借鉴批判学派,给予我国传媒不规范的市场行为以必要的分析,让媒介的工作人员认识什么是真正的市场经济运作模式,如何在市场导向与社会导向之间把握好平衡。①

是否一定要把市场启蒙与市场批判当成一个线性的过程加以理解,是否一定要把启蒙和批判当成非此即彼的选择,这是值得中国的研究者深思的第二个问题。

此外,我们今天所处的全球环境和20世纪70年代末80年代初相比也有了极大的改变。僵硬的现代性正逐渐为英国社会学家鲍曼所说的"流动的现代性"所替代,权力本身变得没有中心,居无定所,飘忽不定。在个体化社会中,权力正在把责任转嫁到私人身上,经典批判理论的宏大叙事本身也面临着危机。鲍曼这样表述阿多诺式的批判理论所面临的困境:注定要在纯净而又无能为力的思想和有效而又肮脏的争取统治的两难中前行,没有第三种选择。②

如果说过去的批判理论是防止公共权力对私人领域的侵犯以及国家权力对个人的强制,那么现在的批判理论则转而希望将逃避入私人领域的个人挽留在公共领域之中,保护这一正在消失的公共空间,将私人问题变成公共问题,在生活政治中实现解放。而对于中国而言,这两个主题纠缠在一起,既要唤起和增加私人的权利,又要争取更

---

① 陈力丹:《关于传播学研究的几点意见》,《国际新闻界》2002年第2期。
② 〔英〕齐格蒙特·鲍曼:《流动的现代性》,欧阳景根译,上海:上海三联书店2002年版。

大的公共空间，二者既相互促进，又会相互冲突。在这个立场转换中，我们应该如何思考中国的批判理论，这是第三个值得讨论的问题。

最后，批判学派的理论资源基本来自西方，充满悖论的是，甚至一些批判西方中心主义的理论(像东方主义、后殖民主义、德里达对西方中心主义的批评)也是由"西方"输送到中国来的。作为一个有望进入中心但尚处于边缘的国家来说，批判学派的这些理论是否需要批判？如何批判？是否需要另起炉灶以及能否另起炉灶？"本土化"问题是反对西方文化霸权还是文化民族主义？这些问题是中国的批判学派需要反思的第四组问题。

第八章 从"文化工业"到"文化产业"：从关键词的变迁看中国媒介文化研究*

20世纪90年代以来中国的媒介文化研究千头万绪，考察关键词的变迁是一个方便的进路。正如英国文化学者雷蒙·威廉斯在《关键词》里所指出的那样，同一个词语在不同的时代和群体那里，可能具有完全不同的意义。这种变化在平常时段发生得非常缓慢，但是在社会大变动时期，词语意义的变化会引起人们的注意。语言除了反映历史的过程外，在其内部也发生着重大的社会、历史过程。它们会同时创造新的关系和新的认知。① 美国哲学家罗蒂的看法略有不同，他更强调词汇的实用性，认为人对原有词汇的不满会导致库恩所说的范式革命。他说："在艺术、科学、道德和政治思想中，凡革命性的成就往往是因为有人了解到我们所用的两个或更多个语汇正彼此干扰，于是发明一套新的语汇来取代两者。"②

在中国的语境下观察关键词的变迁，除了考察词语与社会的关系

---

* 本章根据我与中国人民大学硕士生（当时）黄雅兰合作的论文修改而成，黄雅兰为本章做了大量资料搜集与分析工作。

① 〔英〕雷蒙·威廉斯：《关键词：文化与社会的词汇》，刘建基译，北京：生活·读书·新知三联书店2005年版，第15页。

② 〔美〕理查德·罗蒂：《偶然、反讽与团结》，北京：商务印书馆2003年版，第22页。

外,还需要关注词语的跨文化传播问题。近现代汉语的不少话语资源来源于西方,这导致关键词的变迁过程同时又是一个语际的实践。①新词汇与旧词汇的断裂,使得接受方有机会选择新的方式来认知世界。但是接受方并不只是被动地接受,还会根据需求主动地进行意义协商。于是在中国的媒介文化研究中,便出现了外来话语的意义与本地实践的意义相互影响的复杂现象。

法兰克福学派提出的"文化工业"(culture industry)概念在中国的被接受与发展就具有上述典型特征。从20世纪八九十年代"文化工业"概念的引入所引发的错位的中国大众文化批判,到90年代末面临全球化竞争本土大众媒体管理者和媒介经济专家对"文化产(工)业"的重新定义,再到今天国家主导下的"文化产业"和"创意产业"导致的话语爆炸,"文化工业"这一关键词的变迁构成了一个颇具戏剧性的中国媒介文化研究史的快照。本章将以此为切入点,对中国媒介文化研究作一知识社会学的考察,探究中国媒介文化研究的语境与得失。

如果采用跨文化传播的视角,把法兰克福学派在20世纪40年代提出的"文化工业"概念在中国的被接受看作后殖民主义文学批评家爱德华·萨义德所说的理论旅行过程的话,要描述这一过程需要考察理论旅行过程中主客方的社会语境,以及理论旅行的效应。

第一,需要有一个源点或者类似源点的东西,即观念赖以在其中生发并进入话语的一系列发轫的境况。第二,当观念从以前某一点移向它将在其中重新凸显的另一时空时,需要有一段横向距离,一条穿过形形色色的语境压力的途径。第三,需要具备一系列条件——姑且可以把它们称为接受条件,或者作为接受的必然部分,把它们称为各种抵抗条件——然后,这一系列条件再去面对这种行色匆匆地移植过来的理论或观念,使之可能引进或者得到容忍,而无论它看起来可能多么地不相容。第四,现在全部

---

① 刘禾:《跨语际实践:文学、民族文化与被译介的现代性(中国,1900—1937)》,宋伟杰译,北京:生活·读书·新知三联书店2002年版。

(或者部分)得到容纳(或者融合)的概念,在一个新的时空里因为它的新用途、新位置而发生某种改变。①

萨义德的理论旅行理论有助于定位"文化工业"概念跨文化传播的要素,但是还缺乏微观的操作方式,尤其是缺乏对符号与权力关系的阐述。这里将采用法国社会学家布尔迪厄的方式,把"文化工业"概念的变迁放到媒介文化研究的学术场域中加以考察。和上述观点不同,布尔迪厄的立场反对将文化与实践孤立起来强调其中一方,而主张通过文化的中介作用研究二者之间的相互关系。

首先,布尔迪厄研究的核心问题是符号与社会不平等的关系,即文化是如何掩盖了现实中的权力差异。② 他尤其关注知识分子在这一过程中所起的作用。③ "文化工业"概念的变迁不纯粹是语言内部的变化,而是语言符号与权力交互作用的产物。通过改变语言使用者的认知方式,这一概念的不同形式使得说话者与权力之间的关系变得更加暧昧。无论是说话者还是接受者都愿意相信语言符号所制造的幻象,这就使得言说对象在文化上具有了正当性。所以考察中国对"文化工业"概念的接受过程除了关注其语际实践外,更重要的是揭示这一符号实践与本地利益群体之间的关系,具体来说就是描述是哪个群体通过这一符号获得了什么权力。

其次,是将"文化工业"概念的变迁放到媒介文化研究的学术场域中加以具体考察,阐明符号使用者的使用动机及其实践活动。布尔迪厄的场域理论为此提供了一个有效的理论框架。所谓场域(field),是一个相对独立的空间,它是围绕着特定资本类型和资本组合而产生的斗争的场所。布尔迪厄认为:"从分析的角度来看,一个场域可以被定义为在各种位置之间存在的客观关系的一个网络(network),或一个构

---

① 〔美〕爱德华·W.萨义德:《世界·文本·批评家》,李自修译,北京:生活·读书·新知三联书店2009年版,第401页。译文略有改动。
② 〔美〕戴维·斯沃茨:《文化与权力:布尔迪厄的社会学》,陶东风译,上海:上海译文出版社2006年版,第320页。
③ 〔法〕波丢:《人:学术者》,王作虹译,贵阳:贵州人民出版社2006年版;〔法〕皮埃尔·布尔迪厄:《科学之科学与反观性》,陈圣生等译,桂林:广西师范大学出版社2006年版。

型(configuration)。"①简言之,用场域的概念进行思考就是从关系的角度进行思考。因此分析一个场域,要涉及三个必不可少并内在关联的环节:首先,必须分析与权力场域相对的场域位置。其次,必须勾画出行动者或机构所占据的位置之间的客观关系结构。再次,要分析行动者的惯习,即千差万别的性情倾向系统。②

最后,场域理论从关系的角度看问题。系统论也从联系的角度看问题,但布尔迪厄所说的场域与系统论中的系统并不是一回事。二者最大的区别在于场域不是平衡的,而是一个斗争的空间。占据一定位置的行动者根据自己拥有的资本数量和结构,采取不同的行动策略展开争夺。他们围绕着何为关键资本、何为场域行动规则等问题进行斗争,争夺的焦点是符号的正当性问题。尽管在这个问题上布尔迪厄有夸大文化影响的嫌疑,但是对于分析本章所讨论的论题却十分合适。"文化工业"概念的意义变迁正是符号正当性之争的结果,它反映了媒体文化研究场域中对关键资本的争夺,同时也折射出政治和经济权力场域对学术场域的渗透和影响。

在布尔迪厄的场域理论中,"资本"是一个重要却颇具争议的概念。与马克思所说的资本概念不同,布尔迪厄扩展了资本的概念,所有的权力形式,不论是物质的、文化的、社会的还是符号的,对于场域中的行动者而言具有重要意义的资源、能够成为争夺对象的客体都可以被理解为资本。他所说的资本可以归为四种普遍形式:经济资本(货币与财产)、文化资本(包括教育文凭在内的文化商品与服务)、社会资本(熟人与关系网络)、符号资本(正当性)。而且如马克思所说的经济资本一样,这些资本可以积累、投资、相互转化。行动者通过这些资本的运作策略,维护自身在场域中的地位。布尔迪厄把相当大的注意力放在了对上述资本运作的过程研究上。③ 从"文化工业"概念的意

---

① 〔法〕皮埃尔·布尔迪厄、〔美〕华康德:《实践与反思——反思社会学导引》,李猛等译,北京:中央编译出版社1998年版,第133—134页。
② 〔法〕皮埃尔·布尔迪厄、〔美〕华康德:《实践与反思——反思社会学导引》,李猛等译,北京:中央编译出版社1998年版,第143页;〔法〕皮埃尔·布尔迪厄:《艺术的法则——文学场的生成和结构》,刘晖译,北京:中央编译出版社2001年版,第262页。
③ 〔美〕戴维·斯沃茨:《文化与权力:布尔迪厄的社会学》,陶东风译,上海:上海译文出版社2006年版,第86—87页。

义变迁过程中,也能看到类似的资本争夺过程,它可以成为一个我们观察中国学术场域的窗口。

概念的源点:"文化工业"与法兰克福学派

"文化工业"(culture industry)的概念最早由法兰克福学派的代表性人物霍克海默和阿多诺于1947年在《启蒙辩证法》一书中提出。在这本书中,霍克海默和阿多诺对欧洲启蒙运动和工具理性进行了反思和批判,并在"文化工业:作为大众欺骗的启蒙"一章中,通过"文化工业"这一概念,对"启蒙意识形态的倒退"在电影和广播中的表现进行了分析。

在《启蒙辩证法》的草稿里,阿多诺使用"大众文化"(mass culture)称呼研究对象,但是在定稿中,他将这种商业化的大众文化称为"文化工业",以与真正产生于民众的文化相区别。阿多诺多年后解释说,对"工业"这个词不要太注重字面的理解,它是指事物本身的标准化——例如西方的、电影院常客了如指掌的那些东西的标准化,是指扩散技术的理性化,而不是严格地指那种生产过程。和艺术品中的技术不同,文化工业中的技术从一开始就是扩散的技术,机械复制的技术,所以总是外在于它的对象。[①]

在资本主义社会中,上层建筑沦为经济基础,文化创作越来越具有商品生产的特征。文化工业的最大特征就是为了消费而生产,为了实现生产效率的最大化,将不同文化类别都以统一标准加以处理。

> 文化工业别有用心地自上而下整合它的消费者。它把分隔了数千年的高雅艺术与低俗艺术的领域强行聚合在一起,结果,双方都深受其害。高雅艺术的严肃性在它的效用被人投机利用时遭到了毁灭;低俗艺术的严肃性在文明的重压下消失殆尽——文明的重压加诸它富于造反精神的抵抗性,而这种抵抗性在社会控制尚未达到整体化的时期,一直都是它所固有的。因此,尽管

---

① Theodor W. Adorno, "Culture Industry Reconsidered," in J. M. Bernstein, ed., *The Culture Industry: Selected Essays on Mass Culture*, London: Routledge, 1991, p.98.

第八章 从"文化工业"到"文化产业":从关键词的变迁看中国媒介文化研究

文化工业无可否认地一直在投机利用它所诉诸的千百万的意识和无意识,但是,大众绝不是首要的,而是次要的:他们是算计的对象,是机器的附属物。顾客不是上帝,不是文化产品的主体,而是客体。①

阿多诺发展了卢卡奇的"商品拜物教"概念,他指出在现代资本主义社会,文化工业把一切艺术作品变成商品,用交换价值取代使用价值,同时也将人与人之间的关系商品化(物化)了。"呈现商品化趋势,具有商品拜物教特性"是"文化工业"的第一个特征。在霍克海默和阿多诺看来,"伟大的艺术作品都是没有目的性的,是以匿名的市场为基础的"②;而文化工业的产品,从一开始就是作为市场上销售的商品被生产出来的,完全与需求等同起来,彻底剥夺了人们摆脱效用原则的可能性,"使用价值完全为交换价值所取代"。这使得文化艺术丧失了其批判性,把文化推向了单调平庸,也把接收这种文化的大众推向了单调平庸。

机械复制的工业生产模式使得大众文化呈现出标准化和伪个性化的特点。文化工业产品对商业利润的追逐使得其对获得商业成功的产品进行模仿,而工业生产技术和现代大众媒介的快速发展又为这种复制提供了良好的平台。"从即兴演奏的标准爵士乐,到用卷发遮住眼睛",都不过是文化工业创造的"虚假个性的流行"。霍克海默和阿多诺认为,生产方式的标准化以及个人意识同社会普遍性完全达成一致,使得个性成为一种幻象,它"不过是普遍性的权利为偶然发生的细节印上的标签"③。

文化工业离不开整个社会体制,它与晚期资本主义的经济与政治系统具有同一性,或者说晚期资本主义使得文化工业成为整个现代化制度大楼的黏合剂。对音乐持有专业见解的阿多诺在流行音乐的单调的节奏中,听到的是工厂大锤的敲击声;在老套的电影情节里,看到

---

① Theodor W. Adorno, "Culture Industry Reconsidered," in J. M. Bernstein, ed., *The Culture Industry: Selected Essays on Mass Culture*, London: Routledge, 1991, pp.98—99.
② 〔德〕马克斯·霍克海默、西奥多·阿道尔诺:《启蒙辩证法》,渠敬东、曹卫东译,上海:上海人民出版社2003年版,第176页。
③ 同上书,第172页。

的是流水线上重复的动作。资本主义通过文化工业,把工人的闲暇时间也纳入了与在工厂生产一样的精神状态之中,人们被动地接受着资本主义的逻辑,仿佛那是人唯一的、理所当然的生活方式。换句话说,文化工业加深了人的异化(alienation)——这个概念原来被马克思用来形容工人在整个生产消费体系中被自己的劳动产品所统治,法兰克福学派则认为这种状态已经扩展到了精神文化的生产与消费领域。所以文化工业是启蒙运动中理性崇拜的结果,是对大众的麻醉,导致其判断力丧失。①

阿多诺、霍克海默及马尔库塞对通俗文化的批判,让当时的学界耳目一新。他们把马克思主义对商品社会的分析移植到文化研究之中,结合心理分析,对远离政治的大众文化背后占统治地位的意识形态进行了大胆的揭露。他们从中看到了工具理性造成的大众精神空虚,并认为这种统治与法西斯威权主义的统治方法只是形式不同,其危害都是一样的。

这种极端的看法引起了许多学者的批评。有的学者认为,阿多诺等人的大众文化理论,过于强调生产方式对文化商品内容的决定性。文化产品不同于物质产品,标准的生产方式和管理方式并不一定会产生出标准化的产品。② 虽然阿多诺对此做了回应——他所说的"工业"并不仅指生产过程,而是针对产品的标准化和扩散技术而言,但这个词还是更容易让人对生产过程的标准化产生联想。

阿多诺和霍克海默的文化工业理论主要分析了文化的生产机制,对文化的消费过程则重视不够。来自文化研究传统的研究者尽管也肯定受众对文本中所编码的意识形态的优先解读(preferred reading),但他们同时认为受众的解码方式并不完全由文本决定,还会受到已有阶级意识和文化背景的影响。③ 对美国肥皂剧的《达拉斯》的跨文化解

---

① 〔德〕马克斯·霍克海默、西奥多·阿道尔诺:《启蒙辩证法》,渠敬东、曹卫东译,上海:上海人民出版社2003年版,第156—161页。
② 〔美〕伯尔纳·吉安德隆:《阿多诺遭遇凯迪拉克》,陆扬、王毅编:《大众文化研究》,上海:上海三联书店2001年版。
③ 〔英〕斯图尔特·霍尔:《编码,解码》,见罗钢、刘象愚主编:《文化研究读本》,北京:中国社会科学出版社2000年版。

读的研究也证明,受众所在的群体文化影响了他们对文化工业产品的意义赋予过程。①

尽管今天看来,法兰克福学派第一代学者所提出的"文化工业"还缺乏必要的反思性,对研究者自身的认知能力与立场没有进行充分的批判与客观化,乃至于带有精英主义的色彩,对受众的能动性估计不足,但是这个概念中所蕴含的不与现实妥协的批判立场却启发了许多知识分子,同时他们对于文化工业双重性——既是工具理性的产物,又是维护工具理性的工具——的阐释,强调了文化在现代社会中的重要作用,对包括文化研究学派在内的后来者影响颇大。当然,文化工业理论本身的得失不是本章的重点,它进入中国后所引发的误读、意义转移、置换、修正、重新定向等过程及其背后的逻辑才是下面要着重探讨的内容。

"文化工业"概念在中国的发展概况

从20世纪70年代末起,改革开放给中国的思想文化界带来了活力,西方的政治、经济、文化等学说纷纷登陆中国,其中就包括西方马克思主义的重要支流——法兰克福学派。尽管早在1986年,法兰克福学派的文化工业理论就已经出现在中国学者的论文中,②但在整个80年代,文化工业理论并不为中国学界所重视;90年代以来,大众文化的兴起才使得文化工业批判理论真正进入中国学者的视野。

以"文化工业"为关键词在中国知网上进行论文搜索,并以每年关于"文化工业"的论文数量制成图表,论文数量的变化曲线可以在一定程度上反映该理论在中国的发展状况。

从图8-1中不难看出,1994年起关于文化工业的论文突然增加,这与当时中国大众文化的"井喷式"发展息息相关,与之相对应,学界开始对这一新兴的文化现象进行讨论和反思,法兰克福学派的文化工

---

① 〔以〕泰玛·利贝斯、〔美〕艾利休·卡茨:《意义的输出:〈达拉斯〉的跨文化解读》,刘自雄译,北京:华夏出版社2003年版。
② 郑杭生、刘继:《法兰克福学派与马克思主义》,《教学与研究》1986年第1期;刘继:《法兰克福学派对文化的批判》,《哲学研究》1986年第5期。

业理论也就顺理成章地成为人文主义者进行大众文化批判的最重要的理论工具。在1995年和1997年,关于"文化工业"的论文的增幅出现了一定程度的下滑,这一波动并不算大,但是不容小视的是,在1995年到1997年间,确实出现了更多质疑文化工业理论的声音,质疑的原因既包括新的大众文化理论——如英国文化研究学派——的引进,也包括基于现实社会经济发展和利益的考量。1998年以后,关于"文化工业"的论文数量呈现出稳步上升趋势,但这项数据并不能说明文化工业理论在中国受到了更多的重视和发展。20世纪90年代后期国家学院体制的大幅扩张以及大学扩招,使得知识分工与生产体系日益专业化,高校学生和学术期刊数量大幅增加,在一定程度上影响了相关论文的数量。

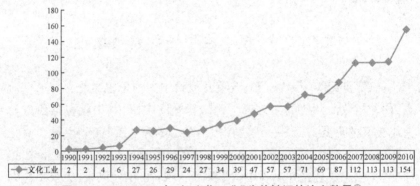

图8-1　1990—2010年以"文化工业"为关键词的论文数量①

"文化产业"是与"文化工业"紧密联系但又相互矛盾的概念,如果将1990—2010年间与"文化产业"和"文化工业"相关的论文数量进行比较,能够在一定程度上剔除国家学院体制扩张和大学扩招的影响,较为客观地反映文化工业理论在中国的发展趋势。

从图8-2中可以看出,1998年起,关于"文化产业"和"文化工业"的论文数量开始出现巨大的差距。从数量上看,1998年,关于"文化工

---

① 数据来源:中国知网,http://dlib.edu.cnki.net/。以"文化工业"为关键词在中国期刊全文数据库、中国博士论文全文数据库和中国优秀硕士学位论文数据库中进行搜索并统计数据。

业"的论文仅占"文化产业"论文的14.21%;到了2010年,这一数据变为3.38%。对比之下不难发现,1998年以后,文化工业理论在我国学界的受重视程度逐年下降;而正是从90年代末开始,我国大众文化进入了蓬勃发展的黄金时期,尤其是在2001年底正式加入WTO以来,大众文化的商业性不断加强,文化产业的发展模式也得到了更大范围的推广,日益接近法兰克福学派提出文化工业理论的历史语境。在这样的文化环境中,我国关于文化工业理论的研究却严重萎缩。面对这样的趋势,有学者将文化工业理论在中国的发展比喻为"未结硕果的思想之花"①。同时,更应该追问的是:为什么在英语中具有相同源头的"文化产业"概念会在2000年左右出现高速增长,而围绕"文化工业"概念却并没有出现这一现象?

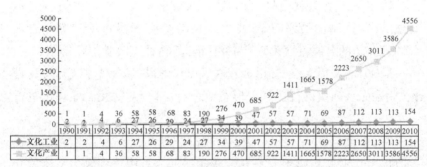

	1990	1991	1992	1993	1994	1995	1996	1997	1998	1999	2000	2001	2002	2003	2004	2005	2006	2007	2008	2009	2010
文化工业	2	2	4	6	27	26	29	24	27	34	39	47	57	57	71	69	87	112	113	113	154
文化产业	1	1	4	36	58	68	83	190	276	470	685	922	1411	1665	1578	2223	2650	3011	3586	4556	

图 8-2　1990—2010年关于"文化产业"和"文化工业"
的论文数量的比较②

当然,考虑到中国期刊网所收录的论文及期刊良莠不齐,不少文章并不是严肃的学术研究,它所反映的是一个杂糅而缺乏区分的大致印象③,要了解"文化工业"概念在学术场域中被接受的细节,还必须对

---

① 赵勇:《未结硕果的思想之花——文化工业理论在中国的兴盛与衰落》,《文艺争鸣》2009年第11期。
② 数据来源:中国知网,http://dlib.edu.cnki.net/。以"文化产业"为关键词在中国期刊全文数据库、中国博士论文全文数据库和中国优秀硕士学位论文数据库中进行搜索并统计数据。
③ 正如诺夫乔伊所说,也许真正反映一个社会整体观念状况的不是最好的思想作品,而是平庸的作品。所以如果是从观念史的角度而不是单纯求知的角度来看,也许中国知网的上述缺陷反而成为一个研究观念史的优势。见〔美〕诺夫乔伊:《存在巨链:对一个观念的历史的研究》,张传有、高秉江译,南昌:江西教育出版社2002年版,第19—20页。

文本及其语境做进一步分析。

"文化工业"概念的引入

从 20 世纪 70 年代末开始,政治环境相对宽松导致的思想解放使得大量的西方理论被引入中国,法兰克福学派的批判理论是其中的一部分。一方面,由于该理论在当代西方社会产生了广泛而深刻的影响,是我国学界了解西方当代社会文化的重要窗口,另一方面,批判理论与经典的马克思主义既有关联又有区别,而马克思主义又是我国学界长期以来的主流话语,因此法兰克福学派的批判理论引起了国内学者的重视。①

1979 年,《国外社会科学》刊发了西德学者赫·杜毕尔的《评〈辩证法的幻想〉②》的书评摘译,其中,"文化工业"作为一个没有附带任何内容介绍的名词首次出现;③1985 年,美国杜克大学的詹明信(Fredric Jameson,又译为杰姆逊)教授在北京大学以"后现代主义与文化理论"为题做系列演讲,在"意识形态诸理论"部分对文化工业理论进行了简要介绍。④

在 20 世纪 80 年代中后期的"文化热"期间,"文化工业"的思想在一批以"批判性"口吻评介法兰克福学派的文章中得到较为系统的介绍,并大体经历了从比较负面到渐趋正面的过程。⑤ 1986 年,刘继在《法兰克福学派对文化的批判》一文中第一次对文化工业理论进行了较为系统的介绍,但作者没有对霍克海默、阿多诺的文化工业理论同马尔库塞、哈贝马斯的文化批判理论做严格的区分,将法兰克福学派

---

① 尤战生:《流行的代价——法兰克福学派大众文化批判理论研究》,济南:山东大学出版社 2006 年版,第 222—223 页。

② 即〔美〕马丁·杰伊的《法兰克福学派史》(单世联译,广州:广东人民出版社 1996 年版),英文原名为"辩证的想象"。

③ 〔德〕赫·杜毕尔:《评〈辩证法的幻想〉》,潘子立译,《国外社会科学》1979 年第 2 期。

④ 〔美〕弗雷德里克·杰姆逊:《后现代主义与文化理论:弗·杰姆逊教授讲演录》,唐小兵译,西安:陕西师范大学出版社 1987 年版。

⑤ 如郑杭生、刘继:《法兰克福学派与马克思主义》(《教学与研究》1986 年第 1 期)一文中,对"文化工业"就以批判为主;而同年刘继发表的《法兰克福学派对文化的批判》(《哲学研究》1986 年第 5 期)一文,则开始较多肯定。

学者的观点笼统地划归为一种思想;同时期,赵一凡的《法兰克福学派的旅美文化批评》①、张伟的《法兰克福学派的文化观剖视》②也都体现出了相似的特点。但总的来看,在80年代的中国,文化工业理论并没有得到足够的重视。

文化工业理论广泛应用于我国大众文化批判的过程,是和中国大众文化自身的发展过程相一致的。进入20世纪90年代,中国大众文化快速发展,为法兰克福学派的文化工业理论在我国迅速落地生根提供了良好的文化土壤。

1990年,霍克海默和阿多诺的著作《启蒙辩证法》被译成中文,随后阿多诺的《电视和大众文化模式》的译文发表在《外国美学》第9辑上。对这两部作品的翻译使得文化工业理论正式进入中国学者的视野,为接受这一理论提供了条件。

1993年起,我国学者对大众文化的研究热情突然爆发,不少学者借助文化工业理论对新兴的大众文化进行批判,如,陶东风的《欲望与沉沦——大众文化批判》③、金元浦的《试论当代的"文化工业"》④、张汝伦的《论大众文化》⑤和《大众文化霸权与文化生态危机》⑥等。在这些文章中,学者们表达了对大众文化的负面评价,"标准化""物化""欺骗性"等阿多诺式的语言随处可见。

陶东风的《欲望与沉沦——大众文化批判》是较早一篇运用文化工业理论对我国大众文化进行批判并产生重要影响的文章。陶东风首先对中国当代的"大众文化"进行界定,即"现代印刷媒介和电子媒介等传递、承载,在大众消费社会流行的广告、流行音乐、流行舞蹈、电视、商业电影、消闲报刊书籍等",进而指出"大众文化的一个突出特点是它对现代工业的依附性……正是在这个意义上,大众文化从属于阿多诺所说的'文化工业'",接下来他大量引用《启蒙辩证法》中的内

---

① 赵一凡:《法兰克福学派的旅美文化批评》,《读书》1989年第1期。
② 张伟:《法兰克福学派的文化观剖视》,《社会科学》1990年第9期。
③ 陶东风:《欲望与沉沦——大众文化批判》,《文艺争鸣》1993年第6期。
④ 金元浦:《试论当代的"文化工业"》,《文艺理论研究》1994年第2期。
⑤ 张汝伦:《论大众文化》,《复旦学报》1994年第3期。
⑥ 张汝伦:《大众文化霸权与文化生态危机》,《探索与争鸣》1994年第5期。

容,对当代中国出现的"电视、摇滚乐、霹雳舞、卡拉OK"等"文化快餐"现象进行分析和批判。在《试论当代的"文化工业"》中,金元浦先是明确了"文化工业"的概念来源于霍克海默和阿多诺的论文,指出它并非"文化产业的具体生产方式,而是指晚期资本主义商业文化凭借现代科技手段大规模地复制、传播的大众娱乐文化体系",然后以诸多文化现象为例说明文化工业在当时中国的发展状况,并指出"他们的理论(文化工业理论)面对我国今天当代文化的商品化激流,应该说有较实际的参考意义"。

在这一时期,运用文化工业理论对大众文化现象进行的批判多数沿袭了霍克海默和阿多诺在《启蒙辩证法》中的分析风格,从具体的文化现象入手对大众文化进行批判的并不多见。"文化工业"这一概念最早来源于阿多诺对现代流行音乐(特别是爵士乐)的反思,他在《论流行音乐》中指出,标准化和伪个性化是流行音乐的显著特点,一旦某些程式取得成功,文化工业就反复鼓吹或大肆渲染此类同样的东西。[①]无独有偶,一些中国学者也从音乐的角度对文化工业现象进行批判。潘知常在《MTV:当代人的"视觉快餐"——当代文化工业的美学阐释》[②]中,对MTV这种新的音乐表现形式进行讨论,他通过分析媒介更替的历史指出,流行于当代社会的"电子文化"是对文本和意义的颠覆,MTV的观众和创作者都"完全处于被动和服从境地"。虽然文章中并未直接提及文化工业理论,但无论是表达方式还是所表达的内容都是"阿多诺式"的,他指出MTV"把历史、现实通统捣碎转化为五颜六色的碎片和片段,装入一个瞬间的平面。结果观众就只能被动地看,却无法主动地去想象,更无暇去积极地思考,审美能力被严重地钝化了,想象力也遭到了摧残,观众完全成为一个耳提面命的对象"。此外,也有个别学者从影视剧的角度对文化工业进行批判。[③]

---

① 转引自〔美〕马丁·杰伊:《法兰克福学派史》,单世联译,广州:广东人民出版社1996年版,第220—221页。
② 潘知常:《MTV:当代人的"视觉快餐"——当代文化工业的美学阐释》,《南京社会科学》1994年第2期。
③ 见杨经建:《90年代影视剧作:"文化工业"的典型产品》,《理论与创作》1995年第6期,第51—54页。

错位的批判与通过符号资本展开的争夺

20世纪90年代初中国媒介文化研究者对半个世纪以前提出的"文化工业"概念的"重新发现"并不是偶然的。这一时期中国的大众文化开始占据普通人的生活,正如李陀所说:"1994年回国,我惊奇地发现,中国的市场经济发展非常迅速,中国社会已经开始进入大众消费时代,大众文化如洪水般蔓延全国。"①就连最早参与大众文化生产的代表人物之一王朔也坦言:"《渴望》播出后那个轰动劲儿使我初次领教了大众文化的可怕煽动性和对其他艺术审美能力的吞噬性。"②

在这一时期,"文化工业"常常作为"大众文化"的同义词出现,仿佛中国已经由计划经济的文艺体制一夜之间走进了文化工业大生产的时代。但是以今天的后知之明来看,尽管以邓小平1992年的视察南方谈话和党的十四大为转折点,中国开始了向市场经济的转型,但是90年代的所谓文化产业在今天看来还是带有粗糙和原始的风格。

对于大众文化究竟是什么,其有什么本质特征,即便是大众文化的生产者也并非完全清楚。在90年代初的中国文化圈,电视剧究竟应该像电影一样被精心打磨还是像戏剧一样被工厂化生产是人们热烈讨论的话题,不同的编剧导演对该问题也有迥然相反的观点。③ 从大众文化产品的数量和规模来看,文化工业式的生产模式在当时的中国并未真正建立起来。

对于今天的研究者来说,很自然地会产生一系列疑问:为什么中国的媒介文化研究者会把对"文化工业"的批判误置到90年代的中国?他们的批判话语的真正指向是什么?

一种解释是知识分子在市场经济条件下的边缘化导致他们将不满和道德谴责转移到了大众文化和文化工业身上。正如《法兰克福学

---

① 李陀、杨建平:《失控与无名的文化现实——访"当代大众文化批评丛书"主编李陀》,《天涯》2000年第1期。
② 王朔:《我看大众文化、港台文化及其他》,《王朔文集·随笔集》,昆明:云南人民出版社2004年版,第140—171页。
③ 同上。

派史》的译者单世联在中译版中写的那样,"急速转型的社会结构使知识分子在饱受政治摧残后又遭经济白眼,愈益边缘化、异己化,这些都可能使其本能地接近批判理论……利益标准、物化机制、交换原则渗透到一切非经济领域,精神萎靡、道德失范、艺术衰颓等已绝非盛世危言。……当现代化在世纪末真正成为中国社会的主题时,批判理论才终于成为中国社会的内在需要"①。

联系到90年代初市场经济的初步建立和学术界掀起"下海"大潮的背景,这种从经济基础角度做出的解释似乎成立,但是如果把对文化工业的批判和90年代初中国知识分子中开展的"人文精神"大讨论联系起来看,又会发现单纯的经济解释似乎并不能完全阐明学术场域内部的逻辑。虽然学术场会受到经济和政治权力的影响,但是这种影响并不能直接作用于场域内的行动者。作为一个相对独立的空间,每个场域内的行动者都具有自己独特的"幻象",他们对什么事物值得追求有着场域外人士不能理解的偏好。学术场域也不例外。

媒介文化研究场域的主要行动者来自文艺学、美学等领域的活跃分子,从20世纪80年代开始,他们便敏感地从西方引进各种理论资源,引领文化潮流。五四启蒙时期所倡导的"借思想文化以解决问题的进路"一直在当代知识界具有相当大的市场②,知识分子所主导的学术场与社会其他场域的边界比较模糊,振臂一呼、云集响应的场面在80年代并不鲜见。进入90年代之后,随着经济变革和中国加入全球化大潮所带来的对不同场域的边界的重新界定和学术研究分工的精细化,知识分子的影响力不仅越来越难跨越不同场域之间的界线,"读书无用论"的甚嚣尘上也使得知识分子手中的文化资本在急剧贬值。在这种情况下,他们确实需要新的理论排解这种失落感。

但是这种反抗的动机不能简单地还原为经济逻辑,学术场域有其独特的逻辑。由于市场经济的不发达和文化工业在中国尚不具备强大的影响力,未建立起当下常见的经济资本对社会各场域的"总体统

---

① 〔美〕马丁·杰伊:《法兰克福学派史》,单世联译,广州:广东人民出版社1996年版,第1页。
② 见〔美〕林毓生:《中国意识的危机——"五四"时期激烈的反传统主义》,穆善培译,贵阳:贵州人民出版社1986年版。

第八章 从"文化工业"到"文化产业":从关键词的变迁看中国媒介文化研究

治",90年代的学术场域仍具有相当大的自主性。学术场域中最重要的资本是符号资本,能否通过创造或引进新的概念解释世界是学术人追求的"幻象"。这种通过符号资本确立自身地位的幻象对于学术场域的新进入者来说尤其具有吸引力。从80年代以来,大批学者借着对西方概念、理论、学者的引进和研究,功成名就。媒介文化作为一个新兴领域,缺乏定规和权威,正是新进入者和新理论的最佳登陆点。运用新理论、新概念解释社会关注的大众文化现象成为当时媒介文化学界快捷的成名之路。知识分子曾经一度在新兴的大众文化面前因为缺乏恰当的语言而失语,这些新理论则让他们重新拥有了发言权,表达的欲望使研究者们无暇对一个西方概念或理论做深入语境的解读便简单地将其套用到中国。他们既无视理论的产生历史,又无视中国的历史,造成所谓的"双重去历史化"之弊。[1]

把西方概念作为符号资本导致的一个严重问题是把西方的学术发展看成一个线性的过程,一个由落后向先进发展的进化过程。这一点不仅体现在"文化工业"概念的引进以及对大众文化的批判上,还体现在后来学界通过引进文化研究、后现代主义等学说对"文化工业"的批判上。

1995年至1996年,海外学者徐贲最先对文化工业理论提出了质疑。在论文《美学·艺术·大众文化——评当前大众文化批评的审美主义倾向》[2]《能动观众与大众文化空间》[3]《影视观众理论与大众文化批评》[4]中,徐贲指出了单纯用文化工业理论进行大众文化批判不妥,号召使用文化研究的思路,对当代大众文化进行"实践批评",即深入大众文化,承认消费者积极的意义解读能力,尽量避免简单地套用现成的理论框架,"用历史的眼光看待已有的理论,并根据当下的生存需要和条件来不断更新批评方法和标准"。[5]

---

[1] 孙歌:"前言",许宝强等编:《语言与翻译的政治》,北京:中央编译出版社2001年版。
[2] 徐贲:《美学·艺术·大众文化——评当前大众文化批评的审美主义倾向》,《文学评论》1995年第5期。
[3] 徐贲:《能动观众与大众文化空间》,《戏剧艺术》1996年第1期。
[4] 徐贲:《影视观众理论与大众文化批评》,《文艺争鸣》1996年第3期。
[5] 徐贲:《走向后现代与后殖民》,北京:中国社会科学出版社1996年版。

在这一倡导下,从90年代末开始,文化研究便逐渐取代了"文化工业"理论,成为中国大众文化研究的主导思想。"文化工业"理论的研究者之一赵勇认为这一时期在中国学界"形成一股围剿(甚至是扑杀)法兰克福学派、阻止文化工业理论前行的否定性力量",导致对文化工业理论的研究与传播进一步陷入"说不清道不明的困境之中"①。如果将这一论断放到21世纪以后国家和市场推动的文化工业大跃进的背景下,也许有其合理性,但是对于90年代的学术场域而言,这一激烈的指责显然忽视了学术场域自身的逻辑。

对新观念和新理论的重视是八九十年代中国学术场域进行资本争夺的表现之一,如果对西方学术资源掌握出色,便可拥有更多文化资本和社会资本。从某个意义上来说,当时的媒介文化学术场域的自治性甚至要强于今天,至少行动者之间通行的货币还是理论本身,较少政治权力的干预。但这并不意味着它就完全实现了自律,它的不自由主要体现为对西方理论的无条件接受。为了迅速地累积与兑现手中的符号资本,许多西方理论并未被真正地反思与批判便直接应用于中国,这才出现了用"文化工业"概念进行的"错位的批判"现象。

从"文化工业"到"文化产业"

从英语用词上看,"文化工业"与"文化产业"本身并无实质差异,均是 culture industry 的汉语翻译,但在中国的语境中,二者却具有明显的差别。传播研究者祝建华认为中文里的传媒"产业化"本身是个缺乏严格定义的概念,"商业化"(marketization)、"市场化"(commercialization)才是更具有操作性、通行性的概念。②

陈卫星则从法国政治经济学派的角度对这两个概念进行了区分。他认为"文化产业"是复数的 culture industries 的中文翻译,是当时的法国传播经济学者用以反对法兰克福学派使用的单数的"文化工业"

---

① 赵勇:《未结硕果的思想之花——文化工业理论在中国的兴盛与衰落》,《文艺争鸣》2009年第11期。
② 祝建华:《大众传播研究谨防陷阱》,王永亮、成思行主编:《传媒论典:与传媒名家对话》,北京:中央编译出版社2004年版。

(culture industry)而提出的新概念。他们不同意法兰克福学派所持的"文化产品的生产遵循一个简单的逻辑"这一观点,在他们看来不存在单数意义上的文化工业,因为它是一个由完全不同的要素构成的整体。他们的研究重点为文化产品的特征、文化产业多样化的制度化模式、生产和发行的管理架构以及消费者拥有或使用产品的方式等。[①]

然而今天中国学术界所使用的"文化产业"概念并不是复数的"文化工业"概念,而是一个杂糅了文化霸权的全新概念。通过将同一英语词的翻译加以改变,这一概念替换了"文化工业"中所包含的劣质、单一、伪个性等否定性,代之以肯定性,完成了意义的置换。赵勇认为这两个概念同根同源,只是一个翻译问题。[②] 实际上,这不仅是翻译的问题,而是中国学术场域与政治经济权力合谋完成的一次"创造性转化",这一转化过程在90年代末反思"文化工业"概念的正当性时就已经初露端倪。

最早采用文化工业理论对中国大众文化进行批判的学者在接触了文化研究学派的观点后,改变了最初的立场,转而认为文化工业理论与我国大众文化的生成环境和发展现状并不相符。例如金元浦认为,面对我国刚起步发展的市场经济,学者却"直接移用了西方后工业社会对后现代消费社会的激进主义批判话语和理论资源",由于忽略了社会发展阶段不同的基本现实,必然会出现一些"错位与混乱",在以经济建设和社会发展为主体的现代化进程中,对科学主义的、实用工具理性的、市场意识的提倡仍是十分重要的。[③] 陶东风则指出,如果说发达资本主义社会中的世俗化的大众文化已经代替了官方意识形态而发挥意识控制的作用,那么中国当下世俗的大众文化则发挥着解构神圣、解构旧意识形态的积极作用,[④]它包含着对"民主化、法制化,

---

[①] 陈卫星:《从"文化工业"到"文化产业"——关于传播政治经济学的一种概念转型》,《国际新闻界》2009年第8期。

[②] 赵勇:《未结硕果的思想之花——文化工业理论在中国的兴盛与衰落》,《文艺争鸣》2009年第11期。

[③] 陶东风、金元浦:《人文精神与世俗化——关于90年代文化讨论的对话》,《社会科学战线》1996年第2期。

[④] 陶东风:《文化批判的批判》,《天津社会科学》1997年第3期。

包括新价值、新规范、新道德的建构"①。

早期对文化工业持批判态度的学者们对市场经济与民主之间正向关系的承认,使他们对文化工业的态度变得暧昧和矛盾起来。再加之中国正式融入全球市场之后民族主义意识的增强,进一步强化了学术界对"文化产业"概念的肯定。

1999年底,中美就中国加入世贸组织达成协议,"国门"的打开引起了不少学者对民族文化的忧虑。他们认为,随着外国文化产品的进入,西方的思想观念、生活方式、思维方式等,会在潜移默化中对中国大众的道德和价值观产生影响,有损于社会主义精神文明建设;相比于欧美发达的传媒产业,我国的传媒呈现出"条块分割,媒体资源分散,缺乏优化配置"的局面,不仅加重了政府的财政负担,也无法形成规模效应,不利于提高国内媒体业的竞争能力,从而使得我国难以应对入世后欧美文化带来的强烈冲击。② 面对这样的文化局面,不少学者献计献策,其中,"大力发展文化产业"几乎是人人提及的对策。③ 在相关著作中,有学者甚至指出"一个国家和民族的价值观念、思想意识、行为方式,只有通过大规模的文化产业形态,才能向全世界辐射,并渗透到千百万人的日常生活当中去。……如果不是通过市场交易和产业生产,要把文化产品输送到五大洲的千家万户是不可能的"④。

1998年在政府体制改革、精简国家机构的背景下,文化部却新成立了文化产业司。这一举措说明文化产业得到国家的认可和重视,也标志着中国文化产业的发展进入了"从自发到自觉"的新的历史阶段。⑤ 20世纪90年代末,北京、上海、广州等中心城市纷纷将发展文化

---

① 陶东风、金元浦:《人文精神与世俗化——关于90年代文化讨论的对话》,《社会科学战线》1996年第2期。
② 李建:《我国加入WTO后对传媒业的影响及应对措施》,《北京社会科学》2002年第3期。
③ 胡惠林:《文化产业发展与国家文化安全——全球化背景下中国文化产业发展问题思考》,《学术季刊》2000年第2期;张志军:《中国全面入世与国家电视文化产业安全》,《中国人民大学学报》2002年第1期;白志武、谭盛风:《加入WTO与中国文化建设》,《学术探索》2002年第1期。
④ 花建等:《软权利之争:全球化视野中的文化潮流》,北京:高等教育出版社2001年版,第20页。
⑤ 单世联:《现代性与文化工业》,广州:广东人民出版社2000年版,第470页。

产业作为城市发展的重要目标。以北京为例,北京早在1988年就提出发展文化产业的问题①,1996年由北京市政府主导的"首都文化发展战略研讨会"试验性地提出"文化产业"战略构想,1997年即在第八次市党代会报告中正式决定"大力发展文化产业",并发出建设"全国重要文化产业基地"的号召。② 1999年下半年,北京市起草了"十五"规划中的文化工业发展意见。在首都的示范作用下,东、中、西部主要省会城市,也积极跟进举办文化产业战略研讨会。

经济大环境的推动和相关政策的推出,使得文化产业成为一种主流意识形态的表述,具有了正当性。从文化工业理论的角度来看,文化产业正是其批判的对象,但此时再谈论文化工业却变得不合时宜,转而使用"文化产业"则可以规避这种进退维谷的尴尬。例如金元浦在《试论当代"文化工业"》发表仅一年之后就在《社会科学战线》1995年第6期上发表了《文化市场与文化产业的当代发展》一文,放弃了"文化工业"而代之以"文化产业"。③

作为"文化产业"的重要组成部分的"传媒产业"也在90年代末迎来了真正的发展。从1996年广州日报报业集团成立开始,中央及地方党报、广播电视台和出版社纷纷成立传媒集团。市场化的传媒为了寻找有效的方式提高市场占有率,借助传媒学者的市场调查,进行报纸和节目改版。这种对改进媒介经营管理和完善媒介内容的需求导致了一种新型知识的出现。"媒介经济学"作为一个新兴学科进入新闻传播学。由于没有文艺学曾经批判过"文化工业"的"历史负担","传媒产业"和"文化产业"被作为一个新的、中性的概念引入媒介经济学,它们与法兰克福学派的关系要么被忽视,要么被曲解。法兰克福学派对文化工业的批判仅仅被作为"文化产业"和"传媒产业"概念的史前史来阐述,它们两者之间的矛盾与冲突则被忽略。

和前一个阶段的错位诠释不同,20世纪90年代末到21世纪初的

---

① 宗合:《文化创意产业契合北京城市底蕴》,http://www.people.com.cn/GB/paper53/16976/1491194.html,2012年7月28日访问。
② 赵勇:《未结硕果的思想之花——文化工业理论在中国的兴盛与衰落》,《文艺争鸣》2009年第11期。
③ 同上。

"文化产业"概念不仅没有批判工具理性的文化生产方式,反而为其寻找正当化的理由和提供智力支持。它割断了 culture industry 这一概念曾经与批判理论之间的联系,将其与市场化、民主化和民族复兴等话语勾连(articulate)在一起,从而赋予其正当性。随着媒介机构和政府对学术界投入的增加,这一时期的学术场域的自主性有所削弱。经济资本通过布尔迪厄所说的"符号暴力",使符号脱离原有意义,重新与新的意义结合,影响着学术场域的运行。"文化产业"概念与之前的"文化工业"概念最明显的不同之处在于,前者对现实持肯定态度,后者则对现实持否定态度。

重新定义"文化产业"

进入 21 世纪以来,党和政府进一步明确了文化产业的重要意义。2000 年 10 月,中共十五届五中全会通过了《"十五计划"建议》①,文件中指出"完善文化产业政策,加强文化市场建设和管理,推动有关文化产业发展",这是"文化产业"概念首次经中央正式文件提出并取得合法性;在之后的十六大报告(2002 年 11 月)②和十七大报告(2007 年 10 月)③中,有关文化产业的说法又得到了进一步的丰富和发展。

这一时期中国学者对文化工业理论的阐释和发展基本陷入停滞状态,除了个别学者还在利用该理论对中国文化现象进行解读和批判外,这个概念基本已经无人问津。特别是在文化产业研究高速发展的社会背景下(见图 8-2),文化工业理论似乎丧失了其原有的符号正当性。

与此相对照的是"文化产业"概念的不断升级与衍生,并逐渐形成

---

① 《中共中央关于制定国民经济和社会发展第十个五年计划的建议》,http://news.sina.com.cn/china/2000-10-18/136063.html,2010 年 4 月 12 日访问。
② 江泽民:《全面建设小康社会,开创中国特色社会主义事业新局面——在中国共产党第十六次全国代表大会上的报告》,http://news.xinhuanet.com/newscenter/2002-11/17/content_632285.htm,2010 年 4 月 12 日访问。
③ 胡锦涛:《高举中国特色社会主义伟大旗帜 为夺取全面建设小康社会新胜利而奋斗》,http://news.xinhuanet.com/newscenter/2007-10/24/content_6938568_6.htm,2010 年 4 月 12 日访问。

第八章 从"文化工业"到"文化产业":从关键词的变迁看中国媒介文化研究

了一个新的知识体系。进入21世纪以来,"文化产业"更是得到了学术界的承认和高度关注。关于文化产业研究的国外著作被翻译引进,①介绍国外文化产业发展现状的著作也不断涌现;②从国内学者的研究成果来看,进行理论探讨的相关教材、专著、期刊的数量大幅增加,对国内文化产业发展现状的案例研究也层出不穷。

学术界对文化产业的定义索性摆脱了与法兰克福学派的"文化工业"概念的纠缠,另起炉灶,将其从具体的历史语境中抽离出来,变成一种中性的、普遍的知识。例如关于文化产业的定义,有如下一些观点:精神产品和服务说,即文化产业是"向消费者提供精神产品或服务的行业";③意义内容说,即文化产业是"生产文化意义内容的商品和服务产业";④工业标准说,即文化产业是根据工业标准进行生产、再生产和组成文化产品和服务的一个过程;⑤文化娱乐集合说,即文化产业是"为社会公众提供文化、娱乐产品和服务的活动,以及与这些活动有关联的活动的集合"⑥。尽管几个定义各不相同,但其核心都肯定了将文化作为一种商业进行运作的正当性。

与此同时,围绕着"文化产业"衍生出一系列相关概念,包括(文化)创意产业、内容产业、版权产业等。它们将商业化和产业化作为理所当然的前提,进一步模糊了这一概念与批判理论之间的联系。英国文化研究学派的一些学者对"创意产业"的关注为这些新概念的正当性提供了证据。⑦中国学术界在"西方知识进化链条"上又加入一个新阶段,建立起文化工业——文化产业——创意产业的线性模式,将概念的转换变得更像一个自然的演化过程,从而掩盖了其背后政治经济

---

① 如大卫·赫斯蒙德夫的《文化产业》、约翰·哈特利编著的《创意产业读本》,以及理查德·弗罗里达的《创意经济》等。
② 如清华大学国家文化产业研究中心陆地主编的"世界文化产业"丛书。
③ 张晓明、胡惠林、章建刚:《迎接中国文化产业发展的新时代》,江蓝生、谢绳武主编:《2001—2002年中国文化产业蓝皮书》,北京:社会科学文献出版社2002年版,第2页。
④ 唐任伍、赵莉:《文化产业:21世纪的潜能产业》,贵阳:贵州人民出版社2004年版,第7页。
⑤ 李思屈、李涛:《文化产业概论》,杭州:浙江大学出版社2007年版,第5页。
⑥ 国家统计局设管司:《文化及相关产业分类(2012)》,http://www.stats.gov.cn/tjbz/t20040518_402369832.htm,2012年8月2日访问。
⑦ John Hartley, *Creative Industries*, Malden, Mass.: Wiley-Blackwell, 2005.

权力的影响。

在新的知识体系中,"文化工业"与"文化产业"的关系也被重新定义。其策略主要可分为两类:一是将文化工业理论和文化产业看作两种不同范式作出的解读,二者不分孰优孰劣;①还有一种是认为文化工业理论产生于特定的历史背景,具有合理性也具有历史局限性,因而文化工业理论在当下的中国已不再适用。②

至此,新的知识体系不仅为"文化产业"的正当性提供了充分的证据,而且还在其中为对立面也安排了合理的位置,从而完成了一个完整的"符号宇宙"的建构。③ 在各级政府大力发展文化产业、创意产业的政策背景下,这一时期媒介文化学术场域的自主性进一步丧失,甚至有被政治场域收编的趋势。具有讽刺性的是,当中国还没有真正建立起阿多诺所说的文化工业的时候,对文化工业的批判十分热闹,但是当中国真正具备了阿多诺所批判的对象时,批判者却已经成为文化工业(或文化产业、创意产业等)的学术顾问或者推动者。当然,这并不是苛求每一个媒介文化研究者只能采取阿多诺式的否定态度,然而如果整个学术界中大多数人都采取相同的合作态度,这个现象就显得不太正常。

旧概念被置换成相似但相矛盾的新概念而未遇到任何明显的抵抗,并顺利地被整个场域接受,这从一个侧面显示出学术场域尚缺乏必要的自治性。政治权力和经济权力已经全面渗入学术场域,可以轻易地改变其中的资本数量与资本结构,颠覆其规则与传统。在场域中占据关键位置的行动者在占据了一定的权威位置后,便改变了行为策略,不再采取进入时所使用的挑战、批判现实的立场,而是积极维护既有权威与利益。随着西方的新概念、学术理论资源等被中国学术界消费殆尽,新进入者已经无法像当年的进入者那样通过新的符号资本挑战既有权威,颠覆场域规则,只能采取继承的策略,遵守既有规范。这

---

① 金元浦:《文化创意产业概论》,北京:高等教育出版社2010年版,第3页。
② 见魏鹏举:《文化创意产业导论》,北京:中国人民大学出版社2010年版,第3页;蔡尚伟、温洪泉编著:《文化产业导论》,上海:复旦大学出版社2006年版,第10页。
③ Peter L. Berger and Thomas Luckmann, *The Social Construction of Reality: A Treatise in the Sociology of Knowledge*, London: Anchor Books, 1966.

便进一步强化了经济、政治权力对学术场域的控制权。

通过考察"文化工业"这一外来概念在中国被接受与再发明的过程,可以看到当下学术场域所面临的严峻问题。国家需要将自己的政策正当化,媒介文化的研究者需要通过社会资本的投入进一步巩固其学术地位或兑换更多的经济资本。当这两种需求结合在一起时,媒介文化研究场域便逐步丧失了90年代初引进文化工业概念时的相对自主性,只能顺应现实,无力再发起新的挑战。

第九章　寻找听众:中国传播研究中的创造性互动

关于起源的故事总是容易变成神话。尽管传播研究被正式引入中国才进入第四个十年,但当前部分传播研究史的叙述已经有了这种倾向。这些叙事大致可以分为扩散叙事和机遇叙事两类。典型的扩散叙事采用编年的方式,记录某年某月某日某人的讲学或者作品发表。这种叙事将传播研究在中国的扩散看成是一个传递过程,被传递的内容在扩散过程中没有发生过变化,只有时空的变化。典型的机遇叙事则认为社会环境的变化与需求是导致传播研究在中国发展的最重要的动力,比如强调某个时期中国政治经济体制或政策出现重要变革,导致传媒业和相关产业的发展,创造了对传播研究的需求。

尽管扩散叙事和机遇叙事看上去相互矛盾,但有的时候却同时出场,因为二者具有共同的前提假设:都把传播研究在中国的扩散看成是一个简单而被动的过程,似乎传播研究在中国的扩散是某种因素作用之下的必然结果,或多或少带有波普尔版本的历史主义的特征,偶然性与接受者的能动性则处于缺席状态。本章拟采取一种不同的叙事方式来讲述传播研究在中国的扩散,我将它称为"创造性的互动叙事"。该讲述方式把这一历史过程看作传播研究的"传教士"根据对潜在听众的判断,创造性地改造传播研究的目的与构型(configuration),积极地寻找和满足传播研究的听众的动态过程。也就是说,中国的传播研究者通过本地化策略,将与西方语境中相异的中国公众转化成传播研究的使用者。与此同时,听众也根据自己的想象和实践,提出新的需求,积极地改造传播研究,使它为已所用。

对知识接受者的关注是知识社会学的一个重要课题。写过《知识人》(Men of Ideas)的美国社会学家刘易斯·科塞(Lewis A. Coser)在《社会思想名家》里也采取了这一叙事。他在介绍每一位社会理论大师时,专辟一个标题讨论"听众"问题,原因是"一位知识分子的社会作用是通过听众的赞成或反对得到体现的"①。对于一个正在追求自身正当性的学科而言,听众问题尤其重要。对信息接受者的预期影响着传播者的修辞策略甚至内容。因此,寻找听众的过程展示了新学科(包括其背后的文化、政治体制)与另一种文化和政治体制相遇时所采取的一种积极的生存策略。

之所以说这一互动过程具有创造性,是因为互动双方都没有严格遵守既定剧本,而是根据场景的不同,富有创造性地即兴表演,甚至从实用的原则出发,创造新的场景演绎剧本。有了传者和听众的积极参与,中国当代语境中的"传播学"就不是一个静止的概念,而是一个随着传受双方的身份和语境不断变动的概念。换句话说,中国的"传播学"不是单数,而是复数。传播学在影响了中国的新闻传播研究和实践的同时,也被中国的现实所影响。如果不对这一变化过程保持足够的敏感,中国的传播研究将很难做到自觉和独立。

新闻学者:传播研究在中国的第一批听众

美国学者柯文曾批评过西方学者在研究中国近代历史时提出的刺激—回应、传统—现代等命题。他认为把中国的变化的原因简单地归结为外部因素的刺激,把西方简单地视为"先进的"现代,而把中国简单地视为"落后的"传统,是没有摆脱西方中心论的表现。② 在传播研究被引进中国的叙事中,也存在着类似的问题。不少关于这段开疆

---

① 〔美〕刘易斯·科塞:《社会思想名家》,石人译,上海:上海人民出版社2007年版,第10页。
② 〔美〕柯文:《在中国发现历史》,林同奇译,北京:中华书局1989年版。

辟土的历史的讲述方式基本还是罗列中国传播研究者对西方(尤其是美国)传播理论的翻译与介绍,很少探讨更重要的问题:20世纪70年代后的传播研究仅仅是从外部输入的吗?这些先驱者为什么要花这么大力气干一件当时看上去有政治风险且吃力不讨好的事情?在西方的传播研究进入中国以前,当时的学术氛围是否已经产生了接纳传播研究的内在需求?或者换一个不太准确但却更形象的问题:究竟是西方的传播研究率先"发现"了中国,还是中国率先"发现"了传播研究?

根据现有的材料,后者的可能性更大一些。

20世纪50年代,中国学者便"发现"了美国刚出现的传播学科并零星地翻译过几个概念,但当时仍按照民国时期的传统,把"大众传播"(mass communication)翻译成"群众思想交通",①还未有清晰的学科想象。70年代末复旦大学郑北渭等人则把传播研究看成了美国新闻学研究的一个新的发展阶段。比如在中国首次明确译介大众传播研究的《美国资产阶级新闻学:公众传播(Mass Communication)》一文的译者按里,郑北渭写道:"美国许多大学从五十年代前后开始把原来只包括报刊、广播的新闻学系,扩大为包括多种宣传工具的公众传播系或学院。"②从"交通"到"传播"的译名变化,意味着在中国研究者心目中,communication已经从零星的"传播研究"一变而为"传播学"。

1981年12月,郑北渭在全国新闻研究工作座谈会上的发言中介绍了西方的传播学,引起了与会新闻研究者的兴趣,要求他进行更详细的介绍,于是郑北渭在会上对许多新闻学者做了传播学的启蒙。③这次传播学在新闻学者面前的公开亮相成为传播研究被引进中国的最重要的预热。

郑北渭把传播研究放到西方新闻学发展的最新动态的框架里加以介绍,把中国的新闻学者作为听众,成功地吸引到了中国传播研究的第一批听众。会场上听众积极的集体反应让中国社科院的一些学者产生了策划一次传播学座谈会的念头。次年第一次传播学座谈会

---

① 〔美〕华伦·K.艾吉:《美国报纸的职能》,郑北渭译,《新闻学译丛》1957年第2期。
② 郑北渭:"译者按",〔美〕华伦·K.艾吉:《美国资产阶级新闻学:公众传播(Mass Communications)》,《外国新闻事业资料》1978年第1期。
③ 郑北渭:《关于传学的若干问题》,《新闻学会通讯》1982年第13期。

的召开,成为中国部分敏感的新闻研究者接纳传播学的标志性事件。

施拉姆1982年4月底5月初的中国之行进一步强化了上述印象,他选择了新闻研究者和新闻工作者作为他的听众,访问了复旦大学、中国社会科学院新闻研究所、中国人民大学等新闻研究教学机构,还在人民日报社做了讲座。① 根据现在看到的他在中国人民大学和中国社会科学院的发言,他都首先表明自己曾经是新闻记者,而且强调了传播学对新闻学的贡献。他将传播学的发展分成三个阶段:一是四大奠基人的初创阶段;二是美国新闻院系将新闻研究扩大到传播研究,新闻研究成为更大的社会科学研究(传播研究)的一部分;三是未来社会科学将被综合成一个学科,传播学成为这个学科的基础。②

这个说法迅速被中国的学者接受。国内传播研究的先驱张隆栋教授1982年发表了系统介绍传播学的长文《美国大众传播学简述》,他在引言里提出:"美国大众传播学是由新闻学发展起来的,可以说是广义的新闻学。这就是说,大众传播学既包括新闻学,又有它自己的新发展、新理论和新研究成果、新研究方法。"③

如果把中国新闻学者迅速接受传播学简单归功于施拉姆成功的修辞策略,则低估了中国新闻学者的能动作用,忽略了国内新闻研究者对于新的理论资源的内在需求。中国研究者愿意成为传播学的热情接受者,还有另一个相当重要的隐含动机——借引进传播学实现新闻学研究的独立。1957年开始,中国新闻理论研究经历了一系列政治运动,延安时期总结出的新闻理论和实践逐渐成为教条,一旦偏离被划定的范围,就会面临政治风险。简单重复使整个新闻研究领域呈现出万马齐喑的乏味状态,亟须进行理论革新。但是刚刚经历了新闻学研究政治挂帅的时代的学人都心知肚明,贸然否定原有的"定论"非常危险。但是中国从近代以来唯科学主义就与社会主义结盟④,"文化大

---

① 余也鲁:《传播学及"中国传"在中国破冰之旅》,王怡红、胡翼青主编:《中国传播学30年(1978—2008)》,北京:中国大百科全书出版社2010年版,第612—615页。
② 〔美〕威尔伯·施拉姆:《美国"大众传播学"的四个奠基人》,王泰玄记录,《国际新闻界》1982年第2期;〔美〕宣伟伯:《传学的发展概况》,《新闻学会通讯》1982年第14期。
③ 张隆栋:《美国大众传播学简述》(上),《国际新闻界》1982年第2期。
④ 〔美〕郭颖颐:《中国现代思想中的唯科学主义(1900—1950)》,雷颐译,南京:江苏人民出版社2005年版。

革命"后拨乱反正,科学话语的风险最小。而新引入的"传播学"具有去政治化的特征,用中立的眼光和客观的数据来描述和解释现实。因此,借助传播学的"科学性",通过词汇的转换抛弃僵化的旧理论,阻力就小得多。在那个过度政治化的语境里,追求学术自由便通过追求科学曲折地得以实现。

当然,也正因为早期的传播研究在学术研究的目的之外,承载了太多学术政治的目标,变成了新闻研究者完成新闻理论变革的工具,导致许多今天看来比较明显的"误读",比如为了强调传播研究的正当性而把它当成一个成型的传播学(科)、从新闻研究出发单纯强调大众传播、为规避政治风险夸大传播研究的科学化、低估批判学派的价值、重视理论体系却忽视研究方法和学术规范、错误理解理论与实践的关系空谈本土化等(见第七章)。

理想的听众和实际的听众

行动者主观后果与实际后果的差异是社会理论中一个富有魅力的课题。① 在传播研究的扩散过程中,同样存在着传播者心目中的理想听众与实际听众的错位。早期传播研究的引进者们带有很强的功利性,②他们不仅想借助传播学的词汇改变学术表达的语法,更重要的是试图通过引进传播学,改进中国"新闻宣传工作"的方式。

在修辞方式上,早期的传播研究者经常把传播与宣传并列。这是一种自我保护,还有另一层意思是想将宣传工作者转变成传播学的新听众。比如郑北渭在上面提到的那次讲座中,就把西方的传播学与中国共产党的宣传进行了对照,认为二者存在许多相似之处(表9-1)。尽管今天看起来这种类比显得十分牵强,但却体现了作者争取宣传管理者认同的苦心。

---

① 〔英〕安东尼·吉登斯:《社会学方法的新规则》,田佑中等译,北京:社会科学文献出版社2003年版。
② 胡翼青:《播种与孕育:重述中国传播学的第一个10年》,《河北大学学报(哲学社会科学版)》2009年第1期。

表 9-1　郑北渭列出的西方传播研究与中国共产党宣传经验的共同之处①

西方传播学观点	我国的宣传报道观点
1. 传播是社会信息的流通；人际的信息交往	教育群众，发动群众，对群众进行宣传（坚持辩证唯物主义与历史唯物主义观点）
2. 传播的模式和过程	从群众中来，到群众中去，往复循环
3. 传播媒介	阶级舆论工具
4. 传播的职能：互通信息，顺从引导舆论，提供教育、娱乐	互通信息，顺从引导舆论，提供教育、娱乐
5. 传播的"有限效果"论	政策需要宣传、贯彻，但从根本上说，威力在于政策本身，宣传自身的效果是有限的
6. 传播学中的"意见领袖"或"二级或多级传播"	往往通过代表性人物、领导人、干部、先进分子、积极分子、民主党派负责人发表意见，影响群众
7. 传播学中的回馈学说	小组讲座吸收意见，开调查会、座谈会；来信来访，意见调查，征求意见，群众反映

　　传播学可以被宣传所用的看法得到了新闻宣传机构中少数开明干部的认可。比如当时中国社会科学院新闻传播研究所的安岗所长就主张使用传播学的方法研究读者。② 在他的支持下，社科院新闻所的陈崇山等人在1982年进行了中国第一次受众调查。但是总的来看，在80年代，传播学的引进者们并没有成功地让心目中的理想听众认真聆听他们的主张。因为"资本主义民意调查"在当时仍然是禁区，就是这次受众调查，也顶着相当大的压力。③ 戴元光提到过这样一件轶事："在一次报社总编会议上，某教授讲授一天的传播学，不少人不知所云，有些人提出来要批判传播学。这些听不懂传播学和拒绝传播学的，基本上都是些未经过新闻专业训练的'宣传工作者'，那些长期从

---

① 郑北渭：《关于传学的若干问题》，《新闻学会通讯》1982年第13期。
② 安岗：《研究我们的读者》，中国社会科学院新闻研究所编：《中国新闻年鉴（1982）》，北京：中国社会科学出版社1982年版；安岗：《我们要有向读者听众观众调查的浓厚空气》，北京新闻学会调查组编：《北京读者听众观众调查》，北京：工人出版社1985年版。
③ 《艰难的起飞——访中国社院新闻与传播研究所研究员陈崇山》，袁军等：《传播学在中国——传播学者访谈》，北京：北京广播学院出版社1999年版。

事新闻学研究的学者却心领神会。"①

20世纪80年代,一部分反思"文化大革命"教训的"新闻宣传工作者"不满足于做传声筒,开始强调新闻报道的专业性,渐渐与宣传干部的角色拉开距离。就像戴元光所说,前者容易成为传播学的听众,而后者则因为传播学偏离了党性原则对媒介的中性化处理而对传播学充满警惕。研究者心目中的目标听众是宣传部门的管理者,但在这个阶段,他们不但没有成为现实的听众,反而将传播研究视为"资产阶级自由化"的表现。1989年风波后,吴冷西发表文章,严厉斥责传播学以中性的媒介概念代替了具有阶级性的新闻工具概念。② 此后一直到90年代中期,中国的传播研究进入停滞期。

以经济建设为中心:传播研究在经济领域的新听众

传播研究被引进中国的早期,虽然在政治领域受挫,但是在经济领域却一帆风顺地找到了一批忠实的听众。

回顾中国传播研究史会发现,早期大力推广传播学的学者中有许多也是公共关系的积极引介者。例如,中国社会科学院新闻研究所不仅是较早介绍和研究传播学的机构,也是较早研究公共关系的机构。在中国公共关系的正当化过程中起到重要作用的是1984年12月26日《经济日报》刊登的通讯《如虎添翼》和配发的社论《认真研究社会主义公共关系》,这两篇文章就是该所的明安香撰写的。③ 明安香还主编了中国第一本公关书籍《塑造形象的艺术——公关学概论》(1986)。中国第一篇关于传播研究的硕士论文是复旦大学的居延安撰写的,同时他也是《公共关系学》(1989年)的作者,这本书在2005年还出了第

---

① 戴元光:《20世纪中国新闻学与传播学·传播学卷》,上海:复旦大学出版社2001年版,第100页。据戴元光说,这位教授就是中国人民大学的张隆栋,他的听众是东北某省的党报总编们。
② 吴冷西:《新闻舆论界的作用令人深思》,《人民政协报》1989年7月18日。
③ 明安香:《如虎添翼:记广州白云山制药厂的公共关系工作》,《经济日报》1984年12月26日。

三版,是国内颇有影响的公关教材。复旦大学的陈韵昭、祝建华也在《经济参考报》上撰写过介绍公共关系的文章。①

从一开始,中国学者就认为公共关系和传播学关系密切,但二者在中国的命运却迥异。与引进传播学时的小心谨慎相比,对公共关系的引介工作则显得理直气壮。《经济日报》的社论《认真研究社会主义公共关系》一文中,甚至都没有"政治正确"地对来自"西方"的公共关系进行例行公事的批判就直接热情接纳。② 当时的研究者认为,新闻研究如果要和党中央提出的经济体制改革相结合,公共关系是个很好的结合点。③

20世纪初公共关系在美国诞生时,曾因其与民主理念不符引起不少质疑。④ 但在20世纪80年代的中国,被抽象化和理想化的公共关系被当成一剂促进企业经营和提高消费者服务质量的良药,以至于本来应该恪守专业主义并与公共关系保持距离的新闻媒体反而成为公共关系的积极倡导者。以《经济日报》为首,《经济参考报》《光明日报》《工人日报》《文汇报》《北京日报》等各级报纸纷纷发表相关的介绍文章,但未有一家提到公关与新闻的基本原则之间存在冲突。中国第一家本土公关公司环球公关公司(1985年)是国家通讯社新华社下属的中国新闻发展公司创办的。⑤ 甚至还有学者倒因为果地提出,因为公共关系追求信息透明,所以对中国的政治体制改革也具有促进作用。⑥

20世纪80年代中国媒体的专业化意识和本体意识尚弱,从政府和国有企业的角度思考问题,还未能意识到新闻报道与公共关系之间的冲突。首先,当时中国的新闻媒体与其他大部分企业一样,都是国有企业,属于一个利益共同体,新闻工作者作为党和政府的喉舌,自认为肩负着指导和教育企业转变观念、促进经济体制改革的职责,所以

---

① 陈韵昭、祝建华:《公共关系在中国的兴起》,《经济参考》1985年4月22日。
② 《社论:认真研究社会主义公共关系》,《经济日报》1984年12月26日。
③ 沈纯:《辛勤耕耘结佳果:明安香先生访问记》,《公关世界》1997年第12期。
④ Stuart Ewen, *PR !: A Social History of Pin*, New York: Basic Books, 1996.
⑤ 余明阳编:《中国公共关系史(1978—2007)》,上海:上海交通大学出版社2007年版,第20页。
⑥ 居延安:《公共关系与改革》,《世界经济导报》1986年11月3日。

顺理成章地成为公共关系的鼓吹者。其次,公共关系理论把媒体看成宣传工具,这与党的宣传观念基本一致,为社会主义经济服务也就等于为党和国家服务。最后,与传统的单向宣传相比,公关重视受众,强调双向沟通,在传播理念上反而比当时的新闻报道更"进步",所以得到新闻界的欣赏。于是在中国出现了一个在其他国家罕见的现象:本该对公共关系充满警惕的新闻媒体和新闻传播研究者反而成为公共关系的积极推动者。

在市场化转型过程中,传播研究和其他相关学科融合而成的公共关系在中国成功地找到了一大批听众,从80年代末期开始,公关热席卷全国。①

传播研究在经济领域的听众除了来自公共关系领域外,媒介的经营管理研究是另一个增长点。随着媒体的市场化和竞争加剧,媒体工作者逐渐认识到传播学不仅是改变传播观念的形而上学,而且受众研究可以实实在在地为媒体带来效益。20世纪90年代中后期,随着第一波传媒改革的进行,以周末版、《北京青年报》《东方时空》以及各地的都市报为代表,在媒体市场领域产生了一批传播研究的忠实听众。注意力资源稀缺导致的压力持续加剧,"使人们不得不越来越重视对于受众的研究、对于传播市场的研究以及对于传播产业发展趋势的研究"②。一时之间媒介经营管理成为传播研究中最热闹的分支,甚至很快地以独立学科的面目出现。

20世纪70年代末80年代初,来自新闻学背景的学者所想象的"传播学"主要限于以美国管理学派为主的传播研究,他们看重的是去政治化的、经验的"科学研究"所带来的获得学术自由的机会,未曾反思和批判过这种研究本身的意识形态前提。90年代后,市场自发的需求把这种研究中曾经被忽视的工具理性精神激发出来。在中国,是资本而不是政治权力最早发现了经验传播研究为权力服务的一面。以社会操作为本位,关注社会现实问题和操作问题,描述、解释和控制社

---

① 见余明阳编:《中国公共关系史(1978—2007)》,上海:上海交通大学出版社 2007年版。
② 喻国明:《"春江水暖鸭先知"——我们为什么要极其重视零售市场》,喻国明:《解析传媒变局》,广州:南方日报出版社 2002 年版,第 46 页。

会现实和发展的"形而下"的研究有了充分的发展空间。

在中国的语境下,由于市场起着撬动政治改革顽石的作用,这种表面上只关注经济而不讲政治的传播研究具有了政治正当性。比如喻国明认为:"80年代末那场风波,使新闻业几乎在一夜之间退回到改革开放的起始状态,这便不得不让我们思考,中国的传媒发展不仅仅需要改革的理论和主张,甚至不仅仅需要一张设计精良的发展蓝图,它首先需要解决的是改革的动力问题,解决改革的执行力量的问题。不把中国传媒业沿着市场化产业化的方向做强做大,中国传媒业的改革开放就只停留在说说而已的境地上。"①

在这批新听众的左右之下,传播研究不但没有实现第一代学者所追求的学术自由与独立,反而被套上了市场的枷锁。更重要的是,不少学者对研究本身缺乏必要的反思,包括媒介商业化的后果。由于没有对管理学派隐含的科学至上观念和工具理性做深入探讨,也没意识到引进过程中对西方传播学的多重误读,导致研究不是"引领"和"纠正"市场,而是在"追随"市场,既缺乏独特的议题,也抑制了另一些议题。吕新雨批评说:"在中国当前的媒介研究里面,媒介经济管理的研究占主流地位,它的目标是帮助媒体做强做大,学术研究成了利益集团的某种合谋者。这些研究与中国大众传媒的市场化改革相互响应,其结果是大众传媒日益转向城市中心化,为追求广告目标受众而中产阶级化,这构成了中国社会整体转型的一个重要组成部分。"②

听众还是委托人

进入21世纪后,随着中国进一步被卷入全球化大潮,来自国外的信息开放压力增加。中国公民自由民主意识的增强,加之全球突发传染病等偶然因素的介入,使得一开始拒绝接受传播学的新闻管理部门突然意识到了传播研究的用处。政府不仅颁布了《中华人民共和国政

---

① 韩运荣:《有关传播学在中国发展途径的探讨——访中国人民大学新闻学院副院长喻国明教授》,段鹏编:《传播学在世界》,北京:中国传媒大学出版社2005年版,第111页。
② 吕新雨、赵月枝:《中国的现代性、大众传媒与公共性的重构》,《传播与社会学刊》2010年第12期,第1—24页。

府信息公开条例》(2008年5月执行),而且迅速建立各级政府机构的发言人制度,展开了轰轰烈烈的新闻发言人培训,学习如何应对媒体和公众。承担这些培训的讲授者,不少来自新闻传播研究领域。中国第一代传播学者想要争取的新闻宣传管理者终于坐到了传播学的课堂上。

在市场受众研究中获得了大量经验的传播研究者们试图劝说政府部门用更"科学"的方式引导民意。正如近一百年前美国公关学者爱德华·伯奈斯所说的那样,政府要向商业机构学习如何通过科学的调查与精心的管理去"设计民意"(engineering the public opinion)。① 但是反讽的是,传播研究者在改变了管理者的思维之后,自己也变成了权力体制中专家体系的一部分。

借助后知之明我们发现,早期传播研究者在追求科学性的同时,忽略了它的另一面——以科学、中立为口号的管理研究客观上起到了维护现有体制的作用。尽管中国学者很早就了解这一结论,但是在中国的语境里,上述批评针对的都是"资产阶级学者"的传播研究,中国的传播研究者很少有人怀疑过为现有体制服务有什么错。因此,政府几乎成为中国传播研究最重要的听众,近些年来政府发言人、政府危机公关、国家(政府)形象、公共外交、中国软实力、舆论引导、舆情监测与研判等题目已经取代了媒体的经营管理,成为各类论著和课题申报的热点。尽管在中国的具体环境下,政府通常是社会变革与发展的主要动力,为政府服务是传播研究的任务之一,但是当管理的视角成为唯一的选择时,传播研究的独立性与学术性就面临威胁,一些揣摩上意的应景报告纷纷出炉,而社会转型期许多有价值的理论问题则被忽视。

当然,中国的传播研究者对这个问题也不是没有任何思考。比如一些人提出,通过服务于政府,至少可以改变政府与公民之间的单向信息流动。通过改变话语表达方式,可以改变政府的行为。在对话中,政府会变得更加民主。

这个观念其实并不新,在前面所提到的80年代引进公关的过程中,已经有研究者含蓄地提出过这个看法。这是一个具有中国特色的

---

① Edward L. Bernays, *Propaganda*, New York: Horace Liveright, 1928, p.110.

观念。在西方公共关系观念兴起的时期,以伯奈斯为首的民意控制专家们为自己的行为寻求正当化时,主要借助的是以19世纪欧洲群众心理学为基础的大众社会理论和李普曼的专家治国理论。[①] 这种专业主义的立场很少讨论公众权利,更看重的是社会秩序。但是在中国,社会控制的观念和公民权利的观念却被很巧妙地"勾连"(articulate)在一起,从而建立起了一种具有葛兰西所说的霸权色彩的话语。

确实,许多人提出,通过改变我们的交流方式,可以达到更加民主的目的。然而,社会学家迈克尔·舒德森指出,这种说法颠倒了因果关系。对话不能创造民主,相反,是民主创造了对话。他认为,对话本身并不必然导向民主,必须要在一定的规则之下才能产生民主的结果。对话要求平等,但真正的民主不一定以平等对话的形式出现,每个人只能在规则的约束下行使表达权利。这种制度约束下的交流不一定总是一团和气、亲切友好的对话,常常会有争执与攻击,甚至让人不堪忍受。因此,对话既不是民主的充分条件,也不是必要条件。我们在生活中观察到对话具有某些民主的特征,恰恰是民主观念渗透进日常生活的表现。所以是民主促进了对话,而不是反过来对话导致了民主。[②] 舒德森的观点提醒我们,期待对话能导致民主,在逻辑上犯了倒因为果的错误。从2009年云南发生的网友组团调查躲猫猫事件中可以看出,缺乏制度保证的对话最善的结果是无功而返,最坏的结果或许是通过伪事件的表演愚弄公众。

学术独立与多元的听众

本章从传播研究的听众角度,回顾了传播研究在中国的落地过程。它说明传播学在中国的被接受与扩散遵循特有的本地逻辑,加以重新诠释与改造的外来的学说只有与中国现实的需求产生共鸣时,才可能被接受。如果以西方的学说为标准看中国的传播研究,就会产生

[①] Edward L. Bernays, *Propaganda*, New York: Horace Liveright, 1928; Edward L. Bernays, "The Engineering of Consent," *ANNALS*, AAPSS, 250, 1947, pp. 113—120.

[②] Michael Schudson, "Why Conversation is Not the Soul of Democracy," *Critical Studies in Mass Communication*, 14(4), 1997, pp. 297—309.

一些脱离现实的错误评价。

当然,这一创造性互动过程也给我们留下一个问题:为什么中国的传播研究没有做出应有的成绩?虽然我们可以辩解说中国社会科学研究的整体环境有待改善,社会科学研究受西方中心主义影响较大,但是从本章可以看出,中国的研究者并不是被动接受、无所作为,而是在积极地制造(或迎合)听众,改造着"传播学"。存在选择和自由意志的地方,责任就不应该缺席。中国传播研究的起点是通过引进西方的传播学,实现学术独立于意识形态,但在寻找听众的过程中,为了获得学科正当性,却忘记了初衷,逐渐依附于经济与政治权力。最后传播研究的推广者终于让政治权力接受了传播学,但却与追求传播研究独立的初衷渐行渐远,主要的表现有以下三点:

一是学术研究的听众单一。学术独立并不意味着躲进象牙塔,但它至少应该具有公共性。学术研究的听众应该是多样化的而不仅仅依附于某些群体,但反思传播研究在中国发展的三十多年,主流成果的服务对象是政府、企业,很少把包括其他学科在内的学术共同体、普通传播从业人员,甚至公众作为重要听众。

二是出于对学科正当性的焦虑,中国的传播研究沉溺于证明研究的实际功用,很少提出过有影响力的独立议题。整体上看,中国的传播研究的理论想象力比较贫乏。主流的研究缺乏积累与规划,随波逐流,没有影响现实,只是被现实所影响。许多成果只是在为现实做注脚或者论证现实的正当性,很难脱离政治、商业体制和西方学术范式,提出独特的见解。

三是反思精神还不够。西方传播研究源于战争宣传和市场营销的需求,但是由于受社会科学研究传统的影响,它并没有放弃理论建构,与工具理性保持了一定距离,这才有了施拉姆所建立的"传播学科"。在人文主义传统的影响下,以法兰克福学派为先锋的批判学派又对管理学派的研究范式进行了犀利的批判。正是在这种工具取向与学术取向的张力下,才有了传播学科和传播学术研究的继续发展。但是反观中国,三十多年来除了不断追逐现实的需求外,缺乏学术独立的制衡,在理论建构方面几乎乏善可陈,这恐怕与缺乏这种反思精神有相当大的关系。

除了上面回顾的历程外,近些年来国际学术界部分关心中国的研究者又成为中国传播研究的新受众。尽管他们人数有限,但是因为中国学术评价标准的变化,国际学术期刊的发表量成为重要指标。国际化和规范化是进步,与此同时出现了一些从西方语境出发迎合国际听众的研究。这些研究采取一种二元对立的立场,将西方作为本质、中国作为现象,出现了为学术中心提供剪裁过的素材,或将去语境化的西方理论强加在中国经验上的现象。这一趋势将会对中国传播研究产生何种影响,还有待观察。但是中国传播研究三十多年的经验告诉我们,若问题和诉求脱离中国现实,仍将难以获得真正的学术自由与独立。

第十章　从受众研究看"传播学本土化"话语

从应然到实然:两种"传播学本土化"

"传播学本土化"问题自三十年前引入传播研究以来,一直困扰中国传播研究者,曾经引起过激烈的讨论。近年来这个问题在中国国力崛起时又从幕后重新走上前台。即使是没有直接参与这一讨论的研究者,在研究中也回避不了此问题带来的种种选择难题。如果说在之前的激烈讨论中,主要是关于研究应该何去何从的规范性话语(这一问题将在第十一章集中讨论),本章则打算转换视角,以受众研究为例,从经验的、历史的角度对"传播学本土化"的现实结果进行考察,并在此基础上,反思作为话语的"传播学本土化"的争论对今天的研究的启示。

"传播学本土化"作为学术问题,最早由得风气之先的香港和台湾学者提出。在不断的讨论中,学者们的观点经历了一个从"予"到"取"的转变。余也鲁从民族感情出发,认为中国的传统文化与五千年的智慧中蕴藏着宝贵的遗产,应该为世界的传播研究做出自己的贡献,甚至应在"西方的传播学"之外,建立起"中国的传播学"。[①]这种视角是

[①] 余也鲁:《译者代序》,〔美〕宣伟伯:《传学概论:传媒、信息与人》(最新增订本),余也鲁译述,香港:海天书局1983年版。

从"予"的角度理解"本土化"问题。不久,研究者们注意到"西方"传播理论在中国的适用性问题,转向"取"的角度。基于对社会科学与自然科学存在差异的判断,学者们从中国文化的特殊性这一角度出发,反对简单移用"西方"传播理论,提出应该摆脱后者的教条,从中国具体的经验和问题出发进行研究。①

20世纪90年代中期的"传播学本土化争论"是中国传播学发展三十年的历史中少有的几次学术论争之一,参与者们在得出是"一场误会"这一结论之后似乎达成了一个共识:传播学本土化就是研究中国问题。② 然而这个模糊的回答依然让这个问题扑朔迷离:什么是"中国问题"、为何进行研究,以及如何进行研究的问题仍然悬而未决,甚至"传播学本土化"这一问题的提出及其话语本身也是个值得反思的问题。

按照郑杭生等人的分类,社会学本土化可以分成运动型和非运动型。前者表现为有明确目标的群体性学术运动,如中国20世纪30年代社会学的本土化运动;后者则缺乏明确主张,是学术实践中所体现的取向或特征,如美国的社会学本土化。③ 如果更明确一些,也可将上述两种本土化称为规划型的本土化与自然型的本土化,这组概念对于研究传播学本土化颇有启发。前者是学者们站在应然的角度对中国传播学本土化的规划,试图对何种研究取向最佳进行价值判断。对于一个刚刚起步有待确定方向的研究领域,这种取向无可厚非。不过随着研究的积累,我们观察"本土化"问题的视角也有了更多的选择:三十年来在中国传播研究实践中表现出的"自然型"的本土化逐渐清晰。它不是来自少数理念先行者的规划,而是在中国具体语境中理论与实践长期互动的结果。如果把传播研究在中国的被接受看成一个创新扩散的过程,那么随着创新的普及,除了关注创新应该如何被接受外,还应该关注接受者赋予创新的意义和实际使用方式(再发明)。在理论的"旅行"中,基于特殊语境的"误读"也值得关注,因为"误读"有时

---

① 孙旭培:《序言》,孙旭培:《华夏传播论》,北京:人民出版社1997年版。
② 中国传播学30年课题组对孙旭培的采访。
③ 郑杭生、王万俊:《二十世纪中国的社会学本土化》,北京:党建读物出版社2000年版,第24—25页。

会成为创新的契机,比如欧洲启蒙时期对中国的"美丽想象"或中国对美国制度的理想化。

有鉴于此,这里所说的"本土化"与具有特定含义的 indigenization 不同,更接近于 localization(本地化),它指的是在中国针对传播研究的本地解读与创造性使用。我们要提出的问题是:中国的传播研究有没有表现出与其他国家不同的特征?中国的传播研究是不够本土化还是过于本土化?中国的传播研究的动力和议程究竟是"西方"(主要是美国)传播学强行输出给中国的,还是从中国的实际经验中自发产生的?

中体西用:三种受众研究

要回答上述问题,不妨回到中国传播研究的经验。不少传播研究者提到,在传播学"正式"进入中国的三十多年中,成果最显著的领域恐怕是受众研究。① 受众研究不仅对中国传媒改革和政治决策产生了较大影响,而且也较早受到海外关注和承认。中国社会科学院陈崇山主持的 1982 年北京受众调查报告被翻译成英文在美国发表,1987 年中国人民大学舆论研究所对中国政治精英的调查也引起了西方的关注。更为重要的是,受众研究为传播学在中国的应用和普及起到了很好的"典型示范"作用。所以本章将以中国传播学引进初期的受众研究为例,回答刚才提出的与"中国传播学本土化"有关的三个疑问。

大致说来,1978 年至 90 年代中期中国的受众研究分为三种取向:一是以党报群众路线为出发点的受众研究;二是以社会主义政治民主观念为出发点的受众研究;三是为媒体市场化服务的受众研究。

第一种取向以当时社科院新闻研究所的陈崇山主持的北京地区读者、观众、听众调查为代表。这次调查对中国受众研究产生了深远影响,不仅突破了许多学术研究上的禁区(不能进行民意调查),并且培养和带动了其他研究者。北京调查的模式迅速被各地复制,在当时掀起了一个受众调查的高潮。

---

① 徐耀魁:《大众传播新论》,苏州:苏州大学出版社 2005 年版。

值得注意的是,这次调查虽然采用了抽样调查的形式,其出发点和主导思想却不是传播学中的受众研究,而是党报的群众路线。"文化大革命"刚结束时,中国的党报改革正面临着一个转折点,不仅出现了针对"党性"和"人民性"的理论探讨,也面临着如何修补党报与群众的关系的问题。时任《人民日报》副总编和社科院新闻研究所所长的安岗参加了在美国召开的亚洲太平洋地区关于国际政治与大众传播的学术会议,他从美国同行的发言中受到启发,认为中国的报纸必须学习西方同行通过数据深入了解读者的做法,并且发表了题为《研究我们的读者》的讲话。[1] 没有安岗的大胆提议和支持,1982 年首都新闻学会的受众调查就不会顺利展开。作为一个长期从事共产党新闻工作的领导者,安岗倡导的受众调查,其目标和思路均不是来自传播学,而是党报的群众路线,这一点在这次受众调查的主持者陈崇山那里表现得也十分明显。

陈崇山早在考入人民大学新闻系之前就是《中国青年报》和《浙江日报》的通讯员,留人民大学任教后她非常关注编辑部的群众工作(如处理读者来信、培养通讯员)问题,还曾专门到《中国青年报》读者来信组实习,学习怎样处理读者来信,对党报密切联系群众的传统有直接的体验。她意识到要想当一个好记者,必须同读者保持最亲密的关系。对她来说,受众调查只不过是将过去人们熟悉的直接走访和开座谈会等党报群工部的做法用"资产阶级民意调查"的方式实施而已。尽管参加过 1982 年的第一届传播学座谈会,但直到 1985 年,陈崇山才注意到"受众"的概念,所以在 1982 年的这次调查中,只使用了"读者、观众、听众调查"的概念。[2] 80 年代受这次调查影响的其他受众研究,也都是在传统群众路线的框架内进行的,传播学(严格来说是其中的抽样调查研究方法,当时称之为"社会统计法")只是充当了工具。

第二种以社会主义民主政治观念为出发点的受众研究,其代表是中国人民大学舆论研究所在 20 世纪 80 年代进行的舆论调查。在"文

---

[1] 安岗:《研究我们的读者》,中国社会科学院新闻研究所编:《中国新闻年鉴(1982)》,北京:中国社会科学出版社 1982 年版。

[2] 来自对陈崇山的访谈。

革"之后,甘惜分对我国的党报在政治体制中的作用进行了反思,提出报纸要反映民意。在80年代中期较宽松的政治气氛中,他办党报不成,退而求其次,打算办一张大学生报纸,从大学生活跃的思维中找出针对一些问题的讨论,办出政治上、思想上都很活跃的报纸。虽然这一计划得到批准,但因经费不足与缺乏有效运作半途而废。于是甘惜分又申请创办舆论研究所,试图通过这个机构反映民意。1986年舆论研究所成立,该研究所的首都知名人士龙年展望调查(1988)在当时产生了较大影响。这些研究的思路和甘惜分所主张的"报刊媒体不仅要反映党的政策,还要反映民众的思想"一脉相承,舆论研究被看作大众媒体的替代品。事实上,甘惜分对传播学并没有太大兴趣,他所倡导的舆论调查从目标到指导思想并没有受到传播学的影响,和陈崇山从事的受众调查一样,只是一个实现目标的工具。

第三种为媒体市场化服务的受众研究是在20世纪90年代中期媒体改革、都市报涌现和媒体集团化等趋势的推动下应运而生的。1989年之后,传播学被视为新闻媒体资产阶级自由化的诱因之一而受到批判,90年代初传播学的发展受到限制,一直到90年代末期,随着政治环境的宽松,传播学研究才得以复苏。这一时期的媒介市场调查的从业者尽管深受80年代传播学研究的影响,但是市场的推动力量显然超过了遭受打击后尚未恢复元气的西方传播理论的影响。此外,这类传播研究中以实用为主的咨询研究和对策研究也与西方传播研究以理论建构为主的取向截然不同。以市场化为取向的受众研究者并未完全放弃政治诉求,他们期望自下而上的市场化改革,改变传统的新闻体制,一些研究者甚至将这种取向视为前一种取向的微观操作。① 尽管这种途径的动机与结果之间的关系还有待观察,但是至少说明这不是按西方理论的指引而进行的循规蹈矩的简单模仿,而是针对中国现实问题的应用性研究。

从以上三种取向的受众研究可以看出,中国20世纪80年代以来的传播研究的产生与发展的主要动力并不是西方的传播理论研

---

① 来自对喻国明的访谈。

究,而是本土的政治与经济实践,不少研究采取了美国传播研究的形式,但是模仿只是表面或局部现象。西方的传播理论非但没有主导中国的传播研究,反而被整合进了中国的传播研究。这种整合后的传播研究与西方标准存在一定距离,但是如果我们放弃"传播研究"的单一标准,我们会发现,中国的传播研究不是本土化不足,而是过度本土化,以至于我们要对这种以实用为主要目的的本土化策略进行反思。

可能有人会提出这样的疑问:受众研究本来就是实用性较强的领域,受到现实环境的影响也属正常,以它作为中国研究的本土化的典型不是提出了一个不可证伪的命题吗?如果我们把中国的受众研究与英美的受众研究作一个对比,就会发现不是所有受众研究都必然走上相同的道路。美国的传播研究也经历过一个"本土化"的过程,芝加哥学派对欧洲古典社会学传播问题的改造是本土化的第一波,以拉扎斯菲尔德为代表的哥伦比亚学派取代芝加哥学派又是本土化的第二波,这种自然型的本土化使美国的传播研究经历了沧海桑田。不论对管理研究做何价值评价,在实证研究逻辑指导下的受众研究中,理论建构依然是重要的研究目标。探讨意见领袖的作用的"人际影响"项目原来是一个对妇女期刊读者的调查,但卡茨和拉扎斯菲尔德在以此为基础完成的《人际影响》中说:"我们的研究结果将充分显示,对消费者行为的分析远远超越了其商业意义,它可以进入到对人类行为的普遍性问题的探讨之中。"[①]英国文化研究中的受众研究一方面拒绝为管理者服务,另一方面也与美国主流的以效果为轴心的传播研究保持距离,从而呈现出独特的批判性。[②] 中国的受众研究中实用理性占据绝对优势,理论研究与对策研究缺乏明确分工。这使得中国的受众研究不仅没有"盲从"西方,反而具有了倔强而鲜明的中国特色。

[①] Elihu Katz and Paul F. Lazarsfeld, *Personal Influence: The Part Played by People in the Flow of Mass Communication*, Glencoe, IL: Free Press, 1955, p.7.

[②] 比如〔英〕戴维·莫利:《电视、受众与文化研究》,史安斌译,北京:新华出版社2005年版。

暧昧的"传播学本土化"话语

如果上述看法成立的话,那么中国传播研究从一开始就超出了学院派的规划,自然形成了直接服务于现实、干预现实的本土化特征,这也导致中国的传播研究和其他学科相比,在理论建构方面,近乎交了一张令人尴尬的白卷。对这一类型本土化的结果究竟应该作何评价,这需要更多学者参与讨论。这里关注的是另一组问题:为何学者们对这一本土化过程视而不见,反而提出了"中国传播学的本土化"问题?这些不同话语背后的诉求是什么?这些诉求是否合理?

在传播学 1978 年被重新引入中国之初,当时所谓"传播学本土(中国)化"的话语表现为对西方资产阶级的传播学要"批判吸收""自主创造"等政治话语。20 世纪 90 年代学者的争论中提到的本土化,已经摆脱了政治话语,进入到文化、认识论、学术规范等层面。这种在学术自觉基础上进行的研讨,本身就是一种进步。① 但是由于这个概念过于暧昧,不仅导致了许多无谓的误会,而且掩盖了对真正重要的问题的讨论。

20 世纪 90 年代中期关于传播学研究本土化的争论,就源于"传播学本土化"概念的模糊性。在这个概念之下,包含了传播理论的普遍性与特殊性、历史研究与社会科学研究、应用研究与理论研究、全球化与西方霸权、学习与创造等多组问题,学者们在不同的维度上进行了一场"三岔口"之战。比如孙旭培提出:传播学研究中国化的目的就是通过研究中国的传播历史和现状,为传播学的丰富和发展作出贡献,使传播学不至于只是"西方传播学"。② 这是从社会科学理论在不同文化中的特殊性角度来看本土化。而王怡红则认为除了提倡本土化以外,还要提倡世界化。③ 这是从社会科学理论追求普遍性的角度来看本

---

① 孙旭培在访谈中提到,他关注传播学本土化的研究还受到当时政治环境的影响,因为 90 年代初期无法正面讨论新闻改革等敏感话题,所以转向更中性的传播学本土化(当时主要是研究传统文化中的传播思想)的研究。
② 孙旭培:《序言》,孙旭培:《华夏传播论》,北京:人民出版社 1997 年版。
③ 潇湘(王怡红):《传播学本土化的选择、现状及未来发展》,《新闻与传播研究》1995 年第 4 期。

土化的。朱立批评(中国的)传播研究具有依赖性,做的研究只是"来料加工"而不是"出口外销",一味在消化"中心"的理论,自我创造性不足。① 这是从世界(学术)体系的角度看待本土化问题,具有朴素的民族感情。而另一些学者把理论问题与研究框架、研究方法甚至语言结构联系在一起,用后结构主义的视角分析权力与知识的关系。比如李彬一方面肯定"本土化的背后隐含着一种自觉的而非盲目的、深刻的而非肤浅的、清醒的而非狂热的民族主义",另一方面却提出:"(中国传播研究)面临一个怪圈,一方面要走自己的路去追索真知实理,另一方面又必得遵循别人的章法,依据别人的理路,甚至采纳别人的行话。"他对简单地将国外传播学概念套用到中国传统文化现象上表示了怀疑。②

同样的问题在社会学和心理学的本土化讨论中也曾经有过深入探讨。③ 学者们得出了这样一些结论:第一,要理解社会科学与自然科学的差异,不宜把自然科学的认识论简单照搬到社会科学之中,尤其需要警惕西方研究中那些带有特殊文化烙印的前提假设。第二,我们要摆脱简单的民族主义情绪,理性地看待学术规范。学术规范不只有一种,而是多种,除了实证的范式,我们还可以使用诠释的或批判的范式,不同的研究范式令我们有能力反思单一的、标准的垄断以及知识与权力之间的关系。第三,要区分文化传统与传统文化,社会科学应该关注的是在今天仍然影响着社会的文化传统,而不是简单地用现代的术语去剪裁传统文化,或简单地用传统文化的概念去剪裁当下的现实,甚至单独搞一套话语体系和理论。第四,警惕"特殊性"或"多样性"背后的狭隘民族主义或思维惰性。全球化的影响使得单一、纯洁的文化不复存在,在中国的现实问题中既有全球性问题,也有特殊问题,如果为了强调特殊性或多样性而假想出一个统一的中国特征或问题,把中国与西方

---

① 朱立:《中国的传播研究与传播研究的中国化》,张咏、莫江华整理,《国际新闻界》1996年第1期。
② 李彬:《反思:传播研究本土化的困惑》,《现代传播》1995年第6期。
③ 例如徐经泽主编:《社会学中国化——中国大陆学者的讨论》,济南:山东大学出版社1991年版;叶启政:《社会理论的本土化建构》,北京:北京大学出版社2006年版;杨国枢:《中国人的心理与行为:本土化研究》,北京:中国人民大学出版社2004年版;翟学伟:《中国人行动的逻辑》,北京:社会科学文献出版社2001年版;邓正来:《学术与自主》,北京:北京大学出版社2008年版。

作为一个虚构的整体简单地对立起来,产生拒绝外国经验和视角的排外倾向,这反而与本土化话语中寻求多样性的初衷相悖。

以上话题还可以继续扩展,但是传播学者们在争论中,忽视了像中国受众研究那样自然出现的本土化特征。这种以描述研究、应用对策研究为特征的本土化提醒我们,中国传播研究中值得关注的除了如何本土化的问题,还有为什么本土化的问题。

从引进传播学伊始,大部分中国学者便不假思索地把传播学本土化的目标界定为研究中国传播问题,服务于中国传播实践。但是很少有人对这个目标中理论本身的缺席表示异议,这说明我们对于传播理论与传播实践的关系还缺乏反思。由于中国的传播学在新闻学框架里被引进和解读,实用的特征远胜于学院特征,这与西方的传播研究形成了鲜明对比。这既受到近代以来追求民族富强的民族主义诉求的影响,也和延安整风以来形成的理论和实践相结合的学术方针有极密切的关系。好的理论一定要与实践结合,这本没有错,但是在如何结合的问题上却容易被庸俗化。正如传播研究的先驱勒温所说,"没有比理论更实用的东西了",这里的"实用"显然不仅指解决眼前问题、带来现实利益,同时包括在学术与社会方面的用途。然而从中国的受众研究中可以看出,那些能够在实践中立刻派上用场、实现短期目标的传播学工具能够被中国学者迅速接受,而那些更具学理性的或人本主义的理论则受到轻视。迎合现实需要和政治潮流的研究成为传播研究的主导,而独立的、遵守学术规范的、以理论为追求的研究却乏人问津。这使得中国的传播研究整体上表现出轻理论、重应用,轻批判、重管理的工具理性的特征。作为社会科学,传播理论研究本应该和现实保持若即若离的关系,而由于和现实过于亲密的"本土化"对策性研究与理论研究缺乏明确分工,市场咨询研究与学术研究缺乏明确分工,导致本土化理论研究的生存空间局促。

因此,如果要改变中国的传播研究亦步亦趋地服务于现实的现状,期待出现既本土化又具有学术规范的理论,首先需要重新思考传播理论研究与传播实践之间的关系。要提倡学术独立与自主,警惕政治场域和经济场域对学术场域的渗透,这样,才可能对过于"本土化"的中国传播研究做些学术的规划。

第十一章 传播研究本土化的两个维度

本土化焦虑的产生

中国传播学界关于本土化的讨论经历了一个有趣的过程:起初我们既不认为这是一个值得关注的问题,也不认为它是个难解的问题;但是接下来海外华人学者的关注和讨论使我们意识到这确实是个问题;现在当海外学界已经不认为这是个问题的时候,我们却突然发现本土化竟成了一个亟待解决的问题,并产生了某种程度的焦虑。

上述过程比较复杂,因为已有相关研究细述于前,这里只作简单勾勒。① 1978年后,传播学是以"新闻学研究的新阶段"的标签被正式引进中国的,作为一种理论资源,它被整合进新闻学研究。和80年代突然涌入中国的众多西方学术思潮一样,传播学代表着西方学术研究的最新成果,学习与补课是主要任务。当时的传播研究界处于"西学热带来的反传统"状态之中②,新鲜的概念和视角打破了新闻理论的教条,这种反叛带来的兴奋和新鲜感使本土化很难作为问题被正式提出。如果说当时有类似本土化的声音的话,主要是担心传播学动摇了

---

① 详见胡翼青:《传播研究本土化路径的迷失——对"西方理论,中国经验"二元框架的历史反思》,《现代传播》2011年第4期。
② 李彬:《反思:传播研究本土化的困惑》,《现代传播》1995年第6期。

马列主义新闻理论的主导地位,究其实是一个意识形态主导权问题,与后来所讨论的本土化问题基本没有交集。针对这个时期的本土化问题,当时社科院倡导传播研究的学者们用"系统了解、分析研究、批判吸收、自主创造"的十六字方针就简单打发了。① 然而究竟如何批判引进,如何吸收融合,如何自主创造,根本无暇细究。这是传播研究本土化问题的第一个阶段。

进入 20 世纪 90 年代,随着传播研究逐渐从研究停滞中复苏,传播研究本土化问题第一次被正式提出,但是主要发起者是一些对西方传播研究有较深体会的港台地区和海外华人学者。余也鲁在 1983 年随施拉姆访华时就提出了系统整理中国古代传播思想的问题,可是说者有意,听者无心。直到 90 年代,在余也鲁等海外华人传播学者的倡议下,一些学者转向中国的传统经典,试图以此对西方传播理论有所补充。② 尽管他们对传统文献进行了一些有价值的整理工作,然而整理国故的目的是用现代的传播理论来诠释经典,还是从经典中归纳出仍然适用于现代社会的思想?多数研究者在这个问题上的态度是暧昧的。不少研究从古代经典入,却从现代西方理论出,以现代传播理论的眼光将传统文献重新梳理了一遍。其思维方式与其说是归纳,不如说是演绎。至于得出的结论有什么价值,是否适用于当今中国,是否适用于非中国文化,则语焉不详,充其量只是搭建了一些缺乏问题意识和根基的空中楼阁。颇具讽刺性的是,这种做法不仅未将西方理论本土化,反而将中国传统经验塞进了西方理论的模子里,默认了西方理论的普遍性。围绕着这种研究取向是否合理,中国传播学者曾展开过一场本领域难得一见的学术讨论。③ 就在这个问题还未得到深入反思的时候,继 80 年代中期之后传播学的第二轮补课潮滔滔而来,2000

---

① 王怡红、胡翼青主编:《中国传播学 30 年(1978—2008)》,北京:中国大百科全书出版社 2010 年版,第 37 页;徐耀魁、黄林:《西方传播学座谈会综述》,《国际新闻界》1982 年第 4 期。

② 余也鲁:《在中国进行传播研究的可能性》,《新闻学会通讯》1982 年第 17 期;余也鲁:《中国文化与传统中传的理论与实际的探索》,〔美〕宣伟伯:《传学概论:传媒、信息与人》,余也鲁译述,香港:海天书局 1983 年版。

③ 见张威:《探索与立场:30 年中国传播学研究的五次争鸣》,王怡红、胡翼青主编:《中国传播学 30 年(1978—2008)》,北京:中国大百科全书出版社 2010 年版。

年前后译著大量出版,学习吸收尚且应接不暇,本土化问题又被搁置到一边。虽然有一些零星的本土化尝试,但基本上走的是港台地区在八九十年代走过的将西方理论在中国加以验证的"西方理论,中国经验"的老路。上述阶段可算是传播研究本土化问题的第二个阶段——问题的输入阶段。

21世纪的第一个十年结束之时,随着中国经济实力的增强和国际地位的提高,传播研究本土化的问题又被重新提出。但这一次的语境有了很大变化。其一是传播理论在中国的引进初步告一段落。随着翻译和对外交流的增加,中国对西方传播研究的知识地图已经有了整体印象。尽管在一些细节问题上还有待深入,但是国人完全没听说过的全新理论已经不多见。与此同时,西方传播研究进入瓶颈期,学者们哀叹"伟大的传播理论到哪里去了"。这意味着"文化大革命"后的补课告一段落。第二个变化是民族主义的兴起。面对中国国际地位的提升,中国学术界的"诺贝尔奖"焦虑与"大师"焦虑从一个侧面反映了学术界急于得到世界承认的急躁心态。中国的传播研究者也为提出不了被西方学界认可的"中国传播理论"而患上了同样的焦虑症。虽然和三十年前相比,传播研究已经有了长足进步,但学界认为这与中国目前的地位并不相称。在大国崛起等民族主义思潮的影响下,此时的本土化诉求已经超越了第二阶段海外学者提出的补充西方理论的保守框架,进而要彻底打破西方的"学术话语霸权",在国际学术界占有与国家地位相称的一席之地。概言之,当海外学者认为对本土化问题已经厌倦了之后,中国传播学界又重新提出了本土化的问题。从提出时机来看,这已不是一个纯粹的学术问题,而是掺杂了政治动机,然而从现实的角度来看,它确实反映了中国传播学界在走出学习阶段之后失去方向的迷茫状态。

本土化问题的提出方式

从对传播研究本土化问题史的梳理中可以看出,不同时代本土化问题的语境和潜台词并不相同。甚至可以说传播研究本土化话语本身就是一个由语境制造的问题。但是在对它进行回答的过程中,多数研究却将问题的语境悬置起来，把它当作一个存在唯一正解的问题加以讨论，并做出了不同的回答。对于语境的反思一直到近年来才逐渐出现。①

除了关注语境这一历史维度外，还有一个维度被研究者忽略了，那就是话语结构问题，具体来说就是本土化问题的提问方式。提出一个好的问题比回答这个问题更重要，提问方式定义了问题的视角与讨论域，同时也限定了答案的备选项。因此，在回答传播研究本土化的问题之前，先要界定本章的提问方式。目前来看，传播研究本土化的提问方式可以分成三类。

第一种问题提出方式首先承认问题的正当性，可称之为肯定派。这一派学者对问题本身并不怀疑，认为传播研究的本土化理所当然，关键在于如何做。他们一般只认可一条本土化的行动路径。他们意识到了本土化话语背后的张力在于对"理论"和"研究"这两个概念在东西方的文化中存在不同的解释。中国传统文化中不仅缺乏现代社会科学的理论建构方式或者说以自然科学为基础的思维方式，而且讲求经世致用的工具理性也与源自古希腊的追求真理的求真意志相抵牾。② 建构中国本土的传播理论，不是制造一个与西方完全对立的东西，而是首先要遵守西方的理论建构标准，从中国具体的文化语境出发，"入乎霸权，出乎霸权"。换句话说，具有主体性的"好的"研究就是本土的研究。③

至于具体如何实现上述目标，这一派内部则见仁见智，莫衷一是。方案之一是从华人传统文化中提炼出理论"胚胎"，用现代的社会科学方法建构和检验，东西融合，提出具有普遍性的理论。④ 另一种解决方案则相反，认为本土化的主要任务是解释中国的特殊现象而不是用中

---

① 如陈卫星:《关于中国传播学问题的本体性反思》，《现代传播》2011年第2期；胡翼青:《传播研究本土化路径的迷失——对"西方理论，中国经验"二元框架的历史反思》，《现代传播》2011年第4期。
② 汪琪、沈清松、罗文辉:《华人传播理论：从头打造或逐步融合?》，《新闻学研究》(台湾)2001年总第69期。
③ 李金铨:《视点与沟通：中国传媒研究与西方主流学术的对话》，《新闻学研究》(台湾)2003年总第77期。
④ 汪琪、沈清松、罗文辉:《华人传播理论：从头打造或逐步融合?》，《新闻学研究》(台湾)2001年总第69期。

国的理论资源建构普遍性理论。因此不必简单地排斥西方理论,而应从本土实情出发,广泛搜索国际学术界的知识库,从中严格选择相关且具有操作性的概念、命题或框架,建构起能解释中国的整合性的理论。① 方案三是采用现象学的方法,参照中国具体的生存场域,提出有意义的问题,再按照社会科学研究的游戏规则逐步抽象,同时参照平日积累的西方理论,提出能够与西方对话的本土理论,弥补单一的美国传播研究视角。② 方案四不承认理论的普遍性,认为所有知识都是地方性的,因此本土化的要旨是从地方经验和语境出发,通过诠释学的方法,建构和解决属于本土的特有的研究问题,并将本土作为世界的一部分呈现出来,参与和其他"地方"的对话。③ 尽管还有不少其他的解决方案,但以上述四种回答最具有典型性和操作性。

　　第二种问题提出方式则认为传播研究本土化本身是个伪问题或无意义的问题,这一派也可被称为取消派。其基本观点是本土化的提法本身带有划清界限或排外的民族主义情绪。一种看法认为传播学是科学,没有必要区分它来自哪个地区,世界是均匀分布的。一个理论的提出基于本国背景,但在全球一体化的背景下本国的就是世界的。信息时代和全球化造成了东西方界线的模糊,很难区分何为本土的、何为外来的。④ 还有一种看法认为传播学本土化本身是个暧昧和可疑的概念,它将"西方理论"与"中国经验"对立起来,对二者均做了非学术化的和教条主义的解读,因此它作为问题和方法均不成立。传播学本土化应该是一种多元的学术自觉,其价值仅在于让中国的研究者对外来理论与中国经验之间的张力保持警惕和批判。⑤

---

　　① 祝建华:《中文传播研究之理论化与本土化:以受众及媒介效果的整合理论为例》,《新闻学研究》(台湾)2001年总第68期。
　　② 李金铨:《视点与沟通:中国传媒研究与西方主流学术的对话》,《新闻学研究》(台湾)2003年总第77期。
　　③ 黄旦:《问题的"中国"与中国的"问题"——对于中国大陆传播研究"本土化"讨论的思考》,黄旦、沈国麟编:《理论与经验——中国传播研究的问题及路径》,上海:复旦大学出版社2013年版。
　　④ 陈力丹:《关于传播学研究的几点意见》,《国际新闻界》2002年第2期;陈力丹:《新闻传播学:学科的分化、整合与研究方法的创新》,《现代传播》2011年第4期。
　　⑤ 胡翼青:《传播研究本土化路径的迷失——对"西方理论,中国经验"二元框架的历史反思》,《现代传播》2011年第4期。

第三种提问方式将本土化看作一个社会现象,更关注其背后的发生机制以及不同本土化话语的正当性,姑且可称之为知识社会学视角。这一派从创新扩散的"再发明"概念出发,把本土化看成是一个自然发生的而非人为规划的过程,关注外来观念与接受者的互动与相互协商,研究理论"再发明"的过程、影响因素和结果。在这一问题域中,本土化被视为多个标准和研究范式相竞争的结果。①

本土化问题之所以难解,在于它将理论的一般性与特殊性、人文学科与社会科学研究、应用研究与理论研究、普适主义与西方霸权等多组复杂的问题都混合在了一起,牵一发而动全身。但是这里并不赞同因本土化问题与上述问题纠缠在一起就可以简单地把它们一起作为脏水泼掉。因为在本土化问题的背后,隐藏着"怎么办"的焦虑,这是我们无法回避的。和国外传播研究相比,甚至和国内其他一些人文社会科学相比,中国目前的传播研究均有相形见绌之感。一位参加过全国人文社会科学评奖和校内职称评定的教授曾在私下透露,在这些会上,其他学科的学者对于新闻传播学参评成果的学术性普遍表示怀疑和轻蔑,让他倍感面上无光。随着对国外成果的引进告一段落,我们无法再以"还在补课阶段"为借口逃避,即使我们把本土化问题当作伪问题取消,但在实际行动中,还是不能回避对路径的选择。当然,也不应将本土化视为静态的标准,忽略了它与中国现阶段国情的互动以及此问题背后各种复杂因素的动态协商过程。我们应将本土化问题放在一个充满张力的动态场域中加以理解。本章将采用第三种思路(第十章的思路),尝试着将本土化问题中的行动意向与背后的意识形态剥离开,先将其还原为纯粹的行动路径,然后再对它们做出分析。

充满争议的本土化标准

讨论传播研究本土化的行动路径,首先要确定本土化的标准。在这个问题上,本土化话语显得比较暧昧,混杂了许多学术以外的意识形态。

---

① 见第十章。

目前学术界所讨论的传播研究本土化的标准,大致可以总结为四种基本表述:一是对中国经验和中国问题的研究;二是中国学者的研究占主导;三是研究成果能够应用于中国实践;四是在西方范式之外确立中国范式。一般所讨论的传播研究本土化也就是这四种基本表述的组合。为了简明起见,这里将它们分开讨论。

第一种标准最常见,也最含糊。因为它没有涉及谁来研究以及如何研究的问题。最容易导致的问题是懒惰的研究者将舶来的理论简单套用在中国经验上,走上"西方理论、中国经验"的老路。对这一现象的论述与批评已经很多[1],这里不再赘述。

此外,我们不妨考虑这样一种极端情况:随着中国国际地位的提高,国外学术界对中国的关注也会持续增加,如果有一天在中国传播问题的研究领域,国外学者的成果占主导地位且得到学术界承认,这能否叫作实现本土化?——就近年来大量翻译成中文的汉学研究来看,这种现象并非完全不可能发生。

这一看法符合本土化的第一种定义,但显然它与目前本土化话语的第二个标准不符。这反映出目前本土化的概念里还隐含了某种民族主义情绪,即这些研究的主体应该是中国人(至少是华人)。对于偏好量化考核的科研管理者来说,这一目标更容易操作。尽管批评之声不绝[2],但以 SSCI 作为标准的评价体系在亚洲不少地区的学术界,已经成为既定事实。这一标准带出了另一个问题:谁来评价研究的优劣,或者说学术研究的听众应该是谁?韩国的学术国际化比中国略早一步,走的也是这条路线。韩国首尔大学姜明求教授在与中国人民大学新闻学院师生交流时曾提到他做过一个内容分析,统计了韩国籍学者在 SSCI 期刊上发表的论文,发现题目多是国外议题或模型,与韩国直接相关的不多。换句话说,简单强调由本国学者作为研究主体,并不一定导致本国问题研究的繁荣,尤其是当把国际期刊发表量当成唯

---

[1] 李金铨:《视点与沟通:中国传媒研究与西方主流学术的对话》,《新闻学研究》(台湾)2003 年总第 77 期;胡翼青:《传播研究本土化路径的迷失——对"西方理论,中国经验"二元框架的历史反思》,《现代传播》2011 年第 4 期。
[2] 比如陈光兴、钱永祥:《新自由主义全球化之下的学术生产》,《台湾社会研究季刊》2004 年总第 56 期。

一的评价指标时。

　　前面两个标准之所以不令人满意,是因为忽略了另一个条件——研究本身要有益于中国的实践。这就引出了关于理论与应用之间的张力的话题。从学科历史来看,传播研究作为一个学科,发端于实际应用,尤其是二战时期的政治宣传。但是作为栖身于高等院校的社会科学,它又兼具理论抱负,所以形成了应用研究与理论研究双峰并存的局面。"有益于中国的实践"的要求相当合理,但究竟是什么实践,谁的实践,理论和实践应该如何联结,却是中国传播研究界长期以来未彻底解决的问题。关于这些问题,本章后面再详细讨论。

　　第四种标准最复杂,可能也是争论中最难解的部分。早在 20 世纪 90 年代关于本土化的讨论中,李彬就针对西方话语的霸权问题提出了自己的困惑。尽管他并不排斥西方的理论与话语,却对简单搬用西方概念和理论来表述中国经验表示出一丝担忧。① 正如胡翼青所注意到的那样,这里包含朴素的后殖民主义批判的色彩。② 后殖民主义反对的是以西方为中心、从西方自己的利益和偏好出发来建构发展中国家的经验。这种单一的话语表述结构可能是有意识的,更多的则是无意识的,由话语结构本身所决定。所以言说方式和思考框架本身成为后殖民主义理论家重点关注的对象,无论是西方人还是被西方话语所同化了的来自世界体系边缘的人,只要使用这种语言,就可能带有某种偏见。传播研究也是如此,使用西方的概念或方法,就可能成为这种后殖民话语的代理人。从原则上来看,上述看法政治正确,但是还需要进一步区分。

　　一是要区分方法和方法论。方法是研究的程序和规范,方法论则是关于方法本身的理论。每个理论都有未明确表达的前提假设,如果未对这些前提进行批判和检验(布尔迪厄所说的"客体化")就简单地移植,就会出现主张本土化的学者所批评的"食洋不化"的现象。这种现象不仅存在于中国的研究领域,在西方的研究领域中也

---

　　① 李彬:《反思:传播研究本土化的困惑》,《现代传播》1995 年第 6 期。
　　② 胡翼青:《传播研究本土化路径的迷失——对"西方理论,中国经验"二元框架的历史反思》,《现代传播》2011 年第 4 期。

存在。表面上看它是由理论的跨文化使用引起的，实际上却是方法运用的问题。而一些激进的本土主义者则以此为证据，认为这些设置是西方社会科学方法本身的问题，要另起炉灶，这便犯了将方法与方法论混为一谈的错误。创新本身无可厚非，但是在没有得到学术共同体普遍承认的基础上便简单地否定这个群体已经建立的共识，就显得过于轻率了。

二是要区分不同的"西方"。有研究者发现，中国传播学界对西方的想象具有"美国中心主义"的特征。[①] 然而西方的研究范式并不是铁板一块，而是多个范式并存。目前中国学者关于传播研究范式有两种分类：一种是从认识论角度，将其分为客观经验主义的（实证主义）、诠释经验主义的（诠释主义）以及批判的；一种是在理论前提下，将其分为经验—功能主义学派、技术主义控制论学派、结构主义—权力学派。[②] 自20世纪70年代末引进传播学以来，中国学者在很长一段时间里误把实证的定量研究作为唯一的西方范式，以偏概全地将东西对立起来，没有看到西方范式里其实别有洞天，除了北美的实证研究外，还有以马克思的政治经济学为基础的北美、欧洲的传播政治经济学，英国的以文学批评和社会学为基础的文化研究，德国法兰克福学派的批判理论和哈贝马斯的交往行为理论，法国学者的偏哲学玄思的传播哲学等多样的理论与方法。因此在另起炉灶之前，需要先回答以下两个问题：中国的研究是否已经积累了足够特殊的例外，以至于现有的研究范式已经无法容纳而需发生范式革命？如果否定了已有的研究范式，中国的传播研究目前是否有与西方相对应的方法论和理论范式可用？客观地说，目前这两个条件都还不成熟，因此，贸然谈革命还为时尚早。

---

① 赵月枝、邓理峰：《中国的"美国中心论"与中国新闻业和新闻传播学术的发展》，《新闻大学》2009年春季号。
② 刘海龙：《大众传播理论：范式与流派》，北京：中国人民大学出版社2008年版；胡翼青：《传播学：学科范式与范式革命》，北京：首都师范大学出版社2004年版；陈卫星：《传播的观念》，北京：人民出版社2004年版；陈力丹：《试论传播学方法论的三个学派》，《新闻与传播研究》2005年第2期。

本土化话语背后的张力

在上面讨论的传播研究本土化标准的几种表述中,只有研究主体问题比较明确(但它的错误也最显而易见),关于研究的目的、对象和方法,则缺乏清晰的界定。要做到这一点,必须把它们放在两组张力之中进行具体分析,即应用取向与理论取向、理论建构中的特殊性与普遍性。正是因为没有对它们做出明确说明,才使得不同的论者所说的"本土化"言人人殊。这种混淆进而导致过于强调其中一极,甚至用一极取代另一极,出现畸形的本土化倾向。

从历史的角度看,传播学科的建立,直接的推动力是宣传、说服等实践活动。[①] 但是研究者们在建构这个学科时,又将另一些以理论为取向的源头纳入到这个学科之中,比如对传播研究的芝加哥学派的源头的建构就是这样一种努力。[②] 因此,作为社会科学,传播学从诞生伊始就处在应用与理论的张力之中。尽管所有理论研究最终都是为了应用,但在直接目的上还是有所分化。有的是直接提供行动指导(如市场调查、舆论研究等),有的只是为了解释世界、理解与我们有文化差异的群体,直接目的是求知。追求经世致用和追求完美的理论解释,在大多数研究中无法兼得。但是只要遵循学术规范,这两种传播研究的目标都是正当的,不能简单地用一个否定另一个。

然而在中国的现实操作中,对这两者的关系却经常处理不当。一种表现是把理论神圣化和教条化,把应用研究当成理论研究的附庸。这一传统既源于中国科举传统对儒家经学文本的神圣化,也源于当代宣传系统对理论的歪曲。如果把理论看成是不可错的,那么真正有价值的问题只在于如何用演绎的方式将理论恰当地应用于现实。现代社会科学的认识论在经过波普的证伪理论和库恩的范式理论洗礼之

[①] Timothy Glander, *Origins of Mass Communications Research during the American Cold War: Educational Effects and Contemporary Implications*, Mahwah, N.J.: Lawrence Erlbaum Association, 2000.

[②] Jefferson Pooley, "Daniel Czitrom, James W. Carey, and the Chicago School," *Critical Studies in Media Communication*, 24(5), 2007, pp.469—472.

后,早已经把这种中世纪的神学理论观打碎,可是在官僚阶层的宣传逻辑之下,这种提法仍然充斥于官方文件和科研课题指导之中。

第二种表现则是理论的工具化。这种立场看似与前一种矛盾,实则是硬币的另一面。理论的神圣化,背后的真实目的往往是理论的工具化。哲学、文学、经济乃至自然科学都曾被作为政治工具,再加之以现实利益作为诱饵,直接的后果便是学术研究的政治化和缺乏独立。学术研究跟在政策后面喊口号或做注脚,极大地扼杀了理论研究的自由与想象力,而和意识形态宣传密切相关的传播学更是深受影响。因此追求本土化,首先要对学术与政治的关系有深刻的自省,具有学术独立的自觉,否则再过三十年,中国的传播研究仍然会处于一个原创理论缺席的尴尬局面。

第三种表现是把应用研究和实践概念庸俗化。在宣传逻辑中,神圣的是我的理论,它具有实用性,而其他理论则一概被斥为无实用价值的虚假意识。这是庸俗化的一种方式。更常见的是另一种:在政治权力话语和市场话语的支配下,形成某种话语霸权,仿佛只有能直接带来现实利益的研究才是好研究,否则就是空洞无用的理论。这种看法把应用和实践简单等同于实用,理论和应用之间的缓冲地带被取消了。于是投入少见效快、能够直接指导现实的研究被重视,而理论建构则因为缺乏"实用性"或不能指导实践而被轻视。

关于学术研究的功能,马克斯·韦伯曾在《以学术为业》中有过一个经典的论述。他提出学术研究的主要功能是去魅,让人理解事实层面的规律,但它不能解决所有问题,尤其是信仰与价值的问题。[①] 韦伯当时所指的学术研究大致相当于这里所讨论的理论研究,尽管今天未必所有人都会接受人类社会存在与自然界相似的客观规律的看法,但是这个判断里最重要的一点是为理论的使用划定了一个边界。越过了这个界线,真正的理论就显得毫无用处,因此不能简单地把实用性作为评价标准。

另外,随着我们对理论与行动间关系的理解进一步深入,受到马

---

① 〔德〕马克斯·韦伯:《学术与政治》,冯克利译,北京:生活·读书·新知三联书店2005年版。

克思主义(尤其是"新马克思主义")的意识形态理论的影响,不少研究者开始把理论研究也看成是一种实践形式,在研究中通过不断反思,重构自己与现实的关系,进而影响他人,改变社会。这既是研究,同时也是解放行动。不仅马克思主义这么看,批判的知识社会学以及后结构主义(如福柯的"知识权力"论)也将知识生产视为建构社会现实与秩序的重要途径。从这些角度来看,理论与实践的关系远不只是"理论指导实践"这一简单论断所能概括的。所谓实践,也不仅限于工具理性这一个维度。

第四种表现则是放弃理论追求,认为中国的实践只是沿袭西方现代化的老路,在赶超阶段,完全没必要进行理论建设,忠实地应用西方的理论即可。这种看法并不反对理论研究,只不过认为当前的情境应该把重点放到应用上。姑且不论西方理论是否完全适用于中国,关键在于理论与应用之间并不是非此即彼的选择,相反,它们之间应该是相互促进的关系,完全可以并行不悖。放弃理论追求,也就等于放弃了学术研究者的主体性与独立性,这无疑是一种懒惰和犬儒主义。从这个意义上讲,重提本土化具有正面的激励意义。

因为未能处理好理论研究与应用研究的关系,从结果看,中国三十多年来的传播研究表现出较浓的工具理性的特征,应用研究发达,理论研究成果贫乏,呈现出一种特殊的中国特色。① 理论研究处于弱势地位一方面是因为受到现实环境和研究能力的影响,但还有一个更重要的原因被忽视了,那就是对具体如何做还存在着分歧。具体来说,就是理论建构的目标是解释中国特殊的现象,还是追求建构具有普遍性的理论。

从逻辑上看,这两个目标并不矛盾,后者来自前者。比如"面子理论",概念源自中国,经戈夫曼、汀-图美等人的诠释之后,变成了一个具有普遍性的理论。但是研究者发现,一些所谓普遍理论,其实只是基于西方的经验,只不过由于西方学者视野的局限或者自大,便将这

---

① 见第十章。

些理论自封为普遍规律。① 每个文化中都会有独特的经验,并不是所有的都可以上升为共同原则。即使是面子理论本身,也只有很小一部分能够被一般化,中国人的面子观念仍然有特殊之处。② 然而作为理论,如果只解释个案,研究的价值何在? 如果要追求一般性,抽象到哪个层次才算合适? 不同的研究范式对这些问题有不同的回答,因此普遍性与特殊性之间的张力始终存在。

特殊与普遍的问题还有另一个层面。由于语境不同,中西方研究者关心的问题也有区别。所谓"中国问题"可以做两个不同的理解:一是"中国作为问题",二是"中国的问题"。前者是以西方为中心,从中西的差异出发,关注的是中国为什么与西方不同。后者则是从中国面临的问题出发,探索解释中国现象的理论。追求理论的普遍性本身值得肯定,但是如果脱离了本土的关怀,丧失了主体性,研究就可能变成取悦西方学术界的小摆设。秦晖所说的"主义可拿来,问题须土产,理论应自立"依然中肯。③ 在这方面比较成功的例子是英国的文化研究。文化研究是一个高度语境化的研究领域,它深深扎根于英国二战之后的社会环境。随着二战后美国文化的入侵以及传统社区和生活方式的崩溃,早期的文化研究者开始将关注点从古典文化转向作为生活方式的文化,青年亚文化促使他们关注文化与阶层、身份的问题,而以撒切尔夫人为代表的新自由主义者的兴起让他们又将意识形态作为研究的重点,电视的兴起让他们关注受众,全球化让他们又转向民族身份与差异建构……每个时期的不同问题都来源于英国当时的语境,以至于霍尔本人认为文化研究只存在于英国,输出后被权力收编的文化研究已经是南橘北枳。④ 但是正是这些高度特殊的理论让我们深刻地

---

① 李金铨观察到,美国学术界所谓"国际传播研究"是美国的传播研究的对立面,即他们认为美国并不是"国际"的一部分。这种美国中心主义将美国学者的发现视为普遍规律,其他国家与其不一致的均被视为特例。见李金铨:《视点与沟通:中国传媒研究与西方主流学术的对话》,《新闻学研究》(台湾)2003年总第77期。

② 比如:黄光国:《面子:中国人的权力游戏》,北京:中国人民大学出版社2004年版;翟学伟:《人情、面子与权力的再生产》,北京:北京大学出版社2005年版。

③ 秦晖:《求索于"主义"与"问题"间》,《问题与主义:秦晖文选》,长春:长春出版社1999年版。

④ Stuart Hall, "Cultural Studies and Its Theoretical Legacies," in David Morley and Kuan-Hsing Chen, eds., in *Stuart Hall: Critical Dialogues in Cultural Studies*, London: Routledge, 1996.

理解了当代文化的困境,使得文化研究走出了英国,无心插柳却成为具有一定普遍性的理论。

类似地,美国早期的传播研究深受欧洲影响,芝加哥学派的不少学者有留学欧洲的经历,但是却很少出现中国这样的本土化的焦虑。哥伦比亚学派的埃利休·卡茨在建构有限效果论时,否定了所谓"欧洲模式",即以勒庞为代表的欧洲心理学家对传播效果的夸大。[①] 但是值得注意的是,他并没有从空间角度论述这种欧洲心理学模式不适用于美国文化,而是以时间的框架来叙述新旧模式的更替。斯坎纳尔在分析两级传播理论的产生时,也是通过介绍从大萧条、战争管制到消费社会的时代转换来论述它与特殊社会条件的关系的。言下之意是这个理论并不具有普遍性,它是由特定时期的社会情境(里斯曼所说的由自我引导的社会变成由他人引导的社会)所催生的。[②]

相比之下,尽管从纵向看中国的变化巨大,但是研究者更加关注的却是空间维度上中西方理论的差异,不太注意中国社会在时间维度上的变化。中国研究者的这一倾向完全可以理解。因为我们缺乏时间维度的参照系,即汪琪等人所说的中国传统文化中缺乏现代的所谓"理论"观念[③],无法和产生于中国本土的理论进行学术对话,只好将视野转向西方。同时东西之间在文化、制度和社会发展上并不均衡,东西方的差异远大于美欧的差异,这也造成我们对东西方的差异更加敏感。但是这种过度强调空间差异的理论建构取向也造成了不少盲点。

将中国与西方简单地对立容易导致将西方看成一个整体,忽视其内部的差异。今天中国学者谈论的"西方"多指以美英为代表的大西洋国家,但是就像《比较媒介系统》(*Comparing Media Systems*)一书所显示的那样,即使在欧美国家内部,其体制和文化也相去甚远。[④]

---

① Elihu Katz and Paul F. Lazarsfeld, *Personal Influence: The Part Played by People in the Flow of Mass Communication*, Glencoe, IL: Free Press, 1955, pp. 16—17.

② Paddy Scannell, "*Personal Influence* and the End of the Masses," ANNALS, AAPSS, 608, Nov. 2006. pp. 115—129.

③ 汪琪、沈清松、罗文辉:《华人传播理论:从头打造或逐步融合?》,《新闻学研究》(台湾)2001年总第69期。

④ Daniel C. Hallin and Paolo Mancini, *Comparing Media Systems: Three Models of Media and Politics*, New York: Cambridge Universtiy Press, 2004.

东西对立二元思维方式的另一个盲点是将中国也看成一个整体,忽略其内部差异。今天的中国,除了传统的地域文化和民族差异之外,由全球化和市场化造成的南北差异也反映在国内的阶级差异上。在中国之内,既有与发达国家完全同步的生产方式与生活方式,同时也存在原始而传统的生产生活方式,因此很难用一种理论来概括这些不同群体的特征。从某种意义上说,可能不是西方的影响,而是中国内部的差异才是建构本土理论的最大阻碍,将中国作为一个整体反而是一种虚假的普遍性。

更值得警惕的是把中国与世界割裂开来所造成的话语霸权。比如在种族问题上,勒庞等新种族主义者便以文化差异和宽容为借口,让法国的黑人"回到自己的家园",从而达到驱逐其他种族的目的,剥夺了他们的权利。可见文化多元论和相对主义并不必然和自由、解放联系在一起。① 而且文化相对主义容易被作为借口,反对某些人类共同的价值追求,推行有利于少数人的野蛮政策。尽管对全球化的评价不一,但不可否认的是人类文化中共同的部分正在增加,如果我们在谈论差异的时候忽视了共同性,甚至把它变成一种意识形态,觉得中国什么都特殊,就会把中国隔绝于世界之外。就是那些对所谓"北方理论"持批判态度并倡导"南方认识论"的左派学者,也不赞成中西对立,而是主张在融合的基础上建构理论。②

还有另一个有些虚无的看法,认为凡谈到普遍性,就是以西方为中心。比如黄旦认为传播学"本土化"中的"普遍"与"特殊"中深深沉淀着类似沟口雄三所说的近代以来以欧洲为中心把握世界的"一元论"视角。③ 对以西方为中心的"一元论"保持反思和警觉是必要的,但也未必一谈到普遍就把它与西方中心主义、一元论简单画上等号,"特殊—普遍"所描述的张力并不能用"中—西"对立替代。普遍不意

---

① 秦晖:《反对种族主义:以自由的名义》(中译版序),[法]皮埃尔-安德烈·塔吉耶夫:《种族主义源流》,高凌翰译,北京:生活·读书·新知三联书店2005年版。
② 赵月枝:《"向东看,往南走":开拓后危机时代传播研究新视野》,赵月枝:《传播与社会:政治经济与文化分析》,北京:中国传媒大学出版社2011年版。
③ 黄旦:《问题的"中国"与中国的"问题"——对于中国大陆传播研究"本土化"讨论的思考》,黄旦、沈国麟编:《理论与经验——中国传播研究的问题及路径》,上海:复旦大学出版社2013年版。

味着自然科学所说的"放之四海而皆准",这种理想化的普遍性其实把它变得虚无,甚至取消了它。在特殊和绝对的普遍(无条件地适应于任何时空)之间,存在多种更具现实性的普遍。本土理论只要在另一文化或制度下能够适用,甚至稍经修正后适用,便具有了一定的普遍性,正如汪琪所说,我们不可能从殊相中发展出绝对的、单独存在的共相,特殊性中便蕴含着普遍性,普遍性中也内在地包含特殊性,二者本身就是你中有我、我中有你的共生关系。①

和应用取向/理论取向的张力一样,特殊性/普遍性之间的张力也始终存在。尽管未必每个研究都必须在这些对立的概念中做出非此即彼的选择,但是每个选择都会处于这两对张力所影响的场域之中。如果人为地取消它们,反而会造成理论的僵化与教条。因此,所谓传播研究的本土化不应是一种标准,而应是复数。在各种本土化取向尚未充分发展之时,不宜简单地将其定于一尊,而应容忍本土化话语中所具有的张力,倡导多种路径的多元竞合。

多元竞合的本土化

走笔至此,我们可以得出两个结论。一是传播研究本土化话语之中存在合理因素,在剥离了其中民族主义的意识形态之后,突显的是引进学习告一段落之后所面临的"接下来怎么办"的问题。我们可以用修辞否定本土化话语,但无法回避行动路径选择问题。二是本土化的路径选择不是一个,而是多个。应用—理论、特殊—普遍之间的张力既客观存在,同时又是中国传播研究保持活力的重要条件。这既符合中国现阶段以发展为主的国情(时间因素),也是全球化与多元主义、民族国家与其内部的多元主义等张力(空间因素)的体现。

前面在表达本土化中存在的张力时采取了二元对立的方式,需要再次强调的是,这并不意味着必须做出非此即彼的选择,而是提醒研究者必须同时在这两个维度上反思自己的研究,在整个坐标系中定位

---

① 汪琪:《"华化"传播研究:挑战、目标与取经》,黄旦、沈国麟编:《理论与经验——中国传播研究的问题及路径》,上海:复旦大学出版社2013年版。

研究的目标与价值。

按照这个思路,可以把这两对张力放在一个二维的坐标系中,大致区分出四种类型的本土化取向(图11-1)。需要说明的是,这四个象限所代表的四种类型只是韦伯意义上的"理想型",现实中完全有可能存在跨越不同象限的研究。

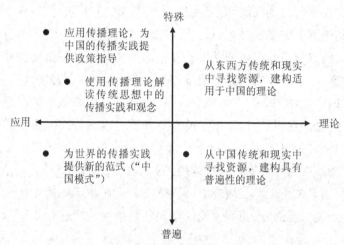

图 11-1 中国传播研究本土化的类型和行动路径

在图 11-1 的左上角,是立足于中国的应用研究,也是目前中国传播研究侧重的部分。它包括两个方面。一是基于已有的理论,制定具体的传播政策。目前比较热门的国家形象或公共外交研究都属于这种类型的研究。二是从传播学的视角出发,对既有历史和观念史的重新整理与解读。严格来说,后一领域属于历史研究的范畴。而且这一研究和总结可以为右上角的研究提供理论资源,处于应用与理论之间。这也说明应用与理论研究之间并非泾渭分明。

左下角则是一个有待开发的领域。美国的应用传播研究在此领域成就颇大,为世界其他国家树立了参照和标准。中国在发展的过程中,必然也会出现所谓"中国模式"。尽管目前来谈这个问题还为时尚早,但中国作为后发展国家和新兴经济体必然会为世界传媒实践提供新的模式。

右上角和右下角均以建构理论为学术研究的最高目标,不同之处在于一个侧重于提出能够解释中国的理论,一个侧重于从中国的特殊性中提炼出具有普遍性的理论。后者当然可以适用于前者,但是前者的内容显然要比后者丰富得多。因此右上角产生的理论包含了右下角的理论,右下角的理论则是右上角的理论经过提炼和一般化之后的结果。因此二者并不是对立关系,而是相互促进。

上述四种本土化的行动路径在当前的语境下均有价值,但从成果来看,这四个部分的发展均不理想。大多数努力集中在了图11-1的左上角,其他部分的发展严重不足。因此当务之急不是争论何种取向是正确的,而是持不同主张的学者展开健康的竞争。尤其是要加强理论取向的研究,在研究特殊问题的基础上,逐渐形成具有普遍性的理论。而且这四个领域的研究并不孤立,应用研究可以为解决中国问题的理论输送概念与材料,应用于中国的特殊理论可以为普遍性理论提供启发,普遍性理论可成为中国传播模式的理论依据,传播模式的实践也可以为发现普遍性理论提供线索(见图11-2)。本土化研究,不是畸形的发展,而是四个区域的研究综合发展。只有超越了困扰中国传播研究的一系列二元对立,我们才能说中国的传播研究真正走上了本土化的道路。

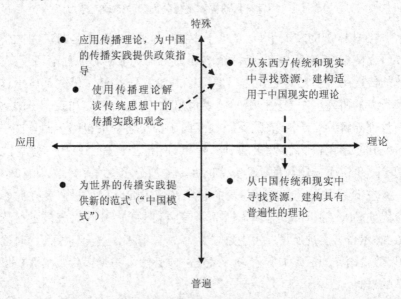

图11-2　中国传播研究本土化不同行动路径之间的互动

后　记

　　人说写书像十月怀胎,巧合的是,到目前为止我个人写的两本专著,都是和妻子的怀胎生产同步进行。第一本《宣传:观念、话语及其正当化》的出版是在蹬蹬出生后三个月。这一本《重访灰色地带:传播研究史的书写与记忆》的出版是在踢踢出生后四个月。其间虽然辛苦,但是人生中能两次拥有双重喜悦的经历却让人珍惜和感恩。

　　这本小书的整理和写作过程虽然只有一年多,但是从思考、酝酿到出版却跨越了近十年时间。2002年我正式开始传播理论教学,在讲授传播研究史的过程中,问题与困惑接踵而来,于是在2006年写了第一篇讨论中国传播研究历史的文章《被经验的中介和被中介的经验——从传播理论教材的译介看传播学在中国》,后来作为我翻译的《传播理论导引:分析与应用》的译者前言发表。虽然现在看来这篇小文章很幼稚,但却保留了一份对个人的成长历程的记录。2006年秋赵月枝教授的讲座和2007年我在新闻学院资料室翻阅旧刊时的意外发现,催生了《"传播学"引进中的"失踪者":从1978年—1989年批判学派的引介看中国早期的传播学观念》一文。这篇论文在2007年夏季江西师范大学召开的"中国传播学高端学术研讨会"(主题为"传播学研究在中国:反思与展望")上发表,引来了对此题目有共同兴趣的中国社科院的姜飞、南京大学的胡翼青的关注与讨论,于是在会下相约做一个中国传播学30年的DV口述史访谈的项目。此项目得到了当时社科院新闻传播研究所的唐绪军副所长的支持,于是我便有了面对面访谈中国传播研究亲历者的机会,得以突破文献的局限,更直观地把握传播研究的脉络,新的研究问题和角度不断涌现。"从受众研究看'传播学本土化'话语""寻找听众:中国传播研究中的创造性互动"这两章中的主要观点便是在访谈中由模糊逐渐清晰的。

2008年至2009年在美国宾夕法尼亚大学安纳伯格传播学院的一年访学,尤其是参加传播理论大师(我们私下把他称作传播研究史的"活化石")埃利休·卡茨的"媒介研究经典文献"研讨班的学习,不仅让我对美国传播研究的早期阶段有了更具象的全新认识,而且体会到了细读经典文本的重要性。借助在美国搜集到的丰富资料,我完成了本书中有关拉斯维尔、哥伦比亚学派的论文。

2012年在南京大学参加"美国进步主义时代的新闻与传播"工作坊和中国新闻史学会外国新闻传播史研究委员会年会期间,在胡翼青的提议下,我代表有共同兴趣的青年同仁们申请成立新闻传播思想史研究会,得到了外国新闻史学会郭镇之会长和新闻史学会程曼丽会长的大力支持。2013年底,这个学术共同体在四川外国语大学召开了第一届新闻传播思想史研讨会,并正式成立了新闻传播思想史研究会。和这群志同道合的研究高手们密切的交流与沟通,进一步激发了我对传播思想史问题的思考。

2013年底在北京大学出版社周丽锦副主任的协助下,《传播研究史》获北京市社科基金的出版资助。在交稿压力下,从2013年底开始,向来懒散的我被迫进入密集写作状态。孙本文博士论文的研究、中国传播史前史的研究、芝加哥学派及帕克的研究、传播史叙事的论文都是在这一年中完成的。借此次整理机会,我突然发现之前的一系列研究中,其实潜伏着一条暗线:传播学术思想史中那些连续中的断裂之处和断裂中的连续之处。"灰色地带"这个之前偶然出现在文章中的概念逐渐显露出来。当然,这一总结和探索是否恰当,还有待学术界的批评和指正。

这本小书的问世离不开许多人的帮助。首先要感谢我的妻子晓东,她不仅承担了大多照顾两个宝宝的责任,还以专业编辑的标准审看了全书。原以为她会对这些琐碎的学术考证不感兴趣,不料她的评价却是"有不少八卦和轶事,还是颇具可读性的"。感谢我的父母和岳父母,他们把我从家务中解放出来,让我有点时间看书、写字。还要感谢蹬蹬和踢踢,他们时刻提醒我表达和做人一样,一定要保持简单。

感谢胡翼青、王怡红、李彬、黄旦、陈卫星、王金礼、高海波、姜飞及思想史研究会的各位师友,你们不仅给我鼓励和批评,还直接让我注意到新的文献和线索,如果没有这些关键之处的提点,有些文章根本不会完成。感谢郭庆光老师一如既往的支持,在学术和做人方面的指点总是让人获益良多,现在还要向他学习如何成功地培养男孩。感谢陈力丹、杨保军等新闻学院的老师对我的科研工作的关心和帮助。

感谢郭镇之、程曼丽、陈昌凤、唐绪军诸位老师给传播思想史研究的大力支持,使我们有良好的条件从事研究。

感谢我的研究生、参加读书会的同学、选修"传播理论研究"课的硕士研究生和"传播学核心文献导读"课的博士研究生们,许多新想法是在和大家的交流中产生的。其中黄雅兰和李晓荣还参加了本书中两章初稿的研究和写作,她们此刻正在向着更高的学术高峰攀登。

最后还要感谢北京市社会科学理论著作出版基金的资助,感谢本项目匿名评委对于基础研究的支持。同时要感谢本书的责任编辑周丽锦,她不仅热心促成了本书的立项与出版,还对内容提出了许多专业的见解,使本书避免了很多让人汗颜的低级错误。

刘海龙
2015年3月9日